SPEKTRUM

Berliner Reihe zu Gesellschaft, Wirtschaft und Politik in Entwicklungsländern · ISSN 0176-277 X

Herausgegeben von

Prof. Dr. Volker Lühr
Freie Universität Berlin · Lateinamerika-Institut
Rüdesheimer Straße 54-56 · 1000 Berlin 33
Telefon (0 30) 8 38 55 74 oder 8 38 30 72

Prof. Dr. Manfred Schulz
Freie Universität Berlin · Institut für Soziologie
Babelsberger Straße 14-16 · 1000 Berlin 31
Telefon (0 30) 85 00 22 71 oder 85 00 22 74

Prof. Dr. Georg Elwert
Freie Universität Berlin · Institut für Ethnologie
Drosselweg 1-3 · 1000 Berlin 33
Telefon (0 30) 8 38 67 25

Erscheint in unregelmäßiger Folge. Für unverlangt zugesandte Manuskripte keine Gewähr.

SPEKTRUM
Berliner Reihe zu Gesellschaft, Wirtschaft und Politik in Entwicklungsländern

Herausgegeben von
Prof. Dr. Volker Lühr, Prof. Dr. Manfred Schulz und
Prof. Dr. Georg Elwert

Band 19

Karin Luke

Die Entwicklung der Tierhaltung in Deutschland bis zum Beginn der Neuzeit

Modell und historische Realität

Verlag **breitenbach** Publishers
Saarbrücken · Fort Lauderdale 1989

CIP-Titelaufnahme der Deutschen Bibliothek

Luke, Karin:

Die Entwicklung der Tierhaltung in Deutschland bis zum Beginn der Neuzeit: Modell und historische Realität / Karin Luke. – Saarbrücken; Fort Lauderdale: Breitenbach, 1989.

(Spektrum; Bd. 19)
ISBN 3-88156-446-2

NE: GT

ISBN 3-88156-446-2

Memeler Straße 50, D-6600 Saarbrücken, Germany
P.O.B. 16243 Fort Lauderdale, Fla. 33318-6243, USA

Printed by arco-druck, Hallstadt

INHALTSVERZEICHNIS

0. VORBEMERKUNG

> "Daher wird die Aufgabe in Entwicklungsländern nicht in einer Einschränkung der Tierhaltung, sondern in einer *Steigerung ihrer technischen und wirtschaftlichen Effizienz* bestehen. Sehr viele Haltungssysteme haben eine ausgesprochen niedrige Produktivität und bieten große Möglichkeiten für Verbesserungen" (BLANCKENBURG: 1986, S. 223).

Die Möglichkeiten zur Steigerung des tierischen Leistungspotentials in den 'Entwicklungsländern' scheinen angesichts der Erfolge der verwissenschaftlichten Tierproduktion in den Industrieländern so offensichtlich, daß kaum jemand die oben stehende Aussage Peter von BLANCKENBURGs prinzipiell bezweifeln wird. Diese Auffassung verstellt jedoch den Blick auf die Tatsache, daß alle Tierhaltungssysteme über einen langen Zeitraum kulturell gewachsen sind und daß die sog. traditionellen Formen der Tierhaltung auf einer zweckrationalen Anpassung von Menschen basieren, einer Anpassung an die natürlichen Umweltbedingungen und an die gesellschaftsspezifischen Sozial- und Wirtschaftsstrukturen. Ich glaube von daher *nicht*, daß es insbesondere *für die ärmere Landbevölkerung* in den Ländern der Dritten Welt *große Möglichkeiten* gibt, die Produktivität hinsichtlich der tierischen Nahrungsmittelerzeugung entscheidend zu erhöhen. Hier können Verbesserungen meines Erachtens nur in kleinen Schritten erfolgen, und sie müssen auf der jeweils gegebenen 'traditionellen' Form der Tierhaltung aufbauen.

Wie ich am Beispiel der agrarhistorischen Entwicklung Deutschlands nachweisen will, mußten Methoden und Techniken der Tierhaltung nicht nur in einer gewissen Reihenfolge kulturell 'erlernt' werden, sondern das Festhalten an der 'traditionellen' Tierhaltung entsprach auch einem ökonomischen Rationalverhalten der damaligen Gesellschaften. Unsere germanischen Vorfahren hatten bereits vor über 1500 Jahren die Gelegenheit, das hochstehende Tierhaltungssystem der Römer zu übernehmen. Daß sie dieses noch nicht einmal in Ansätzen taten, läßt sich nicht allein auf das fehlende Know-how der germanischen Tierhalter zurückführen, sondern hierfür gab es auch wirtschaftliche Gründe.

Obwohl das agrikulturelle Evolutionsgeschehen in Industrieländern sicherlich sehr verschieden von dem in 'Entwicklungsländern' verlaufen ist, glaube ich doch, daß sich an Hand der Agrargeschichte Deutschlands die Problematik von Entwicklungshilfemaßnahmen im Bereich der Tierproduktion, ebenso aber auch die Sinnhaftigkeit vieler Verhaltensweisen von 'traditionellen' Tierhaltern in Drittweltländern besser verstehen läßt, und daß **in diesem Sinne** 'von Deutschland gelernt' werden kann.

Da ich mich während eines mehrjährigen Aufenthalts in der Nordwestprovinz Kameruns intensiv mit den Problemen der dortigen Tierhaltung beschäftigt habe, war es meine ursprüngliche Absicht, sowohl die Agrargeschichte Deutschlands als auch die Kameruns aufzuarbeiten, um an den unterschiedlichen Entwicklungswegen dieser beiden Länder die Bedingungen und spezifischen Möglichkeiten für eine Verbesserung der Tierhaltung in einem 'Entwicklungsland' darstellen zu können. Zwar mußte ich diese Absicht aus Zeitgründen erst einmal aufgeben, aber die Schwerpunkte, die ich bei der Untersuchung der agrarhistorischen Entwicklung Deutschlands gesetzt habe, lassen sich nur auf diesem Hintergrund verstehen. Auch habe ich an einigen Stellen auf aktuelle Problemstellungen hingeweisen und bin auf einzelne Aspekte der landwirtschaftlichen Produktionsverhältnisse und auf regionale Besonderheiten der Nordwestprovinz Kameruns bzw. Westafrikas kurz eingegangen.

Ich möchte dementsprechend die vorliegende Arbeit, die ich im Rahmen meiner soziologischen Diplomprüfung verfaßt habe, nicht als abgeschlossen verstanden wissen. Sie stellt vielmehr einen Einstieg in die oben angedeutete umfassendere Thematik dar, wobei ich natürlich hoffe, daß bereits dieser 'Einstieg' als ein, auch in methodischer Hinsicht, interessanter Diskussionsbeitrag zur entwicklungssoziologischen und -politischen Theoriebildung aufgenommen wird.

Ich möchte mich an dieser Stelle bei Herrn Prof. Manfred Schulz dafür bedanken, daß er mir die Gelegenheit gibt, meine Arbeit in der von ihm mitherausgegebenen wissenschaftlichen Reihe zu veröffentlichen. Mein Dank gilt insbesondere Herrn Dr. Kurt Beck, Ethnologe und Soziologe, für seine unermüdliche Diskussionsbereitschaft und konstruktive Kritik. Danken möchte ich auch Frau Ursula Ferdinand und Herrn Christoph Wichtmann, die die mühevolle Aufgabe übernommen haben, aus meinem Manuskript eine druckreife Vorlage zu erstellen, was ich wegen einer in Kürze beginnenden längeren Auslandstätigkeit nicht selbst übernehmen kann.

Berlin, im Dezember 1988

K.L.

1. EINLEITUNG

1.1. Thematischer Hintergrund

Ich bin von Beruf Tierärztin und habe als Entwicklungshelferin des Deutschen Entwicklungsdienstes fast vier Jahre (1979 - 1982) in der Nordwestprovinz Kameruns gearbeitet, und zwar als Lehrerin an einer Landwirtschaftsschule für die Fächer Tiergesundheit, Tierernährung und Tierhaltung.

Die an der Schule ausgebildeten Landwirtschaftstechniker und -technikerinnen wurden überwiegend im staatlichen landwirtschaftlichen Beratungsdienst eingesetzt, der vor allem die Kleinbauern bzw. -bäuerinnen unterstützen sollte. Um adäquate Unterrichtsinhalte erarbeiten und vermitteln zu können, war es für mich deshalb unerläßlich, die aktuellen Gegebenheiten der Region kennenzulernen. Mit anderen Worten: ich besuchte im Laufe der Zeit zahlreiche Tierhalter in der näheren Umgebung, unterhielt mich ausführlich mit ihnen und schaute mir ihre Tiere an. Gleichzeitig knüpfte ich Kontakte zu den wichtigsten Entwicklungshilfeprojekten und kirchlichen Institutionen, die in der Nordwestprovinz im Bereich der Tierproduktion engagiert waren.

Wenn ich schreibe, "ich unterhielt mich mit den Tierhaltern", so muß ich hinzufügen, daß mir dieses erst allmählich gelungen ist. Unter dem Druck einer Erwartungshaltung, die ich auf meine fachliche Kompetenz gerichtet spürte, aber sicherlich auch auf Grund der eigenen Überschätzung von rein technischen Lösungsmöglichkeiten, tendierte ich anfänglich, wie wohl die meisten 'Entwicklungshelfenden', dazu, auf alle Fragen eine entsprechende Antwort parat zu haben und vorschnell Ratschläge erteilen zu wollen. Erst nach einer längeren Eingewöhnungsphase war ich in der Lage, auch die Position eines *aktiven Zuhörers* einnehmen zu können und zu akzeptieren, daß meine Gesprächspartner durchaus eigene, gangbare Handlungsalternativen entwickelt hatten, teilweise sogar für Problemstellungen, die mir bis dahin noch nicht einmal aufgefallen waren.

Um einen Eindruck von den landwirtschaftlichen Produktionsverhältnissen zu vermitteln, möchte ich drei wesentliche Züge des Agrarsektors in der Nordwestprovinz Kameruns kurz skizzieren:

1. Die **Rinderhaltung** wird fast ausschließlich von den heutzutage meist seßhaften, früher nomadisierenden Fulani (Bororo, Peulh) betrieben, und zwar in Form einer **extensiven Weidewirtschaft**. Die Wandertierhaltung ist als **saisonale Transhumanz** allerdings noch erhalten geblieben, da die Herden in der drei- bis viermonatigen Trockenzeit in andere

Weidegebiete mit noch ausreichender Wasserversorgung gebracht werden müssen. Die Fulani sind **keine Pflanzenbauern**, und sie kaufen die von ihnen benötigten pflanzlichen Nahrungsmittel auf den lokalen Märkten von den anderen, in erster Linie Pflanzenbau betreibenden Ethnien (Bantu- und Semibantustämme).

2. Der **Pflanzenbau** erfolgt überwiegend in kleinbäuerlichen Familienbetrieben, und zwar mit doppelter Zielsetzung: als Produktion für die **Subsistenz**[1] und als Produktion für den **Markt**. Dieser Doppelcharakter der kleinbäuerlichen Produktionsform, die Gebrauchswertorientierung und die Tauschwertorientierung, basiert auf einer recht strikten **geschlechtsspezifischen Arbeitsteilung**, in welcher in der Regel die Frauen für die Produktion der *Food Crops*[2] und die Männer für die Produktion der *Cash Crops*[2] zuständig sind.

3. Gegenüber dem Pflanzenbau spielt die **Tierhaltung in den kleinbäuerlichen Betrieben** nur eine untergeordnete Rolle. Das heißt jedoch nicht, daß die Haushalte kaum Tiere besitzen. Eigentlich gehören jeder Familie eine Anzahl von **Hühnern**, einige **Ziegen** und/oder **Schafe** und häufig auch ein oder zwei **Schweine**. Die Tiere bleiben jedoch **weitgehend sich selbst überlassen**, d. h. man investiert in sie kein Geld, und sie erhalten auch kaum Aufmerksamkeit oder sogar Pflege. Sie fungieren zwar als eine Art *Sparbüchse* und werden bei dringendem Bedarf auch auf dem Markt verkauft, aber sie werden prinzipiell nicht für den Markt produziert. Da sie also hauptsächlich für den Konsum innerhalb der Familiengemeinschaft bestimmt sind, läßt sich diese Form der kleinbäuerlichen Tierhaltung meines Erachtens treffend als *Subsistenztierhaltung* bezeichnen.

1 Ich möchte in diesem Zusammenhang die Begriffe 'landwirtschaftliche Subsistenzproduktion' bzw. 'Subsistenzlandwirtschaft' gebrauchen. Nach ELWERTs allgemeiner Definition der Subsistenzproduktion (s. ELWERT: 1984, S. 41) verstehe ich unter einer *'landwirtschaftlichen Subsistenzproduktion'* eine Produktion von Nahrungsmitteln für den Eigenbedarf, für den Bedarf der eigenen unmittelbaren Versorgungseinheit und für reziproke Gaben. Das bedeutet, daß die Subsistenzproduktion ausschließlich *am Gebrauchswert* und nicht am Tauschwert (= Preis auf dem Markt) *orientiert* ist. Es bedeutet jedoch nicht, daß in der *'Subsistenzlandwirtschaft'* gerade nur das Subsistenzminimum produziert wird, sie also nur das reine Überleben zu sichern in der Lage ist, wie dieses manchmal angenommen wird.

2 Bei den *Cash Crops* handelt es sich im Gegensatz zu den *Food Crops*, den Grundnahrungsmitteln für den Eigenbedarf, um pflanzliche Produkte, die ausschließlich zu Vermarktungszwecken angebaut werden. Im engeren Sinne zählen zu den *Cash Crops* die Exportprodukte wie Kaffee, Kakao oder die Früchte der Ölpalme. Im weiteren Sinne sind jedoch auch alle sonstigen vermarktbaren pflanzlichen Produkte hinzuzurechnen, z. B. Kolanüsse, Avokados oder Palmwein, grundsätzlich auch alle *Food Crops*, soweit sie eben nicht für den Eigenbedarf produziert werden, also auch Reis, Mais, Maniok oder Yams.

Den Maßnahmen zur Förderung der Tierproduktion in Entwicklungsländern liegen prinzipiell folgende Überlegungen zugrunde: Neben der direkten Unterernährung, d.h. dem Mangel an pflanzlichen Energieträgern, ist die Proteinmangelkrankheit, bekannt unter dem Namen *Kwashiorkor*, vor allem bei Kindern weit verbreitet. Da tierisches Protein in weitaus stärkerem Maße die für den menschlichen Organismus lebensnotwendigen *essentiellen Aminosäuren* enthält als pflanzliches Protein, scheint die Forderung unterstützenswert, die Produktion von tierischen Erzeugnissen in den 'Entwicklungsländern' zu erhöhen, um so die Ernährungssituation vor allem der ärmeren Bevölkerungsschichten verbessern zu können.

Maßnahmen zur Förderung der *Subsistenztierhaltung* erscheinen nun auf den ersten Blick hervorragend geeignet, die Zielsetzungen der seit den 70er Jahren propagierten *Grundbedürfnisstrategie*[1] zu erfüllen, da die ärmere Landbevölkerung als Zielgruppe vieler Entwicklungshilfemaßnahmen aufs engste mit dieser Form der Tierhaltung verflochten ist. Tatsächlich findet jedoch gerade dieser Bereich in den Entwicklungskonzeptionen kaum Beachtung. Die zahlreichen Projekte zur Verbesserung der Tierproduktion im westafrikanischen Raum setzen regelmäßig nicht an der *Subsistenztierhaltung* an, sondern versuchen vielmehr diese auf produktions- technischem Wege zu überwinden. Da hierbei die sozioökonomischen Gegebenheiten nicht ausreichend berücksichtigt werden, sind derartige Projekte trotz zum Teil erheblicher finanzieller Aufwendungen und begleitender Beratungsprogramme meist zum Scheitern verurteilt. Hinzu kommt, daß sie für die Zielgruppe nicht selten mit wirtschaftlichen Nachteilen verbunden sind und deren Ernährungssituation eher verschlechtern.

Meines Erachtens ließe sich gerade über die *Subsistenztierhaltung* eine wirkliche Verbesserung der Ernährungsgrundlage der ländlichen Bevölkerungsschichten erreichen, vorausgesetzt man lernt zu akzeptieren, daß hier eine Entwicklung nur in kleinen Schritten erfolgen kann und von den kleinbäuerlichen Tierhaltern selbst getragen wird. Mir ist durchaus bewußt, daß Entwicklungsmaßnahmen, die sich an derartigen Vorstellungen ausrichten, nur schwer durchsetzbar sind. Ausschlaggebend hierfür sind einerseits die am Niveau der Industrieländer orientierten Zielsetzungen der einheimischen Eliten sowie die innovationsgeprägte Erwartungshaltung der bäuerlichen Bevölkerung, andererseits aber auch die kulturelle Ignoranz der westlichen Entwicklungsplaner, Experten und Entwicklungshelfer.

Auf der Basis meines in Deutschland erworbenen Wissens war es für mich äußerst

1 Die hochgestellten, **kleingeschriebenen** **Zahlen** im Text weisen auf **Anmerkungen** hin, die an den entsprechenden Stellen **im Kapitel 7** zu finden sind. Es handelt sich um Literaturhinweise, Verweise auf den vorliegenden Text sowie Erläuterungen und Zitate, die für das Verständnis der Arbeit nicht unmittelbar notwendig sind.

schwierig, die Vorzüge der *'traditionellen'* kameruner Tierhaltungssysteme (kleinbäuerliche Subsistenztierhaltung *und* spezialisierte Rinderhaltung der Fulani) erkennen zu können, und auch die Verbesserungsmöglichkeiten, die sich innerhalb dieser Systeme anboten. Dazu beigetragen hat auch der Fakt, daß ein ökonomisches Rationalverhalten der *'traditionellen'* Tierhalter aus meiner Sicht zu fehlen schien, und ich glaube sagen zu können, daß mir erst nach der Beschäftigung mit der deutschen Agrargeschichte die soziokulturelle und ökonomische Komplexität dieser *oft als primitiv angesehen*en Tierhaltungssysteme bewußt geworden ist.

1.2. Arbeitsansätze

Um Aufbau und Inhalt meiner Arbeit transparenter zu machen, möchte ich einige grundsätzliche Überlegungen, auf denen meine wissenschaftlichen Betrachtungs- und Vorgehensweisen aufbauen, an den Anfang stellen.

1.2.1. Die Mensch-Tier-Beziehung

Der Soziologie als reiner Humanwissenschaft steht mehr oder weniger unvermittelt eine Tiersoziologie im Rahmen der Ethologie gegenüber, die sich ausschließlich mit der Tier-Tier-Beziehung befaßt. Ansätze zu einer Untersuchung des interspezifischen Mensch-Tier-Verhältnisses oder sogar zu einer "Soziologie der Lebewesen" (TEUTSCH: 1975) sind nur rudimentär vorhanden. Dieses ist im Grunde erstaunlich, da die Mensch-Tier-Beziehung eine hohe kulturelle Variabilität aufweist und von daher sicherlich interessante wissenschaftliche Ergebnisse zu erwarten wären. Ich finde es unter ethischen Gesichtspunkten auch bedauerlich, da derartige Untersuchungen möglicherweise mit dazu beitragen könnten, die tierquälerischen Exzesse der Massentierhaltung und der Tierexperimente 'im Dienste der Menschheit' wieder abzubauen.

Gerade in den Industriegesellschaften hat sich die Mensch-Tier-Beziehung in extreme Richtungen entwickelt. Der teilweise erfolgten Personifizierung des Haustieres als Ersatz-Mensch, der unbestreitbar eine soziale Funktion zu erfüllen in der Lage ist, steht die vollständige Verdinglichung des landwirtschaftlichen Nutztieres gegenüber, das als Wirtschaftsgut nur noch in ökonomischen Input-Output-Relationen begriffen wird.

Im Bereich der Landwirtschaftslehre und der Veterinärmedizin findet die Mensch-Tier-Beziehung in dem Terminus 'Tierhaltung' durchaus Berücksichtigung. Dieser Begriff impliziert, daß der 'Tierhalter', also der Mensch, Bedingungen schafft, unter denen er seine Tiere 'hält', und in denen natürlich auch seine spezifische Beziehung zum Tier ihren Ausdruck findet. In der landwirtschaftlichen Nutztierhaltung werden *optimale Haltungsbedingungen* angestrebt, optimal nicht für das Tier, sondern optimal im Sinne einer wirtschaftlichen Kosten-Nutzen-Analyse, in der im übrigen auch der Mensch als Produktionsfaktor auf eine ökonomische Kategorie reduziert wird.

Die Operationalisierung der Mensch-Tier-Beziehung, die die Mensch-Tier-Beziehung als solche verdeckt bzw. vollständig aufzuheben *scheint*, gelingt über ein ganzes Arsenal von produktionstechnischen Variablen und Zielgrößen, die speziellen Fachrichtungen (Tierzucht, Tierernährung, Tierhygiene etc.) zugeordnet werden können. Zum besseren Verständnis will ich einige erwähnen: Zuchtwert, Milchleistung, Aufzuchtergebnis, Mastendgewicht, Schlachtkörperzusammensetzung, Futterverwertungsrate, Grundflächenbedarf, Bestandsgröße, Besatzdichte, Stallklimadaten, Großvieheinheit, Nutzungsdauer, Arbeitszeitbedarf, Produktionsziel, usw.

Die Entwicklung der sog. modernen Massentierhaltung, hierbei will ich eine ethische Bewertung außer Acht lassen, ist nun jüngeren Datums und hat erst in diesem Jahrhundert ihren eigentlichen Anfang genommen. Damit verbunden war jedoch eine Veränderung der Mensch-Tier-Beziehung durch die Entwicklung vom *'Tierhalter'* zum *'Tierproduzenten'*. Bei der 'Tierhaltung' existiert noch eine interspezifische Beziehung vom Menschen zum Tier, d. h. der ***'Tierhalter '*** nimmt das **Tier als reaktives Lebewesen** wahr, dessen Existenz von seiner **Fürsorge** abhängt. Demgegenüber tritt dem ***'Tierproduzenten'*** das **Tier** nicht mehr als Lebewesen gegenüber, sondern als 'seelenlose' **ökonomische Größe**.

Es ist sicherlich richtig, daß in den Industrieländern sowohl die herkömmliche 'Tierhaltung' als auch die moderne 'Tierproduktion' weiterhin nebeneinander bestehen. Im wissenschaftlichen Kontext der Landwirtschaftslehre und der Veterinärmedizin steht jedoch deutlich die 'Tierproduktion' im Vordergrund, d. h. in Forschung, Lehre und Anwendung finden nahezu ausschließlich produktionstechnische Zielsetzungen Berücksichtigung, und genau diese sind es dann auch, die in die Entwicklungskonzeptionen Eingang finden.

Die *'traditionellen'* Formen der Tierhaltung in den 'Entwicklungsländern' basieren jedoch auf einer noch anders gearteten Mensch-Tier-Beziehung. Dem *'traditionellen' Tierhalter* tritt das **Tier** nicht nur als reaktives, sondern als **eigenständiges Lebewesen** gegenüber, das seine Existenz weitgehend selbst zu sichern in der Lage ist, also unabhängig vom Menschen als überwiegendem ***'Tiernutzer'***. Der Versuch, in diesen Ländern eine Verbesserung der Tierhaltung unter produktionstechnischen Gesichtspunkten zu induzieren, heißt, diese Gegebenheiten vollständig zu negieren, und muß meines Erachtens auch deshalb scheitern. Entwicklungsmaßnahmen in diesem Bereich sollten in erster Linie an der Einstellung des Menschen zum Tier ansetzen, da jeder Übergang von einem *'Tiernutzer'* zu einem *'Tierhalter'* ein stärkeres Engagement **für** die Tiere voraussetzt.

1.2.2. Entwicklung versus Unterentwicklung

Ich will hier nicht auf die bekannte Diskussion über die Fragen eingehen, was allgemein unter Entwicklung bzw. Unterentwicklung verstanden wird, verstanden werden sollte, oder, was und ob entwickelt werden kann oder darf, sondern nur kurz mein eigenes *subjektives* Verständnis des Entwicklungsbegriffs darstellen. Gesellschaftliche Entwicklung betrachte ich als einen dynamischen Prozeß, in welchem sich unterschiedliche Gesellschaftsformen interdependent herausgebildet haben. Die Auseinandersetzung mit anderen Gesellschaften führte zu Widersprüchen und Krisen in einem gegebenen System oder sogar zu dessen Zerstörung, wenn es nicht in der Lage war, seine Eigenständigkeit zu behaupten, und sich nicht aus seinen spezifischen soziokulturellen und ökonomischen Strukturen heraus fortentwickeln konnte. Die destruktive Wirkung, die die koloniale Unterdrückung auf viele Gesellschaften der heutigen Dritten Welt ausübte, ist ebensowenig zu leugnen wie die noch fortdauernde Behinderung ihrer eigenständigen Entwicklung, die die wirtschaftliche Abhängigkeit von den Industrieländern mit sich brachte. Entwicklungspolitische Maßnahmen gehen meines Erachtens sehr häufig in die gleiche Richtung. Sie sind an den Normen der Industrieländer ausgerichtet, die als 'entwickelt' angesehen werden und damit als Zielprojektion fungieren. Das Beschreiten eines eigenen Weges wird dergestalt in den Dritte-Welt-Ländern verhindert, und ihre exogene Beeinflussung resultiert regelmäßig in der Verstärkung bereits existierender Probleme.

Idealtheoretisch verstehe ich unter einer ***'entwickelten' Gesellschaft*** eine menschliche Gemeinschaft, die in der Lage ist, die *Grundbedürfnisse* aller ihrer Mitglieder zu erfüllen, einschließlich ihrer Partizipation an wichtigen gesellschaftlichen Entscheidungsprozessen. Dieses muß *im Einklang mit anderen Gesellschaften* und *mit ihrer natürlichen Umwelt* erfolgen, und zwar unter weitestgehender Schonung der natürlichen Ressourcen für die nachfolgenden Generationen. *Grundbedürfnisse* [1] möchte ich hier im Sinne der konventionellen Begrifflichkeit der Grundbedürfnisstrategie verstanden wissen. Allerdings bin ich der Meinung, daß ihre inhaltliche Bestimmung neu überdacht werden müßte, da auch die Grundbedürfnisse eine evolutionäre Veränderung erfahren haben und kulturspezifische Besonderheiten aufweisen.

Von der oben gegebenen Definition ausgehend, sind alle heutigen Gesellschaften in der einen oder anderen Weise als 'entwickelt' und gleichzeitig auch als 'unterentwickelt' anzusehen. Sicherlich werden in den Industrieländern die existentiellen Grundbedürfnisse der Bevölkerungsmehrheit in ausreichendem Maße befriedigt, und auch der Lebensstandard scheint beneidenswert hoch. Es darf jedoch keinesfalls übersehen werden, daß diese Gegebenheiten auf der Ausbeutung anderer Völker gründen und mit einer rapiden Erschöpfung der natürlichen Ressourcen sowie der drohenden Gefahr einer weltweiten ökologischen Katastrophe einhergehen. Von daher ist es wohl mehr als zweifelhaft, gerade die Verhältnisse in den Industrieländern als einen Maßstab für die 'Entwicklung' von Gesellschaften betrachten zu wollen.

1.2.3. Objektives Wissenschaftsverständnis und Wertfreiheit

Wissenschaften können meines Erachtens den Anspruch der Objektivität prinzipiell nicht erfüllen. Sie werden von Wissenschaftlern kreiert, die als Menschen im Sozialgefüge einer (bestimmten) Gesellschaft eine individuelle Prägung erfahren. Diese können sich zwar bemühen, ihre wissenschaftliche Arbeit an rationalen Kriterien auszurichten und sie für andere nachvollziehbar und überprüfbar zu machen, damit ist sie jedoch keineswegs 'objektiv' im Sinne von wertneutral, wertfrei. Wissenschaft beginnt nicht erst mit der Untersuchung und Lösung von Problemen, sondern schon bei den Fragen, die subjektiv sind, sein müssen, da sie von einem Subjekt, einem wahrnehmenden und denkenden Menschen gestellt werden. Damit soll nicht angezweifelt werden, daß wissenschaftliche Frage- und Problemstellungen nicht auch von objektiven äußeren Umständen beeinflußt werden. Letztlich sind es jedoch Menschen, die bestimmte Fragen und Probleme aufgreifen, oder eben nicht aufgreifen.

Aus dem bisher Gesagten geht hervor, daß ich Wissenschaften auch nicht als wertfrei, sondern als wertend begreife, da jeder Wissenschaftler in ein Gerüst von gesellschaftlichen Normen eingebunden ist, die, teils bewußt, teils unbewußt, als Wertungen in seine Arbeit einfließen. Auch Wertungen beginnen bereits wieder bei den Fragestellungen, und zwar nicht nur bezüglich ihres Inhalts, sondern schon bei der Auswahl.

Ich möchte für mich noch weiter gehen, nämlich dem *Postulat der Wertfreiheit* das *Postulat der bewußten Parteilichkeit entgegensetzen*. Ich möchte Wissenschaft nicht *an sich*, sondern *für jemanden* betreiben, und dieses impliziert insbesondere die Frage, welchen Menschen bzw. Menschengruppen bestimmte Entwicklungen, wie z. B. der vielgepriesene 'technische Fortschritt', nützen.

1.2.4. Historische Betrachtungsweise

Maßnahmen im Bereich der Entwicklungshilfe sind in der Regel auf eine Veränderung des Status quo, d. h. eines gegebenen Zustandes, gerichtet, der als inadäquat oder rückständig und damit als 'entwicklungswürdig' angesehen wird. Das Verstehen eines gegebenen Zustandes und seiner Veränderungsmöglichkeiten setzt jedoch voraus, ihn als Resultat eines dynamischen Prozesses, d. h. aus seiner geschichtlichen Entwicklung heraus zu betrachten. Dieser Forderung wird im entwicklungspolitischen Umfeld kaum nachgekommen: weder wird die historische Perspektive in den 'Entwicklungsländern' selbst berücksichtigt noch die in den Industrieländern, an denen die Entwicklungskonzeptionen tendenziell ausgerichtet sind.

Da ich der Meinung bin, daß eine historische Betrachtungsweise wesentlich zum Verständnis von aktuellen Problemen beiträgt, werde ich versuchen, die *geschichtliche Entwicklung der 'traditionellen' Tierhaltung in Deutschland* nachzuzeichnen. Hierbei kommt es mir vor allem darauf an, die historischen Bedingungen und ökonomischen Motivationen zu analysieren, die zu einem allmählichen *produktionstechnischen Fortschritt in der Tierhaltung* geführt haben.

Bevor ich jedoch **im vierten und fünften Kapitel** auf die **Agrargeschichte Deutschlands** eingehe, werde ich **im zweiten Kapitel** den **Prozeß der 'Haustierwerdung'** behandeln, da sich hier sehr interessante Aspekte der Mensch-Tier-Beziehung aufzeigen lassen, und **im dritten Kapitel** einige **modelltheoretische Überlegungen über das agrikulturelle Evolutionsgeschehen in einer einfachen Subsistenzökonomie** anstellen, was ich an gegebener Stelle begründen werde.

2. DER PROZESS DER DOMESTIKATION

In den kulturhistorischen Forschungskreisen wird unter ***Domestikation*** die *vom Menschen beeinflußte Umwandlung von Wildtieren in Haustiere und von Wildpflanzen in Kulturpflanzen* verstanden.[2] Die Fragen, **wann** und **wo** die Menschen **welche** Tiere und Pflanzen domestizierten, sind heute weitgehend geklärt, nicht jedoch **wie** und vor allem **weshalb** sie es taten.

Aus diesen letzten Fragestellungen haben sich seit dem Altertum die verschiedenen Lehren über den Ursprung der Landwirtschaft entwickelt, und sie bilden weiterhin einen Schwerpunkt der Domestikationsforschung. Nach übereinstimmender Meinung der Experten werden sich diese beiden Fragen auch in Zukunft nicht endgültig beantworten lassen. Ihre Untersuchung eröffnet jedoch fortlaufend neue Perspektiven über die innere Dynamik von landwirtschaftlichen Produktionssystemen, und sie trägt damit zum Verständnis von aktuellen Problemen bei.

2.1. Theorien über die Entstehung der Landwirtschaft

2.1.1. Die Dreistufentheorie oder Nomadenhypothese

Die *Dreistufentheorie* läßt sich bis zu dem Griechen *Dicaearchus* (ca. 320 v. Chr.) zurückverfolgen, ist aber wahrscheinlich zu einem noch früheren Zeitpunkt entstanden.[3] Diese deterministische Lehre basiert auf der Vorstellung, daß die menschlichen Gesellschaften in festgelegter Reihenfolge drei verschiedene Entwicklungsstadien durchmachen mußten: aus dem ursprünglichen *Jäger* wurde allmählich der *Hirte* und aus diesem erst der seßhafte *Pflanzenbauer*.

Die Dreistufentheorie bestimmte das Weltbild der Kulturhistoriker auch noch zu der Zeit, als DARWIN mit seiner "Origin of Species" der Selbstherrlichkeit des Menschen einen empfindlichen Schlag versetzte.[4] ***DARWINs Prinzip der natürlichen Selektion*** impliziert zwar, daß die *Evolution kein Ziel und keine Richtung* verfolgt, d. h. auch nicht zwangsläufig zu höheren Entwicklungs- bzw. Organisationsstufen führen muß,[5] aber "the concept of progressive evolution, so sharply denied by Darwin, was too useful a concept to die - at least for the race, class, culture, and sex... It functions in both the natural and the social sciences to simplify the process of explaining historical changes: If evolution is progressive, we need only demonstrate that a phenomenon is an 'improvement' on conditions existing at an earlier time. ... In its most subtle form, progressive evolutionism holds that cultural evolution is guided by goals and desires" (RINDOS: 1984, S. 9).

In der Tat betrachteten die Evolutionisten noch zu DARWINs Zeit die Viehzucht und den sich daraus entwickelnden Pflanzenbau als Erfindungen, die die Menschheit, vom Nutzenprinzip geleitet, unvermeidlich machen mußte. Die Tatsache, daß viele Pflanzenbaugesellschaften in den tropischen Klimazonen das Stadium des Hirtentums nachweislich nicht durchschritten hatten, hierauf hatte schon Alexander von HUMBOLDT zu Beginn des 19. Jahrhunderts hingewiesen, wurde nicht als Widerspruch gewertet, sondern auf die Übernahme der entsprechenden landwirtschaftlichen Techniken aus anderen höherstehenden Kulturkreisen zurückgeführt. Der endgültige Bruch mit der Dreistufentheorie wurde erst von dem Wirtschaftsgeographen Eduard HAHN am Ende des 19. Jahrhunderts eingeleitet.

2.1.2. Das religiöse Modell von Eduard HAHN

2.1.2.1. Die Entstehung des Pflanzenbaus

HAHN, der sich selbst zu den Evolutionisten rechnete, glaubte gleichfalls an eine fortschreitende resp. aufsteigende kulturelle Entwicklung.[6] Sein Bild vom Menschen der Vorzeit entsprach jedoch in keiner Weise dem der Dreistufentheorie. "Wir brauchen ihn (den Menschen, K.L.) nun aber nicht schon auf der untersten Stufe, wie meist noch gebräuchlich, als *Jäger* zu bezeichnen, es wird vielmehr ungleich passender sein, ihn hier als '*Sammler*' anzusprechen, da er seine Nahrung aus dem Pflanzenreich und aus dem Tierreich *je nachdem* entlehnt und nimmt, was er findet" (HAHN: 1905, S. 13). Das *Sammeln* von pflanzlichen Nahrungsmitteln war im wesentlichen Aufgabe der *Frau* und führte laut HAHN allmählich zur ersten und ältesten Form des Pflanzenbaus, für den er den Begriff '*Hackbau*' prägte.[7] Da in den bekannten Hackbaukulturen die Hauptlast der Arbeit von den Frauen getragen wurde, lag es für HAHN nahe, daß es die Frau war, "die den ersten Anbauversuch machte" (HAHN: 1905, S. 30).

2.1.2.2. Die Entstehung der Tierhaltung

Eine Erklärung für die Entwicklungsgeschichte der Haustiere zu finden, erwies sich für HAHN als äußerst schwierig. Offensichtlich stand der Hackbau nur in einem losen Zusammenhang mit der Haltung von landwirtschaftlichen Nutztieren, und hieraus ließ sich die weitverbreitete angeblich zweite Stufe des Pflanzenbaus, der von der Pflugkultur bestimmte '*Ackerbau*', nicht ableiten. In diesem landwirtschaftlichen Produktionssystem sind Pflanzenbau und Tierhaltung aufs engste miteinander verflochten, und es ist vor allem weitgehend abhängig von der Nutzung der tierischen Zugkraft.

HAHN vertritt die Auffassung, daß die Menschen keinesfalls aus wirtschaftlichen Motiven zu der Haltung von Haustieren übergingen.[8] Seiner Meinung nach schlossen sich einzelne

Tierarten, insbesondere der Hund, den Menschen freiwillig an, was auch deren natürlichem Bedürfnis, "einen Gefährten zu haben" (HAHN: 1896, S. 28), entgegenkam. Von dieser losen Form der Vergesellschaftung bis zur Zucht von Haustieren bestand für HAHN jedoch eine schwer zu überwindende Kluft. Wildtiere pflanzen sich in Gefangenschaft extrem schwer fort, woraus er folgerte, daß die "Vorbedingung für die Zucht der Haustiere von größerem wirtschaftlichen Werte ... eine ökonomisch gesicherte Stellung des Menschen (war), die ihm die Bodenkultur auch in ihren untersten Stufen, also der Hackbau, gewährte" (HAHN: 1896, S. 34).

Das Rind war nach HAHNs Ansicht das erste landwirtschaftliche Nutztier des Menschen.[9] Es wurde jedoch anfänglich nicht aus ökonomischen Gründen in den Hausstand überführt. Seine heutigen Nutzungsmöglichkeiten, Milch- und Zugleistung, waren den Menschen der Hackbaukulturen mit Sicherheit nicht bekannt, und die Möglichkeit der Rinderzucht zum Zwecke der Fleischversorgung schloß HAHN aus, da sich selbst die Zähmung "eines so mächtigen und gefährlichen Tieres wie unser Wildrind" (HAHN: 1909, S. 77) als ungeheuer schwierig erweisen mußte. Ausreichend stark hierfür waren für HAHN jedoch **religiöse Motive**, die er in allen seinen Werken ausführlich zu belegen versucht.[10] Nach HAHNs Darstellung ist "die Idee von einem weitreichenden Einfluß des *Mondes auf das Wachstum und Gedeihen aller irdischen Dinge*" bei allen Völkern so weit verbreitet und "die *Ähnlichkeit der Hörner unseres Rindes mit den Hörnern des Mondes*" (HAHN: 1905, S. 141) so offensichtlich, daß sich hieraus das einzigartige Interesse des Menschen am Rind als dem heiligen Tier der Mondgöttin erklärt.[11] Auch den Einsatz des geschlechtslosen Ochsen als Zugtier[12] und die Durchsetzung des männlichen Prinzips[13] im Ackerbau führt HAHN auf religiöse Anschauungen zurück.

Das Hirtenstadium, das in der Dreistufentheorie dem Pflanzenbau vorangehen mußte, kann im HAHNschen Modell konsequenterweise nur auf der Basis des Pflanzenbaus entstehen, da erst mit der Seßhaftwerdung des Menschen die Voraussetzung für eine Entstehung der Tierhaltung gegeben war.

2.1.2.3. Die Bedeutung des HAHNschen Modells

Trotz der starken Betonung der religiösen Elemente hatten die Theorien von Eduard HAHN tiefgreifende Auswirkungen auf die späteren agrarhistorischen Forschungsrichtungen.

a. Die Anschauung, daß sich die Menschen der Vorzeit vorwiegend vom *Sammeln* pflanzlicher Produkte und weniger von der Jagd und vom Fischfang ernährten, gehört mittlerweile zum Allgemeinwissen.

b. Die *ökonomische Rolle der Frau*, die schon von BACHOFEN in seinem "Mutterrecht" (1861) herausgestellt worden war, fand erst mit HAHN eine stärkere wissenschaftliche Beachtung und damit auch Berücksichtigung in den entsprechenden, von Männern dominierten Forschungskreisen.

c. Die *Seßhaftigkeit* wurde zunehmend als Voraussetzung für die 'Haustierwerdung' betrachtet, und das bedeutete die Aufgabe der Nomadenhypothese. d. In der Domestikationsforschung begann man allmählich auch *nichtutilitaristische Motive* für die Entstehung von Haustieren zu akzeptieren und in die Untersuchungen mit einzubeziehen, und heute findet sich kaum noch ein anerkannter Wissenschaftler, der die 'Haustierwerdung' primär mit wirtschaftlichen Motiven und dem menschlichen Erfindungsgeist zu begründen versucht.

2.1.3. Das demographische Modell von Mark N. COHEN

Im 20. Jahrhundert haben lange Zeit die *Umweltdeterministen* die wissenschaftliche Diskussion bestimmt. Ihr bedeutendster Vertreter war V. G. CHILDE, der schon in den 20er Jahren seine *Fluß-Oasen-Hypothese* aufstellte. CHILDE (1963) führte die Entstehung der Landwirtschaft in erster Linie auf eine ausgeprägte Trockenzeit am Ende des Pleistozän[1] zurück, die eine Konzentration von Menschen, Tieren und Pflanzen in den Flußtälern und Oasen im Gebiet des 'Fruchtbaren Halbmondes'[2] nach sich zog. Aus dieser zwangsweisen Vergesellschaftung von Lebewesen erklärte er den Übergang vom Wildbeutertum zur produzierenden Wirtschaftsweise, den er als '*Neolithische Revolution*'[3] bezeichnete. CHILDEs Hypothese mußte in den 60er Jahren aufgegeben werden. Für den von ihm postulierten Klimawechsel waren nicht nur keinerlei Anhaltspunkte gefunden worden, sondern paläoökologische Studien hatten gezeigt, daß am Ende der Eiszeit in der fraglichen Region eher feuchtere Verhältnisse eingetreten waren.[14]

Auf der Suche nach neuen Erklärungen für die Entstehung der Landwirtschaft wurden im Laufe der 60er und 70er Jahre eine Reihe von demographischen Modellen entwickelt, in denen dem Bevölkerungswachstum der entscheidende Einfluß auf die Domestikationsvor-

1 Mit dem Ende des Pleistozän oder Eiszeitalters (ca. 10000 v. Chr.) beginnt die erdgeschichtliche Gegenwart.

2 Der 'Fruchtbare Halbmond' bezeichnet die Region um das Euphrat-Tigris-Becken, die nach herrschender Meinung als erstes Domestikationszentrum zu betrachten ist.

3 Der Beginn des Neolithikum oder Jungsteinzeit wird im Nahen Osten auf einen früheren Zeitpunkt (ca. 6000 v. Chr.) datiert als in Mitteleuropa (ca. 5000 v. Chr.). Vgl. ZEUNER (1967, Überblick) und ENNEN/JANSSEN (1979, S. 20/21).

gänge zugesprochen wurde. Unter diesen ist meiner Meinung nach das Modell von COHEN (1977) das konsistenteste, und es präsentiert eine Reihe von äußerst interessanten Erkenntnissen der neueren kulturhistorischen Forschung.

2.1.3.1. Sammler-Jäger-Gesellschaften und das 'agrikulturelle Vorurteil'

"Slightly more than 10,000 years ago, virtually all men lived on wild foods. By 2,000 years ago the overwhelming majority of people lived by farming. ... There has been a failure to recognize that we are in fact talking about one common problem: why human populations chose agriculture as a strategy over hunting and gathering and why so many of the world's people chose it during one brief time span, ..." (COHEN: 1977, S. 5).

Ausgehend von dieser Fragestellung verweist COHEN auf zahlreiche anthropologische Untersuchungen über heute existierende Sammler-Jäger-Gesellschaften, die einen vollständigen Bruch mit den bisherigen Ansichten[4] über diese Wirtschaftsform bedeuten.

a. Die *Ernährung* von Sammler-Jäger-Gesellschaften außerhalb der arktischen Zone ist nicht nur in kalorischer Hinsicht *ausreichend*, sondern auf Grund der hohen Variabilität der Nahrungsmittel auch *qualitativ wertvoller* als die von bäuerlichen Gesellschaften,[15] und Kulturpflanzen werden von ihnen in der Regel weniger gerne konsumiert.[16]

b. Sammeln und Jagen sind *Tätigkeiten*, die denen in der Landwirtschaft bei weitem *vorgezogen* werden[17,18] und die im Verhältnis einen *geringeren Zeitaufwand* erfordern.[19,20]

c. Die *Nahrungsressourcen* von Sammler-Jäger-Gesellschaften erscheinen außerordentlich *stabil*. Sie sind in ihrer Gesamtheit gegenüber negativen Umwelteinflüssen weniger anfällig als die in einfachen Agrarsystemen.[21]

d. Die *weibliche Sammeltätigkeit* bildet die eigentliche *Nahrungsgrundlage* dieser Gesellschaften. Fleisch wird zwar hochgeschätzt, aber die Jagdtätigkeit der Männer ist wesentlich weniger effizient[22]. Hierbei ist anzumerken, "that labor efficiency per se is apparently not particularly highly regarded among the Bushmen (and, by interference,

4 "Prior to about 1960, hunting and gathering groups were commonly pictured as existing near starvation, struggling constantly to find adequate food resources... This model was an attractive one. Western science is imbued with a sense of its own progress, with a deeply rooted belief in the superiority of Western man, and with an abiding belief in the sanctity of hard work, particularly work with the soil. Descriptions of nonwestern (and largely nonwhite) populations tended strongly to emphasize the backwardness of their life styles and the poverty of their existence" (COHEN: 1977, S. 27).

other hunting and gathering groups)" (COHEN: 1977, S. 35).

e. Alle Sammler-Jäger-Gesellschaften besitzen nicht nur ausgezeichnete Kenntnisse über ihre belebte und unbelebte Umwelt, sondern sie verfügen regelmäßig auch über ein *landwirtschaftliches Grundwissen*, wie beispielsweise Fortpflanzung bevorzugter Pflanzenarten, Schaffung von günstigen Wachstumsbedingungen, Beseitigung unerwünschter, konkurrierender Spezies oder Speichermethoden. Hieraus folgert COHEN, "that the knowledge of cultivation techniques is universal, or at least that such knowledge is significantly more widespread in time and space than the actual practice of agriculture as a subsistence strategy" (COHEN: 1977, S. 26).

2.1.3.2. Landwirtschaft und das Argument der Produktivität

'Landwirtschaft' ist nach COHEN kein Konzept, sondern eine **Kombination verschiedener Techniken und Verhaltensweisen**, so daß "Populations cannot really be categorized as agricultural or nonagricultural (at least when seen in historical perspective). Rather there is a continuum in the degree of assistance different human populations offer to the species on which they depend... Thus, agriculture should be conceived more as a de facto accumulation of new habits than as a conceptual breakthrough" (COHEN: 1977, S. 23).

Neuere archäologische Erkenntnisse lassen vermuten, daß der *Durchbruch der Landwirtschaft* in mehreren Regionen unabhängig voneinander und nicht nur durch Diffusion von nur einem Domestikationszentrum, dem Nahen Osten, zustandekam. Dieses steht im Einklang mit COHENs Hypothese, daß prinzipiell alle etablierten *präagrikulturellen* Gesellschaften, auch die in der Vorzeit, einen derartigen Wechsel ihrer Wirtschaftsweise vornehmen konnten.

Da die landwirtschaftliche Produktionsform gegeynüber dem sog. Wildbeutertum erhebliche Nachteile aufweist (sie ist zeitaufwendiger, arbeitsmäßig unbeliebter, bietet eine qualitativ schlechtere Ernährungsgrundlage, ist katastrophenanfälliger und führt erst längerfristig zu Erträgen[23]), muß angenommen werden, daß sie in der Vorzeit von den Menschen erst einmal längere Zeit abgelehnt wurde und sich nur auf Grund von externen umweltbedingten oder/und internen gesellschaftlichen Zwängen durchsetzen konnte.

Der Wunsch nach Seßhaftigkeit, die üblicherweise als ein großer Vorteil der Landwirtschaft angesehen wird,[24] kommt für COHEN als auslösender Faktor ebensowenig in Frage wie klimatische Veränderungen, da "all are insufficient as explanations of a general worldwide shift towards agriculture" (COHEN: 1977, S. 41).

Den **einzigen grundlegenden Vorteil der Landwirtschaft** sieht COHEN in einem **höheren Ertrag pro Flächeneinheit.**[25] Hieraus folgert er, "that agriculture will occur only in situations where greater productivity per unit of space is required" (COHEN: 1977, S. 40).

2.1.3.3. Bevölkerungswachstum und das 'Konzept der Tragfähigkeit[5] von natürlichen Ressourcen'

COHEN unterstellt auch für die Vorzeit ein kontinuierliches Bevölkerungswachsum, "and tthat this growth has forced them (the populations, K.L.) more or less constantly to define new adaptive equilibria with their environments" (COHEN: 1977, S. 42). Diese These steht im Widerspruch zu den zahlreichen anthropologischen und ethnographischen Untersuchungen, auf denen das Konzept der '***carrying capacity***' basiert. Danach verfügen heute existierende Sammler-Jäger-Gesellschaften über soziale Regelmechanismen (z. B. Gruppenwechsel einzelner Mitglieder, Geburtenkontrollmechanismen bis hin zur Kindestötung), die ihre Bevölkerungszahl unterhalb der **'Tragfähigkeit'** der gegebenen Umwelt stabilisieren und die ökologische Regenerationsfähigkeit gewährleisten.

Es ist zwar anzunehmen, daß auch alle prähistorischen Gesellschaften über derartige Adaptationsmöglichkeiten verfügten, aber es besteht kein Grund zu der Annahme, daß ***alle*** Gesellschaften dieses zwangsläufig tun mußten, denn "there are a large number of behaviors human populations can perform to *increase* the quantity of particular resources available in the environment - techniques such as burning off ground cover, fertilization, creation of clearings, planting of seeds, irrigation, and so forth - which are widely practiced by nonagricultural peoples and presumably known to other populations who do not bother to use them. Thus, the quantity of any food available in nature is not fixed as far as man is con- cerned" (COHEN: 1977, S. 49/50).

In Umkehrung des *MALTHUSianischen Modells*, nach welchem das *Bevölkerungswachstum durch die technologischen Möglichkeiten einer Gesellschaft*, vor allem hinsichtlich der *Nahrungsmittelproduktion, begrenzt* wird, schließt sich COHEN den Thesen von Ester BOSERUP an. Auf Grund ihrer Analysen kommt **BOSERUP** zu dem Schluß,[26] daß die Anwendung der verschiedenen landwirtschaftlichen Verfahren direkt von einer gegebenen Bevölkerungsdichte abhängt, und wie sie versteht **COHEN** die **Entwicklung von landwirtschaftlichen**

5 **'Tragfähigkeit'** ist die Übersetzung des englischen Terminus **'carrying capacity'**, die definiert ist "as the maximum number (of a given population, K.L.) that an area can sustain at a given subsistence level without the onset of land degradation" (GRIGG: 1982, S. 26).

Technologien als **adaptive Reaktion auf einen Bevölkerungsdruck**[6].

Die jährliche Wachstumsrate der Erdbevölkerung war zwar im Pleistozän[27] vergleichsweise[28] niedrig, aber sie führte doch am Ende dieser Periode zu einem Punkt, an dem "the world was, in effect, saturated with hunters and gatherers," COHEN: 1977, S. (53). Der sehr langsam entstehende **Bevölkerungsdruck** veranlaßte einzelne Gruppen zur **Übernahme von *arbeitsintensiveren, ertragssteigernden* Techniken**, anfänglich jedoch nur zur Ergänzung[29] der natürlichen Nahrungsquellen. Auf dieser Basis bildete sich dann die eigentliche **landwirtschaftliche Produktionsweise** heraus, durch die sich die 'carrying capacity' hinsichtlich der Nahrungsressourcen erheblich steigern ließ, was wiederum die **Voraussetzung für ein weiteres Bevölkerungswachstum** darstellte.

Gesellschaften, bei denen sich eine derartige ***'agrikulturelle Wachstumsstrategie'*** entwikkelte, konnten in der Folge die an ihrer Wirtschaftsweise festhaltenden Sammler-Jäger-Gesellschaften erfolgreich verdrängen. Diese wurden entweder ausgerottet, akkulturiert oder in ökologische Grenzgebiete gedrängt, in denen sie bis zur Gegenwart überleben konnten, vorausgesetzt, es gelang ihnen langfristig, ihre Bevölkerungszahl unterhalb der 'Tragfähigkeit' des von ihnen besetzten ökologischen Systems zu halten.

2.1.3.4. Die Entstehung der Tierhaltung

Die Domestikation der landwirtschaftlichen Nutztiere läßt COHEN weitgehend außer acht[30]. Ihm sind keine Hinweise bekannt, daß in Sammler-Jäger-Gesellschaften die Manipulation von Tieren, ähnlich der von Pflanzen, zu einer Ertragssteigerung führen kann. Es erscheint ihm sogar wahrscheinlicher, daß im Wildbeutertum die Jagd wirtschaftlicher ist als eine 'Tierhaltung'. COHEN nimmt deshalb an, daß "The domestication of animals, ..., is primarily a means of subjecting them to the requirements of an exploitative system geared more and more to intense exploitation of spatially limited vegetable resources (whether or not these resources themselves are yet to be considered 'domesticated'). The only other alternative for human population, as demand for calories and protein continued to grow, would be to eschew the vegetable resources and follow the herds in the fashion of nomadic pastoralists; but this alternative would be available only to a very few" (COHEN: 1977, S. 60).

6 **COHEN** definiert **Bevölkerungsdruck** als *"imbalance between a population, its choice of foods, and its work standards, which forces the population either to change its eating habits or to work harder (or which, if no adjustment is made, can lead to the exhaustion of certain resources)"* (COHEN: 1977, S. 50).

2.1.4. Das Modell der kulturellen Evolution

Neuere Ansätze der *Kulturevolutionisten*, zu denen man auch Eduard HAHN rechnen könnte, gehen davon aus, daß die landwirtschaftliche Produktionsweise auf einem entsprechenden kulturellen Niveau einzelner Sammler-Jäger-Gesellschaften endogen entstanden ist. Sie liefern jedoch keine Hypothesen, mit denen sie die Notwendigkeit dieses Prozesses zu begründen versuchen, und sie bieten auch keine Erklärungen, an welchen Kriterien sich das kulturelle Evolutionsgeschehen ausrichtete. Einen derartigen Ansatz vertritt auch David RINDOS[7], wobei er allerdings versucht, den Prozeß der Domestikation eingehender zu analysieren.

Als *konsequenter Darwinist* macht RINDOS zwei grundsätzliche Prämissen:

1. Evolution ist kein zielgerichteter und vorhersehbarer Entwicklungsprozeß[31,32], und

2. auch die *kulturelle Evolution* ist einem *natürlichen Selektionsmechanismus unterworfen.*

Kultur versteht er als ein *Verhaltensinstrumentarium, mit welchem* Lebewesen, also auch *die Menschen, ihrer genetischen Fixierung entfliehen können.*[33] Die an die Umgebung am besten angepaßten, also die '***tauglichsten***' (oder tüchtigsten)[34] ***kulturellen Verhaltensweisen*** werden erhalten[35] und auf dem Wege einer nichtgenetischen *'cultural inheritance'* an die Individuen der nächsten Generationen weitervermittelt.[36]

Die ***Domestikation*** versteht RINDOS als einen ***koevolutionären Prozeß***, in welchem sich *symbiotische Beziehungen zwischen Lebewesen* herausbilden, die ihre Überlebensfähigkeit erhöhen und charakteristische Veränderungen der beteiligten Organismen zur Folge haben.[37] Die menschliche Interaktion mit **Pflanzen,** auf Haustiere geht RINDOS in seiner Arbeit nicht ein, führt zu drei unterschiedlichen **Domestikationsformen**[38], die allerdings nicht als abgeschlossene Entwicklungsstufen aufzufassen sind,[39] sondern durchaus nebeneinander vorkommen können.

1. Die **zufällige Domestikation** bildet sich zwischen nichtagrikulturellen menschlichen Gesellschaften und einigen ihrer bevorzugten Ernährungspflanzen heraus. Diese erfahren einen gewissen Schutz und werden in den Wohngebieten der Menschen angesiedelt. Aus dem reinen Sammler-Ausbeutungsverhältnis entsteht so eine koevolutioäre Symbiose, da der

7 "Why humans began to establish coevolutionary relationships with plants and animals is a question without real meaning. ... The relationships were esta- blished as a result of the maximization of fitness in given situations in time and space; they were neither inevitable nor desirable, but merely happened " (RINDOS: 1984, S. 141).

Mensch an der Erhaltung der Pflanzenarten interessiert ist. Im Rahmen dieses Prozesses stellen sich bei Pflanzen morphologische Veränderungen ein und bei den Menschen neue Verhaltensweisen, beides die Grundlage für

2. eine **spezialisierte Domestikation**. In dieser findet eine Intensivierung der Beziehung statt. Die Pflanzen werden in steigendem Maße vorsätzlich vermehrt, gepflegt und auch aufbewahrt. Hieraus resultiert eine sich verstärkende gegenseitige Abhängigkeit und damit eine obligate Symbiose. Diese Entwicklung ermöglicht schließlich

3. die **landwirtschaftliche Domestikation**, die durch die *bewußte Anwendung* spezifischer Techniken wie Saatselektion, Bodenbearbeitungs- und Speichermethoden charakterisiert ist.[40] *Bewußtheit* darf in diesem Zusammenhang nicht mit zielgerichteter Absicht verwechselt werden. Sie ist nur *im Sinne einer Bewußtwerdung bereits existierender Verhaltensweisen* zu verstehen.[41]

Trotz RINDOS' Kritik an COHENs 'demographischem Determinismus'[42] schließen sich **RINDOS' Konzept des kulturellen Selektionismus** sowie **COHENs und BOSERUPs Modell** keinesfalls aus. Ich betrachte sie vielmehr als eine äußerst **sinnvolle Ergänzung**, auf deren Grundlage sich das agrikulturelle Evolutionsgeschehen wesentlich besser verstehen läßt.

2.2. Die Haustierwerdung

2.2.1. Der Domestikationsbegriff

Mit der **Domestikation von Tieren** bezeichnet man die *Herauslösung bestimmter Wildtierarten aus ihrer natürlichen Umgebung* mit den dort herrschenden natürlichen Selektionsbedingungen und ihre *Umwandlung in Haustiere durch* eine vom Menschen beeinflußte *künstliche Selektion*.[43] Anmerken möchte ich in diesem Zusammenhang, daß gefangen gehaltene und eventuell gezähmte Wildtiere nicht als domestiziert gelten, und daß umgekehrt Haustiere zwar in der Regel zahm sind, aber die Zähmung keine Voraussetzung für die Domestikation bildet.[44]

2.2.2. Die Domestikationsmerkmale

2.2.2.1. Natürliche und künstliche Selektion

"Wenn wir die Individuen einer Varietät oder Untervarietät unserer alten Kulturpflanzen und Haustiere vergleichen, so fällt vor allem eines auf: daß sie gewöhnlich mehr voneinander abweichen als die einer Art oder Varietät im Naturzustand. Und wenn wir die große

Mannigfaltigkeit der Kulturpflanzen und Haustiere betrachten, die sich zu allen Zeiten unter den verschiedensten klimatischen Verhältnissen und Behandlungsarten veränderten, so gelangen wir zu dem Schlusse, daß diese große Veränderlichkeit unserer Kulturerzeugnisse unter Lebensverhältnissen entstand, die weniger einförmig und etwas verschieden von jenen sind, denen die verwandten Arten in der Natur ausgesetzt waren" (DARWIN: 1963, S. 31).

Auf dieser Beobachtung, die er an den Anfang seines Werkes über "Die Entstehung der Arten" stellte, basiert DARWINs *Evolutionstheorie*:[45]

a. Alle *Individuen einer Art* haben die Neigung zu *variieren*, d. h. Abänderungen zu bilden.

b. Jede Art erzeugt *mehr Nachkommen als* letztlich *überleben können*.

c. Diese Überproduktion führt zum *Untergang zahlreicher Individuen* einer Art durch ihre Auseinandersetzung mit der unbelebten Umwelt, mit Organismen anderer Arten und vor allem mit Organismen der gleichen Art.

d. In diesem *'Kampf ums Dasein'* *überleben* nur *die* ***'Tauglichsten'***. Die *natürliche Selektion* sorgt dafür, daß ungünstige Varianten ausgemerzt werden und vorteilhafte Abänderungen erhalten bleiben, d. h. im Laufe des Evolutionsgeschehens werden aus der Variationsbreite der Lebewesen diejenigen ausgelesen, die den Anforderungen der jeweiligen Umwelt am besten entsprechen.

An die Stelle der *natürlichen Selektion* ist im Rahmen der Domestikation von Tieren und Pflanzen die *künstliche Selektion* getreten. Bei dieser hängt die Entscheidung, welche Varianten einer Spezies erhalten bleiben, in erster Linie vom Menschen ab. "Die Variabilität wird eigentlich nicht vom Menschen hervorgerufen. Er setzt nur unabsichtlich die Lebewesen neuen Bedingungen aus, und die Natur wirkt dann auf die Organisation und verursacht deren Veränderung. Aber der Mensch kann (und tut es auch) die ihm von der Natur gebotenen Variationen auswählen und in der gewünschten Weise anhäufen. Auf diese Weise paßt er Tiere und Pflanzen seinem eigenen Vorteil oder seinen Sportzwecken an. Er tut es entweder planmäßig oder unbewußt, indem er, ohne die Absicht zur Veränderung der Rasse zu haben, die ihm nützlichsten oder angenehmsten Individuen zur Nachzucht auswählt. ... Diese unbewußte Zuchtwahl war von großem Einfluß auf die Erzeugung der verschiedensten nützlichen Haustierrassen" (DARWIN: 1963, S. 649).

Für diese von DARWIN unterstellte unbewußte, im Sinne einer **ungeplanten künstlichen Selektion** durch den Menschen spricht auch der komplizierte Zusammenhang zwischen dem

Genotyp, dem Erbbild eines Organismus, und dem *Phänotyp*, seinem Erscheinungsbild. Die Erbanlagen werden als stabiles Element von Generation zu Generation weitergegeben, wenn man von Veränderungen des Genotyp durch Mutationen einmal absieht. Trotzdem zeigen Individuen gleicher genetischer Konstitution (z. B. aus Inzuchtlinien) im Hinblick auf bestimmte Merkmale ausgeprägte Unterschiede, die auf den Einfluß der Umwelt zurückzuführen sind. Diese *Modifikationen*, d. h. die *durch klimatische Faktoren* oder beispielsweise *durch Ernährung hervorgerufenen nichterblichen Variationen*, lassen sich am Individuum kaum von erblichen Veränderungen unterscheiden. Hieraus läßt sich folgern, daß eine **planmäßige Zucht** erst erfolgen konnte, als die Menschen einzelner Gesellschaften ein ausreichend *hohes Erfahrungswissen* über ihre Haustiere akkumuliert hatten. Als weitere Voraussetzung muß aber auch ein *Anreiz* bzw. eine *Notwendigkeit* bestanden haben, wodurch sie veranlaßt wurden, die wenig arbeitsintensive und vergleichsweise mühelose ungeplante Form der 'Zuchtwahl' aufzugeben.

2.2.2.2. Morphologische Unterschiede zwischen Haustieren und Wildtieren

Unter den Bedingungen der Domestikation ist aus den recht einheitlichen Wildformen eine derartige Breite und Vielfalt von Haustiervarietäten entstanden, daß die Wissenschaftler lange Zeit eine polyphyletische Abstammungsfolge vermuteten. Mittlerweile gilt es als erwiesen, daß alle unsere Haustierarten auf jeweils nur eine einzige Stammform zurückgeführt werden können.

Der Eingriff des Menschen in das natürliche Selektionsgeschehen führte zu konstitutionellen Veränderungen, die charakteristischerweise bei allen Haustierspezies in ähnlicher Form aufgetreten sind und die bei archäologischen Untersuchungen eine recht sichere Abgrenzung zwischen domestizierten und nicht domestizierten Tieren ermöglichen.

Als hervorstechendstes Kennzeichen des Domestikationsbeginns wird von zahlreichen Autoren[46] eine erhebliche **Größenminderung** hervorgehoben, die häufig auch von einer Abschwächung des Geschlechtsdimorphismus begleitet war. Daneben traten charakteristische Veränderungen am Skelett (vor allem am Schädel) auf und wahrscheinlich zahlreiche Variationen des Haarkleides und der Fellfärbung.

2.2.2.3. Verhaltensänderungen

Haustiere pflanzen sich im Unterschied zu Wildtieren **in Gefangenschaft** nicht nur **leicht fort**, sondern sie sind im allgemeinen auch **erblich zahm**[47,48] und damit in ihrem Verhalten gedämpfter und weniger aggressiv als ihre wilden Artgenossen. Die damit verbundene

Steigerung ihrer psychischen Toleranz und ihrer sozialen Verträglichkeit waren notwendige Voraussetzungen für die Überlebensfähigkeit der Haustiere unter den Bedingungen der Gefangenschaft, und sie sind als ein *Resultat der künstlichen Selektion* zu betrachten.

Erwähnenswert ist auch die tendenzielle Verarmung der Merkwelt (Sicht, Geruch, Gehör) von Haustieren, die auf eine geringere Beanspruchung ihrer Informationsaufnahme- und Verarbeitungssysteme zurückzuführen ist, und die mit einer zum Teil beträchtlichen relativen Hirngrößenabnahme korrespondiert.[49]

2.2.3. Der Zeitverlauf der Domestikation

Zwar ist es unmöglich, den exakten Zeitpunkt der Domestikation für die einzelnen Tierarten anzugeben, da sich morphologische Veränderungen erst im Verlaufe einiger Generationen entwickeln können und archäologische Funde fortwährend neue Erkenntnisse zu Tage fördern, aber über den ungefähren Zeitverlauf der Domestikation herrscht heute weitgehender Konsens.

Zeit v. Chr.	Zeitabschnitt	Region: NAHER OSTEN	Region: MITTELEUROPA	Zeitabschnitt
			HUND	
12 000				
11 500	Paläo-			
11 000				
10 500	lithikum			Paläo-
10 000		HUND		
9 500				lithikum
9 000				
8 500	Meso-			
8 000				
7 500	lithikum	SCHAF, ZIEGE		
7 000		SCHWEIN		
6 500		RIND	Schaf	Meso-
6 000	Neo-		Ziege, Rind Schwein	
5 500			**in Griechenland**	lithikum
5 000	lithikum	KATZE	SCHAF, ZIEGE	
4 500			RIND, SCHWEIN	
4 000	Kupfer-	ESEL		Neo-
3 500		KAMEL, PFERD		
3 000	zeit		Pferd **in der Ukraine**	lithikum

ABBILDUNG 1: Der Zeitverlauf der Domestikation[50]

Auf Grund zahlreicher archäologischer Nachweise, der erste stammt aus der Zeit von ca. 14000 v. Chr. in der Nähe Bonns,[51] kann heute mit Sicherheit angenommen werden, daß der **Hund** als **erste Tierart** bereits in der Altsteinzeit domestiziert wurde. Die **Domestikation von landwirtschaftlichen Nutztieren** erfolgte jedoch erst Jahrtausende später, und zwar im Vorderen Orient erheblich eher als in Europa. Bereits für die Mittelsteinzeit konnten dort **Schaf** und **Ziege** nachgewiesen werden, wobei nicht geklärt ist, welches von beiden als erstes Wirtschaftstier des Menschen angesehen werden kann. Erst am Übergang zum Neolithikum findet sich auch das **Rind**, womit HAHNs These, daß das Rind vor den kleinen Wiederkäuern domestiziert wurde, widerlegt ist.[52] Entsprechend dem Verbreitungsgebiet der wilden Stammformen konnte in **Europa** eine primäre Domestikation von Rind, Schwein und Pferd erfolgen. Die Tatsache, daß auch hier **Schaf** und **Ziege**, die aus dem Vorderen Orient bzw. Kleinasien eingeführt werden mußten,[53] als erste landwirtschaftliche Nutztiere nachgewiesen wurden, spricht allerdings dafür, daß die **'agrikulturelle Form der Tiernutzung'** von den europäischen Gesellschaften als **exogenes Wissensgut** übernommen wurde. Erst auf dieser Basis entwickelte sich dann eine eigenständige Domestikation von einheimischen Wildtierspezies.

2.2.4. Die frühe Mensch-Tier-Beziehung

Bei den heutigen Haustierforschern hat sich weitgehend die Vorstellung durchgesetzt, daß die **Domestikation der Tiere aus einer symbiotischen bzw. symbioseähnlichen Beziehung zwischen Mensch und Tier entstanden** ist[54] und daß sich eine zweckgerichtete Nutzung von Haustieren erst allmählich durchsetzen konnte.

Für eine solche Annahme sprechen vor allem drei Gründe:

1. Daß sich Tiere über das Zähmen hinaus domestizieren ließen, also erblich zahm und in Gefangenschaft reproduktiosfähig würden, konnte den Menschen der Vorzeit nicht bekannt sein und ist als das ungeplante Ergebnis einer sich allmählich intensivierenden Mensch-Tier-Beziehung zu begreifen.

2. Außer der Nutzung von Tieren als Fleisch- und Fellieferanten waren weitere Nutzungsmöglichkeiten (Milch, Wolle, Arbeitsleistung etc.) in der Vorzeit weder bekannt noch vorhersehbar.

3. Die Domestikation des Hundes als erstem Haustier läßt sich kaum mit utilitaristischen Motiven begründen. Möglicherweise kann sich seine Funktion als Wächter recht schnell herausgebildet haben, aber beispielsweise seine Verwendung bei der Jagd war sicherlich erst nach einem intensiveren Kontakt mit Menschen möglich.

2.2.4.1. Die Mensch-Tier-Symbiose

Unter *Symbiose* wird ein Zusammenleben zweier Arten von Lebewesen verstanden, von dem beide *Partner* profitieren.[55] Die Anwendung dieses Terminus auf die Mensch-Haustier-Beziehung halte ich für unzutreffend oder zumindest irreführend. Diese Beziehung ist in der Hauptsache durch die Ausnutzung des tierischen *'Partners'* charakterisiert, und weniger durch den Schutz, den ihm der Mensch gewährt. ZEUNER geht sogar soweit, im Falle der Wandertierhaltung von 'Sozialparasitismus' zu sprechen, wobei er dem Menschen die Rolle eines Parasiten zuweist.[56]

Mir erscheint der von RINDOS gebrauchte Begriff der **'Koevolution'**[57] am geeignetsten zur Beschreibung der sich entwickelnden Mensch-Tier-Beziehung. Dieser Begriff schließt zwar eine Symbiose mit ein, aber ich möchte ihn allein im Sinne seiner inhaltlichen Bedeutung verstanden wissen: eine gleichzeitig stattfindende, miteinander verbundene Evolution, die keine Aussage über die Qualität der Mensch-Tier-Beziehung impliziert.

2.2.4.2. Das Sozialverhalten der domestizierten Tierspezies

Bei den wilden Stammformen der verschiedenen Haustierspezies handelte es sich überwiegend um sozial lebende Tierarten, die, wie auch der Mensch, "dazu neigen, mit anderen Arten Verbände zu bilden" (ZEUNER: 1967, S. 36), und von daher für eine Domestikation prädisponiert waren. Demnach ist wahrscheinlich nicht nur 'der Mensch auf den **Hund** gekommen', sondern ebenso umgekehrt, 'der Hund auf den Menschen', d. h. sein wilder Vorfahre hat sich menschlichen Gemeinschaften freiwillig angeschlossen und wurde von diesen toleriert. Allerdings war hierfür Bedingung, daß sich der Wolf *vom Jagdkonkurrenten* des Menschen *zu einem Abfallverwerter* entwickelte, der sich mit den Überresten der menschlichen Nahrung begnügte.

Wahrscheinlich erst mit der *Seßhaftwerdung* des Menschen und dem *beginnenden Pflanzenbau* gelangten **Schaf** und **Ziege** in den Hausstand.[58] Auch hier besteht die Annahme, daß diese Tiere von menschlichen Siedlungen angezogen wurden, da sich ihnen dort gute Weidemöglichkeiten boten.[59] Diese *Flurräuber* stellten eine willkommene Jagdbeute dar, aber einzelne Individuen wurden nicht sofort getötet, u. a. sicherlich auch, um zu einem späteren Zeitpunkt konsumiert zu werden.

Nicht jedes gefangene Tier wurde nun gezähmt und nicht jede Tierart domestiziert. Der gesamte Prozeß der Domestikation erstreckte sich über einen langen Zeitraum, in dem sich die Mensch-Tier-Beziehung intensivierte und sich neue menschliche Verhaltensweisen im Umgang mit Tieren entwickelten. Hierfür spricht auch die verhältnismäßig späte Domestikation des **Rind**es. Erst nachdem die Menschen Erfahrung im Umgang mit den kleinen Wiederkäuern erworben hatten, wurde für sie auch die Zähmung und Haltung des riesigen Auerochsen vorstellbar.

Zwar stellten die **Wiederkäuer** (Rind, Schaf, Ziege) *als Flurräuber potentielle Nahrungskonkurrenten des Menschen* dar, aber unter den Bedingungen der Domestikation zeichnen sie sich dadurch aus, daß *ihre Ernährungsweise mit der menschlichen prinzipiell nicht konkurriert*. Mit Hilfe ihres speziellen Digestionssystems sind sie in der Lage, ausschließlich von zellulosereichem Pflanzenmaterial zu leben, das für den Menschen unverdaulich ist, und aus diesem Grunde war es auch ohne weiteres möglich, sie zu 'behalten'.

2.2.4.3. Der Prozeß der künstlichen Selektion

Unter ***künstlicher Selektion***[60] wird die **Auswahl** von Tieren (und Pflanzen) **durch den Menschen** verstanden, und diese kann **ungeplant** (nicht zielgerichtet) oder **geplant** (zielgerichtet) erfolgen.

Die **Abgrenzung einer ungeplanten von einer geplanten** künstlichen **Selektion** ist *aus wirtschaftlicher Sicht* sehr einfach. Eine **geplante Zuchtwahl**, eine **'Tierzucht'** im engeren Sinne, läßt sich an einer *Steigerung des tierischen Leistungspotentials* ablesen und auch an der *Herausbildung unterschiedlicher Rassen*[8] innerhalb einer Tierspezies. *Aus soziologischer Sicht* ist diese Abgrenzung jedoch äußerst schwierig, denn es müssen auch *Zuchtziele*, die nach unserem Verstehen *nicht* oder nicht eindeutig *ökonomisch*er Natur sind (z. B. Farbe der Haut oder Form der Hörner), als *Indikatoren für eine planvoll betriebene Tierzucht* zugelassen werden. Da derartige Selektionskriterien am archäologischen Material kaum feststellbar sind, orientiere ich mich **bei der agrarhistorischen Untersuchung** der Tierhaltung an den beiden oben genannten Merkmalen, der **Steigerung des tierischen Leistungspotentials**, insbesondere einer Größenzunahme, und der **Rassendifferenzierung**.

Für den **Prozeß der Domestikation** selbst muß eine **ungeplante 'Zuchtwahl'** unterstellt werden, da noch nicht einmal das Ergebnis dieser koevolutionären Entwicklung für den Menschen der damaligen Zeit absehbar war. Die ***künstliche Selektion*** mußte hierbei in zweifacher Hinsicht wirksam werden:

8 Unter einer **Rasse** wird eine Gruppe von Tieren innerhalb einer Art verstanden, die sich in bestimmten, genetisch fixierten Merkmalen von anderen Individuen der gleichen Art unterscheiden und eine geringere innerartliche Variabilität aufweisen (vgl. COMBERG: 1971, S. 419 und HERRE/RÖHRS: 1973, S. 20).

1. Als Selektion von Wildtieren unter **neuen**, vom Menschen geschaffenen ***Umweltbedingungen*** und

2. als Selektion von Wildtieren durch den ***Menschen***, die seinen Neigungen und damaligen Möglichkeiten entsprach.

Auf diese Weise lassen sich auch die angeborene Zahmheit und die größere psychische Toleranz von Haustieren erklären sowie ihre drastische Größenminderung am Domestikationsbeginn. Einerseits vermochten nur solche Individuen einiger ausgewählter Tierarten zu überleben und vor allem sich zu reproduzieren, die sich an die Bedingungen der Gefangenschaft anpassen konnten, und zwar sowohl an eine Einschränkung ihrer Bewegungsfreiheit als auch an eine Verschlechterung ihrer Ernährungsgrundlage. Andererseits bevorzugen die Menschen solche Individuen, die weniger aggressiv und kleinwüchsiger waren, was ihre Zähmung und den Umgang mit ihnen erleichterte. Dieser Selektionsvorgang führte zu zahlenmäßig begrenzten, *genetisch isolierten Ausgangspopulationen*, aus denen dann die Haustiere hervorgingen.

Mit der Existenz einer domestizierten Art war der Adaptationsprozeß seitens der Tiere weitgehend abgeschlossen, und die künstliche Selektion unterlag, gleiche Umweltbedingungen vorausgesetzt, ausschließlich den menschlichen Vorstellungen und Bedürfnissen. Auf dieser Grundlage konnte dann im Verlauf einiger Jahrtausende eine bewußt geplante Zucht entstehen, die aber noch grundlegende Veränderungen in der Mensch-Tier-Beziehung zur Voraussetzung hatte.

2.2.5. Die Stadien der Domestikation

Aus den bisherigen Ausführungen könnte geschlossen werden, daß der Prozeß der Domestikation mit der Existenz von Kulturpflanzen und Haustieren abgeschlossen war. Dieses wäre jedoch eine zu enge Sichtweise.[61] Domestizierte Pflanzen- und Tierarten unterliegen auch heute noch einer ständigen Veränderung, ebenso wie die Mensch-Pflanzen- bzw. Mensch-Tier-Koevolution als inhärentem Bestandteil des Domestikationsgeschehens. Zur Beschreibung des Domestikationsgeschehens bei Tieren möchte ich in Anlehnung an RINDOS[62] gleichfalls eine Einteilung in die Stadien der **zufälligen**, **spezialisierten und landwirtschaftlichen Domestikation** vornehmen, und diese um das Stadium der **wissenschafts-technologischen Domestikation** erweitern. Letzteres basiert, wie schon aus dem Namen hervorgeht, auf einer gezielten Anwendung von wissenschaftlichen Erkenntnissen, die die Züchtung der heutigen Hochleistungsrassen und die Form der intensiven Massentierhaltung ermöglicht haben. Daß auch dieses Stadium nicht das letzte sein wird, zeigen die jüngsten

Forschungsrichtungen. Wir stehen mittlerweile am Beginn einer ***gentechnologischen Domestikation***, die sich nicht länger auf die Schaffung von Rassen beschränken muß, sondern die 'Herstellung' völlig neuer 'künstlicher' Tier- und Pflanzenspezies möglich machen könnte.

Weltweit gesehen lassen sich für die verschiedenen Stadien keine einheitlichen Angaben machen, da der Domestikationsvorgang regional sehr unterschiedlich und mit großen Zeitverschiebungen verlief und mit Ausnahme des ersten Stadiums alle anderen Stadien noch erhalten sind.

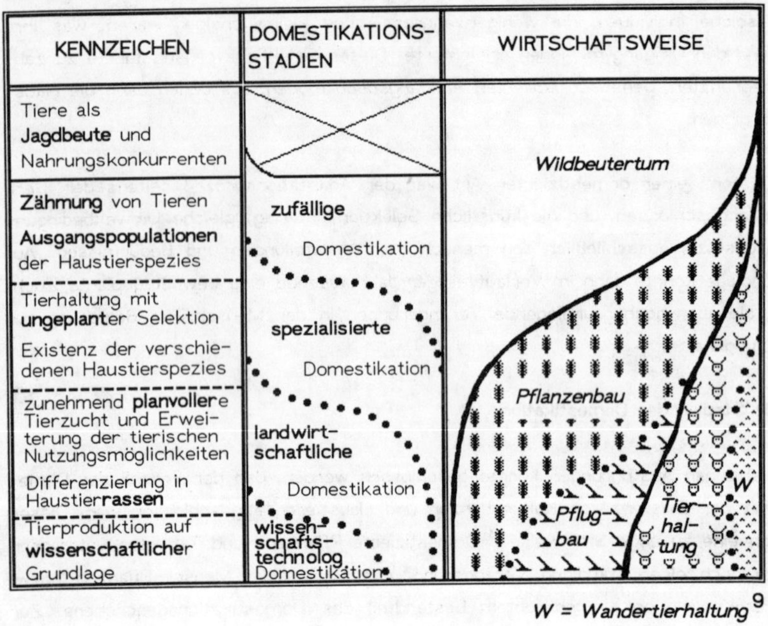

ABBILDUNG 2: Modellskizze des Domestikationsprozesses

9 Nicht in allen Fällen ging der Wandertierhaltung die Stufe des Pflanzenbaus voraus. So ist vermutlich die Rentierhaltung direkt aus der Jagd dieser Tiere entstanden, vgl. hierzu ZEUNER (1967, S. 22ff).

2.3. Exkurs: Westafrika

Theorien über die Entwicklung der Landwirtschaft in Westafrika sind bis heute weitgehend spekulativ, da die prähistorische Erforschung dieser Region bisher nur wenig intensiv betrieben wurde. Auch konnten archäologische Funde kaum direkte Hinweise liefern, was u. a. dadurch bedingt ist, daß die klimatischen Verhältnisse und die größere Azidität vieler tropischer Böden zu einer schnelleren Zerstörung von organischem Material führen.

Ein Überblick über den aktuelleren Kenntnisstand findet sich bei Thurstan SHAW (1977). Seinen Angaben zufolge wurde bis Ende der 50er Jahre die Entstehung der Landwirtschaft in Westafrika sowie die Verbreitung von Kulturpflanzen, Haustieren und entsprechenden agrikulturellen Techniken allein auf eine Diffusion von anderen Kulturkreisen aus dem Nordosten des Kontinents zurückgeführt. Mittlerweile gelten eine Reihe von Nahrungs***pflanzen*** als *eigenständig in Westafrika domestizert*, u. a. *Sorghum*, einige *Hirsesorten*, *afrikanischer Reis*, *Yams*, *Kola* und die *Ölpalme*. Vor allem die von wilden Gräsern abstammenden Kulturpflanzen scheinen in der Umgebung großer Flüsse entstanden zu sein, wo sich mutmaßlich seßhafte und halbseßhafte Gemeinschaften angesiedelt hatten, die eine sichere Wasserversorgung bevorzugten und Fischfang betrieben.

Eine nennenswerte *Domestikation von* ***Tiere****n* kann in Westafrika aber *nicht* stattgefunden haben, da die Stammformen der heutigen Haustierspezies mit Ausnahme des *Perlhuhns (guinea fowl)*[63] dort nie beheimatet waren. Etwa im 5. Jahrtausend v. Chr. begannen **nomadisierende Rinderhalter aus dem Norden** einzuwandern, die wegen der Ausbreitung der Sahara im 3. Jahrtausend v. Chr. zunehmend weiter südwärts zogen. Über die Verbreitung von Schaf und Ziege ist nur soviel bekannt, daß sie nachweislich ab der Mitte des 2. Jahrtausends zusammen mit dem Rind in Ghana vorkamen. Schweine scheinen im frühzeitlichen Westafrika keinerlei Bedeutung besessen zu haben.

Interessant ist die Frage, weshalb in Westafrika **keine primäre Domestikation von Tieren** (*ausgenommen* dem *Perlhuhn*) erfolgte, obwohl vor allem die Savannengebiete von zahlreichen, potentiell domestizierbaren Tierarten bevölkert waren. Nach SHAW kann dieser Sachverhalt auf zwei Ursachen zurückgeführt werden:

1. In den Gebieten südlich der Sahara hatte sich kein nennenswerter Bevölkerungsdruck entwickeln können, da das Bevölkerungswachstum durch schwere Krankheiten (Malaria, Flußblindheit, Schlafkrankheit) limitiert wurde. Damit blieben ausreichend hohe Wildtierbestände für die Jagd erhalten, und es bestand keine Notwendigkeit, potentielle Fleischlieferanten vermehrt zu 'behalten' und zu zähmen.

2. Nach der Verbreitung von Rind, Schaf und Ziege existierte für die westafrikanischen Gesellschaften kein zwingender Grund, diese Haustierarten durch lokale Substitute zu ersetzen und die Schwierigkeiten und Mühen einer Neudomestikation auf sich zu nehmen.

Da die historischen Bedingungen in Westafrika schon für den Prozeß der Haustierwerdung völlig andere waren als in Mitteleuropa, ist es nicht weiter erstaunlich, daß sich in diesen beiden Regionen unterschiedliche Wege der Mensch-Tier-Koevolution herausbildeten, und wie in der Einleitung dargestellt, hat sich in Westafrika anscheinend bis auf den heutigen Tag eine strenge Trennung zwischen vorwiegend Tierhaltung und vorwiegend Pflanzenbau treibenden Gesellschaften erhalten. Hierbei wird die pflanzliche Grundnahrungsmittelproduktion in der von HAHN beschriebenen Form des 'Hackbaus' betrieben, in der in vielen Regionen Westafrikas die Frauen die Hauptlast der landwirtschaftlichen Arbeit tragen. Obwohl ich in der vorliegenden Arbeit nicht auf die innere Dynamik der landwirtschaftlichen Evolution in Kamerun eingehe, möchte ich an dieser Stelle doch an Hand einiger Entwicklungen deutlich machen, weshalb ich eine vergleichende agrarhistorische Untersuchung von Deutschland und Kamerun für interessant und sinnvoll halte.

3. MODELLTHEORETISCHE ÜBERLEGUNGEN ZUR EVOLUTION DER TIERHALTUNG IN EINER 'URSPRÜNGLICHEN' LANDWIRTSCHAFTLICHEN SUBSISTENZÖKONOMIE

3.1. Vorbemerkung

Wie ich im vorhergehenden Kapitel dargestellt habe, ist die Entstehung der Landwirtschaft nicht, wie vielfach angenommen wird, auf zielgerichtete *Erfindungen* zurückzuführen, sondern auf eine Jahrtausende dauernde Mensch-Pflanzen- bzw. Mensch-Tier-Koevolution, in deren Verlauf sich die Menschen allmählich einige Grundtechniken des Pflanzenbaus und der Tierhaltung aneignen konnten.

Ein landwirtschaftliches Grundwissen, das in der einen oder anderen Form in allen präagrikulturellen Gesellschaften als bekannt vorausgesetzt werden kann,[1] wurde jedoch nicht zwangsläufig auch angewandt. Im Gegenteil, der Übergang von der aneignenden zur **produzierenden Wirtschaftsweise** war für die Menschen der Frühzeit mit erheblichen Nachteilen verbunden und besaß **nur** den **einen grundlegenden Vorteil** einer Ertragssteigerung pro Flächeneinheit.[1] Hieraus läßt sich folgern, daß sich die landwirtschaftliche Produktionsweise ursprünglich nur da durchzusetzen vermochte, wo ein ökonomischer Zwang zur Erhöhung der Nahrungsmittelquantität entstanden war.

Welches waren nun die **Gründe**, die in einzelnen Gesellschaften eine Erhöhung der 'carrying capacity' des von ihnen beanspruchten ökologischen Systems erforderlich machten? Die einzige plausible Erklärung hierfür bietet meines Erachtens die Annahme einer zahlenmäßig **gewachsenen Bevölkerung**.[2] Es entstanden dichter besiedelte Landstriche, in denen die Sammler-Jäger-Gesellschaften zunehmend geringere Möglichkeiten hatten, in noch unbesetzte Gebiete auszuweichen. Sie waren deshalb gezwungen, entweder ihre **Ernährungsgrundlage mittels landwirtschaftlicher Methoden** zu **erweitern** ***oder*** aber die **Zahl ihrer Mitglieder** zu **beschränken**.

Im Rahmen des kulturellen Evolutionsgeschehens betrachte ich **beide Möglichkeiten** als **'taugliche' Handlungsalternativen**, wobei sich einige Gesellschaften offensichtlich für die **'agrikulturelle Bevölkerungsvermehrungsstrategie'** *entschieden*[2] haben. Diese *Ent-*

1 Dieses gilt meines Erachtens nicht nur für den Pflanzenbau, sondern auch für die Tierhaltung (vgl. hierzu vorl. Kap., S. 59).

2 Hierbei will ich keinesfalls eine bewußt getroffene *Entscheidung* oder *Auswahl* unterstellen. Vielmehr handelt es sich um einen gesamtgesellschaftlichen Entscheidungsfindungs- bzw. Auswahlprozeß, der sich in der Regel der menschlichen Bewußtheit entzieht.

scheidung mußte auch im agrikulturellen[3] Evolutionsgeschehen immer wieder neu *getroffen* werden, und letztlich haben sich die Gesellschaften weltweit durchgesetzt, die die 'Bevölkerungsvermehrungsstrategie' *gewählt* haben. Wieweit sich Gesellschaften tatsächlich im Sinne einer **'Bevölkerungsstabilisierungsstrategie'** *entschieden* haben, läßt sich heute nur noch schwer beurteilen, da die gegenwärtig existierenden präagrikulturellen Gesellschaften in ökologische Nischen zurückgedrängt wurden und ihnen dort keine andere Wahlmöglichkeit blieb.[3]

Die 'Bevölkerungsvermehrungsstrategie' hatte zwar die Entstehung der landwirtschaftlichen Produktionsweise zur Folge, damit waren aber noch nicht ihre unterschiedlichen Ausprägungen festgelegt. Unter soziokulturellen Aspekten kann das **Agrarsystem einer Gesellschaft** als eine **Akkumulation spezifischer Informationen und menschlicher Verhaltensweisen** betrachtet werden, die **einem** kontinuierlichen **kulturellen Selektionsprozeß unterworfen** sind. Zur Anwendung kommen hierbei nur die 'tauglichen' Informationen und Verhaltensweisen, die dann entsprechend weiterentwickelt werden können.[4]

In diesem Zusammenhang muß allerdings der von DARWIN (bzw. SPENCER[5]) entlehnte Tauglichkeitsbegriff neu gefaßt werden. Die **'Tauglichkeit' kultureller Phänomene** wird im wesentlichen von den Vorstellungen und Interessen der Menschen bestimmt und nur indirekt von den natürlichen Umweltverhältnissen, an die sich der einzelne Mensch, aber auch die Gesellschaft in ihrer Gesamtheit adaptieren muß. Aus dem Spektrum der bekannten Informationen und möglichen Verhaltensweisen werden diejenigen *ausgewählt*, die den Erfordernissen einer Gesellschaft unter den für sie geltenden spezifischen sozioökonomischen Bedingungen am besten entsprechen.

Die *Auswahl* ist auf **intrakulturell**er Ebene vor allem von folgenden Faktoren abhängig:

a. Die Wissensgüter sind in einer Gesellschaft asymmetrisch verteilt, d. h. ihre einzelnen Mitglieder verfügen über unterschiedliche Informationen und Verhaltensweisen.

b. Mit fortschreitender Arbeitsteilung und sozialer Differenzierung entstehen zunehmend komplexere Basis- und Überbaustrukturen. Damit vervielfältigt und verkompliziert sich zum einen das Spektrum der kulturellen Phänomene, und damit vermehren und verschärfen sich zum anderen auch die innergesellschaftlichen Interessenskonflikte.

3 Den Begriff 'Agrikultur' beziehe ich auf die landwirtschaftlichen Produktionsverhältnisse einer Gesellschaft, d. h. er schließt nicht nur den Pflanzenbau, sondern auch die Tierhaltung mit ein.

Aus diesen Gründen stellen die Resultate des kulturellen Optimierungsprozesses weder individuelle noch gesellschaftliche Optima dar.[6] Vielmehr manifestieren sich in ihnen die Herrschafts- und Abhängigkeitsverhältnisse einer Gesellschaft, und der Optimierungsprozeß selbst ist durch den Fakt beschränkt, daß der 'Wissenspool' einer Gesellschaft weder für einzelne Individuen noch für größere Menschengruppen überschaubar ist.

Weiterhin ist zu berücksichtigen, daß die kulturelle Selektion in der Regel nicht rein *endogen* erfolgt, sondern auch *exogen*en Einflüssen unterliegt. Das bedeutet, sie wird im Rahmen von **interkulturell**en Auseinandersetzungen vom Entwicklungsgeschehen in anderen Gesellschaften mitbestimmt oder sogar von anderen Gesellschaften dominiert.

Auf der Grundlage der vorstehenden Überlegungen werde ich in diesem Kapitel versuchen, die Dynamik des landwirtschaftlichen Evolutionsgeschehens in einer **'ursprünglichen' Subsistenzökonomie**, wie sie **nach dem Übergang vom Wildbeutertum** vorstellbar ist, modelltheoretisch zu skizzieren.

3.2. Modellrestriktionen und die Relevanz von wirtschaftlichen Motivationen

Obwohl die Domestikation der Tiere nicht zielgerichtet und aus primär utilitaristischen Motiven erfolgen konnte, läßt sich doch nicht von der Hand weisen, daß das Behalten' von 'Wildtieren zumindest einen wirtschaftlichen Zweck erfüllen konnte: Tiere stellten einen lebenden Nahrungsvorrat dar. Aber erst nach der erfolgreichen Domestikation einiger Tierspezies, anfänglich wohl nur Schaf und Ziege, bestand neben der Jagd die Möglichkeit einer **'Tierhaltung'**, und diese wurde **primär aus wirtschaftlichen Gründen** betrieben. Sie diente, wie auch der Pflanzenbau, der Sicherung der menschlichen Ernährungsgrundlage.

Damit will ich keinesfalls ausschließen, daß landwirtschaftliche Nutztiere nicht auch aus anderen, beispielsweise religiösen Motiven heraus gehalten wurden, aber meines Erachtens waren diese für das Evolutionsgeschehen in den verschiedenen Tierhaltungssystemen nicht ausschlaggebend. Die Untersuchung *nichtwirtschaftlicher Motive* spielt allerdings insofern eine große Rolle, als nur durch sie spezifische Selektionskriterien in einem Tierhaltungssystem verstanden werden können, deren 'Tauglichkeit' sich mit ökonomischen Zielsetzungen nicht oder nicht ausschließlich erklären läßt.

Meinen folgenden theoretischen Überlegungen lege ich das 'Modell der kulturellen Selektion' von D. RINDOS[7] zugrunde. Dieses besitzt jedoch ein großes Defizit: es beschreibt zwar den Mechanismus des agrikulturellen Evolutionsgeschehens, aber es erklärt nicht, welche Selektionskriterien aus welchen Gründen als 'tauglich' angesehen wurden. Um den **produktionstechnischen Fortschritt** in der agrarhistorischen Entwicklung Deutschlands nachvollziehen zu können, werde ich daher die Selektionsmuster und **wirtschaftlichen Selektionskriterien** herausarbeiten, die meines Erachtens das Denken und Handeln der bäuerlichen Produzenten in der Vor- und Frühzeit bestimmten. Hierbei bediene ich mich eines einfachen sozioökonomischen **Modells**. Ich unterstelle die Existenz einer **autarken** landwirtschaftlichen **Subsistenzökonomie** im Rahmen eines **gemischtwirtschaftlichen Agrarsystems** sowie **egalitäre Besitz- und Sozialstrukturen**. Damit unterliegt das Modell drei **Restriktionen**:

1. Die Annahme von egalitären Sozial- und Besitzstrukturen impliziert, daß die Entscheidungsfreiheit der bäuerlichen Produzenten nicht durch Herrschaftsverhältnisse eingeengt oder sogar aufgehoben wird.

2. Die Annahme einer autarken landwirtschaftlichen Subsistenzökonomie impliziert, daß nicht nur die Nahrungsmittel, sondern auch alle Gebrauchsgegenstände innerhalb der bäuerlichen Gemeinschaft produziert und verwendet werden. Somit ist eine Beeinflussung des landwirtschaftlichen Evolutionsgeschehens durch einen Tausch- bzw. Marktverkehr ausgeschlossen.

3. Die Annahme eines gemischtwirtschaftlichen Agrarsystems impliziert, daß die zur Verfügung stehenden landwirtschaftlichen Nutzflächen pflanzenbaulich und viehwirtschaftlich genutzt werden, und daß weder eine reine Wandertierhaltung (Transhumanz) noch spezialisierte Viehbetriebe existieren.

Es wird nun möglicherweise der *Einwand* erhoben, daß auch in der Vorzeit eine Gesellschaft in dieser 'reinen' Form kaum existiert haben kann. Ich glaube jedoch, daß es zulässig ist, die Restriktionen 1 und 2 einzuführen, da die Gesellschaften in der Anfangsphase der 'Landwirtschaft' in der Regel noch keine ausgeprägte Hierarchisierung aufwiesen, und da das landwirtschaftliche Evolutionsgeschehen in diesem Stadium ganz sicherlich noch nicht von einem Markt- bzw. Tauschverkehr bestimmt wurde. Die Restriktion 3 habe ich im Hinblick auf die agrargeschichtliche Entwicklung Deutschlands aufgestellt, da es sich hier von Anfang an um ein gemischtwirtschaftliches Agrarsystem gehandelt hat und sich hieraus spezifische Selektionsmuster erklären lassen. Für die modelltheoretische Betrachtung der landwirtschaftlichen Entwicklung in anderen Gesellschaften müßte diese Restriktion überprüft und gegebenenfalls verändert werden.

Die Einführung der oben erläuterten Restriktionen besitzt den Vorteil, daß sich die Grundstrukturen des agrikulturellen Evolutionsgeschehens deutlicher herausarbeiten lassen. Das Modell soll von daher nicht als eine Widerspiegelung der Realität betrachtet werden, sondern als eine Art Schablone, auf der bestimmte Teilausschnitte der Realität markiert sind. Bei der Untersuchung der agrargeschichtlichen Entwicklung Deutschlands wird diese Schablone gewissermaßen auf die historische Realität aufgelegt und mit ihr verglichen. Diese

Vorgehensweise erlaubt es einerseits, die logische Struktur des produktionstechnischen Fortschritts in der Landwirtschaft zu erkennen, andererseits ermöglicht sie eine qualifiziertere Analyse des endogenen Einflusses von Herrschaft und Markt sowie des exogenen Einflusses anderer Kulturkreise auf die Entwicklung der landwirtschaftlichen Produktionsverhältnisse einer Gesellschaft.

Ein weiterer *Einwand* könnte dagegen erhoben werden, daß ich die wirtschaftlichen Motivationen in den Vordergrund meiner modelltheoretischen Betrachtungen stelle. Ich bin jedoch der Meinung, daß das agrikulturelle Evolutionsgeschehen in erster Linie von einem ökonomischen Rationalverhalten der bäuerlichen Produzenten bestimmt wird und daß wirtschaftliche Motivationen bei soziologischen Untersuchungen von bäuerlichen (oder rein tierhalterischen) Bevölkerungsgruppen stärker berücksichtigt werden müßten, und nicht, wie es mir häufig zu sein scheint, als 'unsoziologisch' abgewertet werden dürfen. Wie ich zu zeigen versuche, läßt sich 'ökonomisches Rationalverhalten' aus soziologischer Sicht völlig anders interpretieren als aus wirtschaftswissenschaftlicher Sicht. Außerdem glaube ich, daß sich auf dieser Grundlage der Einfluß beispielsweise religiöser Normen auf das agrikulturelle Selektionsgeschehen deutlicher erkennen und besser interpretieren läßt.

3.3. Das ökonomische Rationalverhalten der bäuerlichen Produzenten

Gegenüber dem Wildbeutertum wurde die 'carrying capacity' hinsichtlich der Nahrungsmittelressourcen im Rahmen der vor- und frühzeitlichen Agrarsysteme zwar erheblich gesteigert, aber verglichen mit den heutigen Agrarsystemen war sie sehr niedrig. Maßnahmen zur Verbesserung der Bodenqualität durch Düngung waren ebensowenig bekannt wie eine gezielte Saatgutselektion, und die Bodenbearbeitung erfolgte mit sehr einfachen Geräten aus Holz und Stein ohne Nutzung der tierischen Arbeitsleistung. Die *Tierhaltung* selbst wurde in einer *sehr extensiv*en Form betrieben, d. h. die landwirtschaftlichen Nutztiere blieben weitgehend sich selbst überlassen, und sie ernährten und reproduzierten sich unabhängig vom Menschen. Sicherlich bedurften sie einer gewissen Kontrolle und eines Schutzes vor Wölfen und anderen fleischfressenden Wildtieren seitens der 'Tiernutzer/Tierhalter'[8], aber eine geplante Zuchtwahl existierte ursprünglich ebensowenig wie eine gezielte Futtervorratswirtschaft oder gar eine Futtermittelproduktion: aus dem Domestikationsprozeß waren Haustierspezies hervorgegangen, die sich gegenüber den Wildformen durch eine extreme Größenminderung auszeichneten, was insbesondere auch auf ihre Anpassung an eine mangelhafte Ernährungsgrundlage zurückzuführen ist.[9]

Wie ich in Kapitel 2 dargestellt habe,[10] war eine seßhafte pflanzenbauliche Lebensweise in der Regel wohl eine Vorbedingung für die Domestikation der landwirtschaftlichen Nutztiere, und die Gründe, die aus Sicht der Wildbeutergesellschaften gegen eine Übernahme der landwirtschaftlichen Produktionsweise sprachen, betrafen in der Hauptsache ihre Tätigkeits- und Freizeitpräferenzen[11] in bezug auf den Pflanzenbau.[4] Die pflanzenbauliche Produktionsweise hatte gegenüber der rein aneignenden Wirtschaftsform zwar den Vorteil einer höheren Bodenproduktivität, aber sie hatte die Nachteile einer anstrengenderen Arbeitsform und einer geringeren Arbeitsproduktivität, d. h. aus Sicht der Sammler(innen) und Jäger erforderte sie eine Einschränkung ihres Tätigkeits- und Freizeitpräferenzsystems. Letzteres wurde nach dem Übergang zur 'Landwirtschaft' sicherlich ebenso beizubehalten versucht wie die wildbeuterischen 'Arbeiten', die weiterhin die Nahrungsversorgung ergänzten. Auch die ersten Bäuerinnen und Bauern 'arbeiteten, um zu leben', das bedeutet, sie orientierten sich *im Rahmen der allgemeinen Überlebensstrategie* primär an ihren Bedürfnissen, und sie waren von der Grundtendenz her *'Arbeitszeitminimierer'* oder, wenn man so will, ***'Freizeitmaximierer'***.

Dem ökonomischen Rationalverhalten dieser bäuerlichen Produzenten lagen demzufolge andere Zielsetzungen zugrunde als in den heutigen Industriegesellschaften. Angestrebt wurde nicht eine Maximierung des Ertrages unter marktwirtschaftlichen Aspekten, sondern eine ***Sicherung des Überlebens bei möglichst geringem Arbeitseinsatz.***

3.3.1. Die Arbeitsproduktivität

Die Arbeitsproduktivität ist definiert als Ertrag bezogen auf das zu seiner Erzeugung aufgewendete Arbeitsquantum. Letzteres wird in Arbeitseinheiten, z. B. in Arbeitsstunden gemessen, wobei ich von den unterschiedlichen menschlichen Arbeitsqualitäten abstrahiere, und Arbeitskräfte durchschnittlicher Qualität unterstelle, die sowohl im Pflanzenbau als auch in der Viehwirtschaft tätig sein können. Hinsichtlich des Ertrages beschränke ich mich aus Vereinfachungsgründen auf die Betrachtung der beiden *im frühen Mitteleuropa* wichtigsten landwirtschaftlichen Erzeugnisse: *Getreide und Fleisch.* Diese werden in Gewichtseinheiten, z. B. in kg gemessen, wobei ich ihre Gewichtseinheiten ***wertmäßig***, d. h.

4 Zwar erforderte das 'Behalten', Zähmen und Halten von Tieren auch Arbeit, aber diese dürfte mit dem Tätigkeits- und Freizeitpräferenzsystem von Wildbeutern weniger stark kollidiert haben als die pflanzenbaulichen Tätigkeiten, wofür die Domestikation des Wolfes noch während der Altsteinzeit spricht. Die Frage, weshalb die Domestikation von Pflanzen der von landwirtschaftlichen Nutztieren vorausging, läßt sich wahrscheinlich dahingehend beantworten, daß erst mit der Seßhaftwerdung eine ausreichend hohe Zahl von Tieren 'behalten' wurde, so daß die Voraussetzungen für das Entstehen der verschiedenen Ausgangspopulationen geschaffen waren, aus denen dann die Haustierspezies hervorgehen konnten. Nur in Ausnahmefällen entstand ein Tierhaltungssystem auch unmittelbar auf der Basis des Wildbeutertums, wie z. B. die Wanderrentierhaltung in Nordeuropa (vgl. Kap. 2, S. 28; Fußnote 9).

in diesem Fall bezüglich ihres ***Vermögens, den menschlichen Nahrungsbedarf zu decken***, äquivalent setze.[5]

Betrachtet man die **Arbeitsproduktivität des extensiven Tierhaltungssystems** in unserer 'ursprünglichen' Subsistenzökonomie, so ist sie in diesem Bereich **nahezu optimal** und läßt sich kaum weiter steigern.[12] Da jede Form der Pflanzenproduktion, auch der in der Vor- und Frühzeit praktizierte *Wanderfeldbau* und die *Feldgraswirtschaft*, arbeitsaufwendiger ist, folgt, daß die Arbeitsproduktivität im Pflanzenbau unter der in der Tierhaltung liegt, und letztere von den bäuerlichen 'Freizeitmaximierern' bevorzugt werden wird.

Allerdings kann auf die Pflanzenproduktion nicht vollständig verzichtet werden, da

1. die Bodenproduktivität im Pflanzenbau wesentlich höher ist als in der Tierhaltung, und die 'carrying capacity' hinsichtlich der Nahrungsressourcen bei alleiniger Extensivtierhaltung in einem gemischtwirtschaftlichen Agrarsystem kaum ausreichen würde, die Ernährungsgrundlage der Bevölkerung zu sichern, und da

2. das menschliche Ernährungspräferenzsystem eine Pflanzenkost mit einschließt.

Neben der Bevorzugung der Extensivtierhaltung besteht außerdem ein Interesse daran, die Arbeitsproduktivität zu erhöhen, also den Arbeitsaufwand bezogen auf einen bestimmten Ertrag zu senken. Die Anwendung von **arbeitsproduktivitätssteigernden Methoden** ist in der Anfangsphase jedoch nur im Bereich des Pflanzenbaus möglich, da die Tierhaltung bereits mit minimalem Arbeitseinsatz betrieben wird. Wie alle menschlichen *Verhaltensweisen* unterliegen auch die arbeitsproduktivitätssteigernden Methoden hinsichtlich ihrer Entwicklung und Durchsetzung auf gesellschaftlicher Ebene einem kulturellen Selektionsprozeß. Das bedeutet, sie können sich nur im Rahmen eines schrittweisen gesamtgesellschaftlichen Evolutionsgeschehens herausbilden, und sie benötigen einen längeren Zeitraum, um als 'taugliche' Methoden allgemein akzeptiert zu werden. So setzte *beispielsweise* der *Einsatz von Zugtieren im Ackerbau* mindestens voraus,

5 Die Gleichsetzung einer Gewichtseinheit Fleisch mit einer Gewichtseinheit Getreide ist prinzipiell gerechtfertigt, da Proteine dem menschlichen Körper in etwa die gleiche **Energie**menge zu liefern vermögen wie Kohlenhydrate (4.1 kcal = 17.2 kJ/g Eiweiß bzw. Kohlenhydrate). Die ernährungsphysiologisch gesehen höhere Qualität tierischer **Proteine** berücksichtige ich hierbei nicht, da in der menschlichen Ernährung der kalorigene Grundnährstoffbedarf im Vordergrund steht, und der Proteinbedarf zum größten Teil auch durch pflanzliche Eiweißträger gedeckt werden kann. Erwachsene Menschen können bei ausgewogener Pflanzenkost sogar vollständig auf tierische Nahrungsmittel verzichten.

1. daß sich die Mensch-Tier-Koevolution intensivierte,

2. daß Tiere zum Tragen oder Ziehen von Lasten schon häufiger benutzt wurden und

3. daß ein geeignetes pflugartiges Gerät (und nicht die Hacke) bekannt war.

3.3.2. Die Bodenproduktivität

Die Bodenproduktivität ist definiert als Ertrag bezogen auf die zu seiner Erzeugung benötigte landwirtschaftliche Nutzfläche gemessen in Flächeneinheiten, z. B. in Hektar (ha). Hierbei möchte ich von dem Faktor der unterschiedlichen Bodenqualitäten erst einmal abstrahieren und Böden durchschnittlicher Qualität unterstellen, die sowohl pflanzenbaulich als auch viehwirtschaftlich genutzt werden können.

Die Bodenproduktivität wird in unserer modelltheoretischen Betrachtung erst dann bedeutsam, wenn sich die '**c**arrying **c**apacity' hinsichtlich der **N**ahrungsmittelressourcen[6] (**CCN**) zu erschöpfen beginnt. Die *Senkung der CCN* kann grundsätzlich auf drei Entwicklungen zurückgeführt werden:

1. eine *direkte Senkung durch Umwelteinflüsse* wie Naturkatastrophen und Klimaveränderungen,
2. eine *direkte Senkung durch eine anthropogen bedingte Überausbeutung* der natürlichen Ressourcen, und
3. ein Nichtmehrausreichen der CCN bzw. eine *indirekte Senkung im Zuge einer Bevölkerungsvermehrung.*

Umgekehrt kann eine *Erhöhung der CCN* auf folgende Weisen zustande kommen:

1. eine *direkte Erhöhung durch eine Ausdehnung der landwirtschaftlichen Nutzflächen,* wobei auch Marginalböden in Anspruch genommen werden können,

2. eine *direkte Erhöhung durch Ausdehnung des Pflanzenbaus auf bisher viehwirtschaftlich genutzten Böden,*

6 Die 'carrying capacity' eines ökologischen Systems bezieht sich natürlich nicht allein auf die Nahrungsmittelressourcen, sondern auch auf andere lebensnotwendige Ressourcen wie beispielsweise Wasser oder Luft.

3. eine *direkte Erhöung durch die Anwendung von* ***bodenproduktivitätssteigernden*** *Methoden* und

4. eine *indirekte Erhöhung im Zuge eines Bevölkerungsrückgangs*, beispielsweise verursacht durch Kriege, Epidemien oder Nahrungskatastrophen.

Die bereits erwähnten **arbeitsproduktivitätssteigernden** Methoden fasse ich mit den **bodenproduktivitätssteigernden Methoden** in dem Begriff des **'produktionstechnischen Instrumentariums'** zusammen. Aus diesem werden im Verlauf des kulturellen Selektionsgeschehens die 'tauglichen' Methoden ausgewählt, und diese bestimmen in ihrer Gesamtheit das *agrikulturelle Produktionsniveau einer Gesellschaft.* Um die Frage klären zu können, nach welchen Kriterien die Auswahl der 'tauglichen' Methoden aus dem Spektrum der gesellschaftlich bekannten Methoden erfolgt, ist zuerst eine differenziertere Darstellung der arbeits- und bodenproduktivitätssteigernden Methoden sowie des kulturellen Selektionsprozesses erforderlich.

3.4. Das produktionstechnische Instrumentarium

3.4.1. Die arbeitsproduktivitätssteigernden Methoden

Die Auswahl der **a**rbeits**p**roduktivitäts**s**teigernden Methoden (**aps-Methoden**) erfolgt im Hinblick auf ihren **a**rbeits**p**roduktivitäts**s**teigernden Effekt (**aps-Effekt**). Die aps-Methoden können allerdings *auch* einen direkten *Einfluß auf die Bodenproduktivität* haben, d. h. einen ***b**oden**p**roduktivitäts**s**teigernden* Effekt (**bps-Effekt**) oder einen ***b**oden**p**roduktivitäts**r**eduzierenden* Effekt (**bpr-Effekt**) aufweisen, aber ein derartiger Effekt muß keineswegs vorhanden sein (**bpn-Effekt** = **b**oden**p**roduktivitäts**n**eutraler Effekt).[7]

7 Als ein Beispiel für eine arbeitsproduktivitätssteigernde Methode mit bps-Effekt will ich den schollenwendenden Beetpflug anführen, dessen Gebrauch sich in Deutschland erst im Hochmittelalter allgemein durchzusetzen begann und der nicht nur auf die Arbeitsproduktivität, sondern auch auf die Bodenproduktivität einen positiven Effekt hatte (vgl. Kap. 5, S. 116 und Anm. 64).

Der Einsatz des Beetpfluges kann aber auch als ein Beispiel für eine arbeitsproduktivitätssteigernde Methode mit bpr-Effekt dienen, da er sich in Abhängigkeit von den Klimabedingungen und der Bodenstruktur auch negativ auf die Bodenproduktiviät auswirken kann (vgl. Anm. 97 zu Kap. 4).

Ein Beispiel für eine arbeitsproduktivitätssteigernde Methode mit bpn-Effekt ist der Einsatz der tierischen Zugleistung im Ackerbau. Dieser erhöhte allein die Arbeitsproduktivität, aber die Bodenproduktivität blieb hiervon unberührt.

Da der ertragssteigernde **bps-Effekt** indirekt eine positive Auswirkung auf die Arbeitsproduktivität besitzt, **verstärkt** er den **aps-Effekt**, und der **bpr-Effekt schwächt ihn** entsprechend ab. Daher können arbeitsproduktivitätssteigernde Methoden mit bps- oder bpn-Effekt jederzeit zur Anwendung kommen, arbeitsproduktivitätssteigernde Methoden mit bpr-Effekt jedoch nur, wenn der bpr-Effekt den aps-Effekt nicht aufzuheben bzw. in einen **a**rbeits**p**roduktivitäts**r**eduzierenden Effekt (**apr-Effekt**)[8] umzuwandeln vermag.

3.4.2. Die bodenproduktivitätssteigernden Methoden

Die Auswahl der **b**oden**p**roduktivitäts**s**teigernden Methoden (**bps-Methoden**) erfolgt im Hinblick auf ihren **b**oden**p**roduktivitäts**s**teigernden Effekt (**bps-Effekt**). Hierbei unterscheide ich noch zwischen **direkt** die Bodenproduktivität steigernden Methoden (**direkte bps-Methoden**) und **ertragsverlustsenkend**en Methoden *nach der Ernte bzw. nach der Schlachtung*, die die Bodenproduktivität **indirekt** steigern (**ertragsverlustsenkende bzw. indirekte bps-Methoden**).[9]

Die **Anwendung von bps-Methoden** ist in der Regel mit einem **vermehrten Arbeitsaufwand** verbunden, d. h. sie wirken sich negativ auf die Arbeitsproduktivität aus, haben also **tendenziell** einen **apr-Effekt.** Eine Reihe von bodenproduktivitätssteigernden Methoden kann *aber* trotzdem einen *insgesamt arbeitsproduktivitätssteigernd*en Effekt haben, und zwar dann, *wenn* der bps-Effekt durch den gegenläufigen apr-Effekt nicht aufgehoben wird, oder anders ausgedrückt, wenn die Steigerung des Ertrages durch eine direkte oder indirekte bps-Methode so groß ist, daß das Verhältnis des Ertrages zur aufgewendeten Arbeitszeit nach Anwendung einer bps-Maßnahme das Verhältnis des Ertrages zur aufge-

8 Ich lasse im Modell außer acht, daß die Herstellung von Arbeitsgeräten, also Werkzeugen i. w. S., ebenfalls menschliche Arbeit erfordert. In konkreten Einzelfällen muß dieser apr-Effekt aber mitberücksichtigt werden.

9 Bei den **direkten bps-Methoden** handelt es sich beispielsweise um die Bodenqualität verbessernde Methoden (z. B. Düngung), die pflanzliche oder tierische Produktivität steigernde Methoden (z. B. züchterische Maßnahmen) oder den Ertragsverlust senkende Methoden *vor der Ernte bzw. vor der Schlachtung* (z. B. Schädlingsbekämpfungsmaßnahmen).
Als Beispiele für **indirekte bps-Methoden** möchte ich die Speicherung und Konservierung nennen.

wendeten Arbeitszeit vor Anwendung dieser Maßnahme übersteigt.[10]

Ein **a**rbeits**p**roduktivitäts**n**eutraler Effekt (apn-Effekt) kann bei bodenproduktivitätssteigernden Methoden ebenfalls auftreten, aber dieser wird entweder durch den bps-Effekt in einen aps-Effekt umgewandelt,[11] oder er ergibt sich rein kalkulatorisch. Da er für das Selektionsgeschehen nicht von Bedeutung ist, wird er im Modell nicht weiter berücksichtigt.

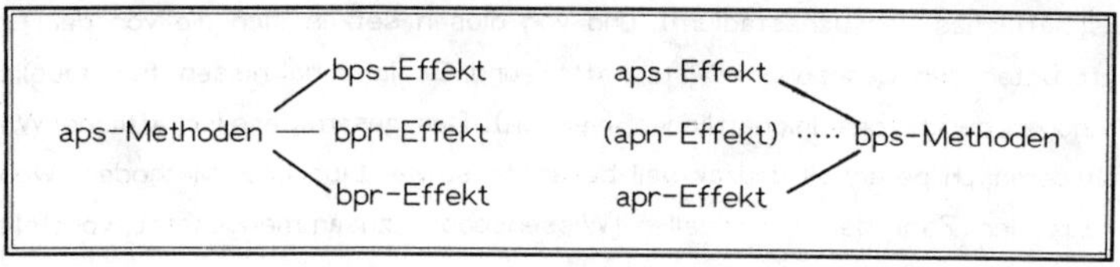

ABBILDUNG 3: Die Effekte des produktionstechnischen Instrumentariums auf Arbeitsproduktivität und Bodenproduktivität

3.5. Die kulturelle Selektion von 'tauglichen' Methoden

Bei dem produktionstechnischen Instrumentarium handelt es sich um alle landwirtschaftlichen Methoden, die einer Gesellschaft zur Verfügung stehen, die sich also in dem *ge-*

10 Zum besseren Verständnis möchte ich diesen Zusammenhang an einem Zahlenbeispiel verdeutlichen, daß sich als ***Beispiel 1*** *im Anhang* findet.
Grundsätzlich möchte ich noch darauf hinweisen, daß sich bei der anfänglichen Anwendung einer bodenproduktivitätssteigernden Methode, wie z. B. dem Einsatz von Düngemitteln (s. Beipiel 1), sowohl aps- als auch apr-Effekte einstellen können, da der Erfolg einer derartigen Maßnahme vom individuellen Menschen und/oder von regionalen Spezifika abhängt. Aus diesen Gründen können sich auch, und zwar nicht nur hinsichtlich der bps-Methoden, sondern bezüglich des gesamten produktionstechnischen Instrumentariums, individuell und regional verschiedene Selektionsmuster herausbilden. Da ich hier jedoch die Grundstruktur des agrikulturellen Entwicklungsprozesses darstellen möchte, habe ich gesellschaftlich gleiche Durchschnittsbedingungen (egalitäre Besitz- und Sozialstrukturen, gleiche Arbeitsqualitäten etc.) angenommen, weil andernfalls die Wesenszüge der modelltheoretischen Skizzierung verzerrt würden.

11 Ein Beispiel für eine bodenproduktivitätssteigernde Methode mit apn-Effekt im frühzeitlichen Germanien war der Anbau von Gerste, die allmählich gegenüber dem Weizen vorherrschend wurde. Da Gerste wegen der kürzeren Reifezeit längere Winter besser übersteht als Weizen (vgl. RÖSENER: 1985, S. 140), ist anzunehmen, daß ihr Anbau im Vergleich zum Weizen einen bps-Effekt besaß und der apn-Effekt (in den Anbaumethoden selbst hatte sich nichts geändert) deshalb in einen aps-Effekt umgewandelt wurde.

samtgesellschaftlichen Wissenspool befinden. Diese Methoden können als reine Informationen (abstraktes Wissen oder konkrete Erfahrungswerte) vorliegen, das bedeutet, sie werden noch nicht (oder nicht mehr) angewandt, sie sind also nur *potentiell* **bekannt**. Sie können aber auch als Verhaltensweisen individuell bereits praktiziert werden (individuelles Versuchsstadium), und wenn sie sich für das Individuum als 'tauglich' erweisen, von diesem weiterhin eingesetzt werden (individuelle Selektion). Solche individuell 'tauglichen' Methoden gehen als *aktuell* **bekannt** in den gesamtgesellschaftlichen Wissenspool ein.

Entsprechend dem Selektionsdruck und seinen Selektionskriterien werden aus dem gesamtgesellschaftlichen Wissenspool von einer größeren Zahl von Individuen Methoden ausgewählt (gesellschaftliches Versuchsstadium), und von diesen setzen sich die von der Gesamtgesellschaft unter den gegebenen Wirtschafts- und Sozialverhältnissen für 'tauglich' *befunden*en Methoden durch (gesellschaftliche Selektion). Der gesamtgesellschaftliche Wissenspool enthält demnach potentiell und aktuell bekannte sowie 'taugliche' Methoden, wobei man sich ihn aus der Zahl der individuellen Wissenspools zusammengesetzt vorstellen muß.[12]

Ein Wissenspool ist nun kein statisches, sondern ein dynamisches Gebilde, das eine ständige Veränderung erfährt. Im Zuge der Auseinandersetzung der Menschen mit ihrer natürlichen und sozialen (endogenen und exogenen) Umwelt fließen ihm kontinuierlich neue Informationen und Verhaltensweisen zu. Gleichzeitig gehen ihm aber auch fortlaufend Wissensgüter verloren, da die Veränderung der Gesellschafts- und Umweltverhältnisse neue Selektionsstrukturen und Tauglichkeitskriterien entstehen läßt. Die Wissensverluste, wie auch die Selektionsdauer, sind außerdem abhängig von den Dimensionen Raum und Zeit, und sie werden vom Entwicklungsstand des innergesellschaftlichen Kommunikationssystems (Raum) und den Methoden des Wissenstransfers (Raum und Zeit) entscheidend mitbestimmt.

3.6. Der demographische Einfluß auf den agrikulturellen Selektionsprozeß

3.6.1. Die Definition der Bevölkerungsdichte als Nahrungsressourcen-Bevölkerungs-Relation

Begriffe wie 'geringe **Bevölkerungsdichte**', 'hohe Bevölkerungsdichte', 'Unterbevölkerung', 'Überbevölkerung' usw. betrachte ich generell als **relative Angabe**n. Die Einstufung einer *absoluten Bevölkerungszahl* als niedrig, mittel oder hoch macht letztlich nur einen Sinn,

12 Ein individueller Wissenspool enthält entsprechend potentiell und aktuell bekannte sowie 'taugliche' Methoden, aber auf individueller Ebene. Nur die individuell 'tauglichen' Methoden, die sich allgemein durchgesetzt haben, werden zu gesellschaftlich 'tauglichen' Methoden.

wenn die **Bevölkerungszahl in Beziehung zu der 'carrying capacity' ihres Lebensraums** gesetzt wird, wobei die *'total carrying capacity' bzw. die 'Gesamttragfähigkeit' des ökologischen Systems von* allen zur Verfügung stehenden *natürlichen Ressourcen* (Boden, Luft, Wasser etc.) ***und*** *von den gesellschaftlichen Produktionsverhältnissen bestimmt* wird. Aus dieser Betrachtungsweise folgt, daß beispielsweise aride oder semiaride Gebiete trotz einer niedrigen *Siedlungsdichte* eine hohe Bevölkerungsdichte aufweisen können, und umgekehrt wäre z. B. die heutige, dicht besiedelte BRD bezüglich ihrer Nahrungsmittelressourcen durchaus als 'unterbevölkert' zu bezeichnen.[13]

Da ich mich im Rahmen dieses Modells mit der Entwicklung einer landwirtschaftlichen Subsistenzökonomie beschäftige, werde ich allein die 'carrying capacity' hinsichtlich der Nahrungsmittelressourcen (CCN) betrachten. Zur **Darstellung der Bevölkerungsdichte als Nahrungsressourcen-Bevölkerungs-Relation** werde ich den ***'carrying capacity'-Koeffizienten der Nahrungsmittelressourcen (cc$_n$-Koeffizient)*** einführen.

Dieser ergibt sich aus der potentiell verfügbaren CCN eines ökologischen Systems und der in dem System lebenden Gesamt**b**evölkerungs**z**ahl (BZ). Sowohl die Größe CCN als auch die Größe BZ lassen sich in Bevölkerungseinheiten ausdrücken, wobei eine Bevölkerungseinheit (BE) dem durchschnittlichen jährlichen Energie- und Proteinbedarf eines Erwachsenen entsprechen soll.[14]

Nehmen wir beispielsweise an, die CCN reiche *bei dem gegebenen agrikulturellen Produktionsniveau*[15] aus, um 6000 Bevölkerungseinheiten eine quantitativ und qualitativ durchschnittlich gute Ernährungsgrundlage zu bieten, und die betrachtete Gesellschaft bestehe aus 250 Menschen unterschiedlichen Alters und Geschlechts, die hinsichtlich ihres Nährstoffbedarfs mit 200 Bevölkerungseinheiten (BE) bewertet werden können, so gilt für die Nahrungsressourcen-Bevölkerungs-Relation und den cc$_n$-Koeffizienten:

13 Allerdings wäre die BRD bezüglich anderer lebensnotwendiger Ressourcen wie beispielsweise Luft mittlerweile wohl als 'überbevölkert' zu bezeichnen.

14 Die Bevölkerungseinheiten können beispielsweise in Kilokalorien und Proteineinheiten angegeben werden.

15 Die **Höhe der CCN** ist immer **abhängig von dem gegebenen agrikulturellen Produktionsniveau einer Gesellschaft,** d. h. die Nahrungsmittelquantität, die auf der natürlichen Ressource 'Boden' erzeugt werden kann, ist durch den Menschen variierbar (vgl. Kap. 2., S. 17/18).

Nahrungsressourcen-Bevölkerungs-Relation = CCN/BZ = 6000 BE/200 BE,

$$\textbf{cc}_n\textbf{-Koeffizient} = \frac{CCN}{BZ} = \frac{6000\ BE}{200\ BE} = 30.$$

Wenn wir eine ausgewogene Nahrungsressourcen-Bevölkerungs-Relation als Maßstab heranziehen, so gilt für die Qualifizierung der Bevölkerungsdichte mit Hilfe des cc_n-Koeffizienten (cc_n)

bei **geringer Bevölkerungsdichte**: $cc_n > 1_n$,
bei **hoher Bevölkerungsdichte**: $cc_n \leq 1_n$.

Den **cc_n-Koeffizenten 1_n** bezeichne ich hierbei als ***kritische Grenze***, da nach seinem Unterschreiten die Nahrungsmittelressourcen nicht mehr ausreichen können, um den Bedarf aller Individuen einer gegebenen Gesellschaft zu decken.

Für die Darstellung des Selektionsgeschehens ist es jedoch notwendig, noch **weitere Grenzen bzw. Grenzbereiche** zu betrachten. In einem ehemals dünnbevölkerten Gebiet ($cc_n > 1_n$) wird bei sich nicht verändernden Produktionsverhältnissen, aber *steigender Bevölkerungszahl*, irgendwann eine **unkritische Grenze ki_n** erreicht, an der die CCN zwar noch ausreichend ist, ab der aber zunehmend Böden genutzt werden müssen, die für die landwirtschaftliche Produktion weniger geeignet sind.[16] Mit weiterer Bevölkerungsexpansion wird dann im Laufe der Zeit eine **kritische Obergrenze ko_n** erreicht, ab der die Ernährungsgrundlage unzureichend wird und beginnende Ernährungskrisen diesen Zustand offensichtlich werden lassen.[17] Wenn es jetzt nicht gelingt, das agrikulturelle Produktionsniveau anzuheben,[18]

16 Wenn ich auch in der Regel von dem Einfluß der unterschiedlichen Bodenqualitäten abstrahiere, so ist es bei der Analyse doch notwendig, diesen Faktor in Teilbereichen mitzuberücksichtigen. Die Möglichkeit, neue Areale durch *kriegerische Eroberungen* zu gewinnen, wird im Modell *nicht berücksichtigt*.

17 In der modelltheoretischen Argumentation unterstelle ich egalitäre Sozial- und Besitzstrukturen. Werden allerdings die Produktionsverhältnisse von der Ausbeutung einer Gesellschaftsschicht durch eine andere und/oder Besitzungleichheit bestimmt, so ist es natürlich möglich, daß bereits vor Erreichen der kritischen Obergrenze, also $cc_n > ko_n$, größeren Bevölkerungsteilen der freie Zugang zu den Nahrungsmittelressourcen verwehrt ist und Hunger und Unterernährung an der gesellschaftlichen Tagesordnung sind.

18 Zwar wäre auch an diesem Punkt als Alternative zu einer Erhöhung der CCN wieder eine 'Bevölkerungsstabilisierungsstrategie' denkbar, aber offensichtlich hat sich ein Teil der Gesellschaften wiederum im Sinne einer 'Bevölkerungsvermehrungsstrategie' *entschieden*.

wird die **kritische Grenze 1_n** erreicht und unterschritten, und die Gesellschaft gerät in das Stadium der 'Überbevölkerung'.[19] Bei noch weiter anhaltendem Bevölkerungswachstum nähert sich der cc_n-Koeffizient schließlich der **kritischen Untergrenze ku_n**. Diese kann jedoch nicht unterschritten werden, da die Nahrungsunterversorgung in der Gesellschaft solche Ausmaße angenommen hat, daß Hungerkatastrophen die Folge sind und sich der cc_n-Koeffizient auf diese dramatische Weise wieder indirekt[13] erhöht.

Für die Qualifizierung einer absoluten Bevölkerungszahl mit Hilfe des cc_n-Koeffizienten gilt also

bei	**geringer**	**Bevölkerungsdichte**:	$\infty > cc_n > ki_n$
bei	**mittlerer**	**Bevölkerungsdichte**:	$ki_n \geq cc_n > ko_n$
bei	**hoher**	**Bevölkerungsdichte**:	$ko_n \geq cc_n > 1_n$
bei		**Überbevölkerung** :	$1_n \geq cc_n > ku_n$

Hierbei bezeichne ich den Bereich $[\infty, ki_n]$ als *optimal*, den Bereich $[ki_n, ko_n]$ als *unkritsch*, den Bereich $[ko_n, 1_n]$ als *kritisch* und den Bereich $[1_n, ku_n]$ als *überkritisch*.[14]

Der vorstehende Ansatz basiert auf der *'Theorie einer optimalen Bevölkerungsgröße'*, deren Idee schon eine lange Tradition hat, die sich aber in der praktischen Anwendung bislang nicht durchsetzen konnte.[15] Ich möchte jedoch kritisch anmerken, daß ich *nicht* von *dieser* 'Theorie einer optimalen Bevölkerungsgröße' ausgehe, nach welcher sich "eine wachsende Bevölkerung ... in einem vergrößerten Markt und größerer Arbeitsteilung auswirkt und folglich eine Zunahme der Produktivität mit sich bringt", woraus abgleitet wird, "wenn die Bevölkerungsgröße den (optimalen) Punkt des höchstmöglichen Ertrages pro Kopf überschreitet, so ist das Gebiet überbevölkert. Wenn umgekehrt die Bevölkerungsgröße unterhalb des Optimums liegt, so ist das Gebiet unterbevölkert" (vgl. KÖNIG: 1967, S. 466). Wenn ich die *ausreichende Ernährungsgrundlage* und die zur Verfügung stehende *freie Zeit* als *Optimierungskriterien* betrachte, so existiert kein Optimalpunkt, sondern ein Optimalbereich oberhalb der unkritischen Grenze. Wenn ich das Prinzip der 'Freizeitmaximierung' fallenlasse und durch das 'Prinzip der Ertragsmaximierung' ersetze, so führt uns die vergangene und gegenwärtige Entwicklung drastisch vor Augen, welche negativen Auswirkungen dieses auf die ausgebeuteten abhängigen Bevölkerungschichten hatte und noch immer hat, von der heutigen Umweltproblematik ganz zu schweigen.

19 Die Überbevölkerung bezieht sich in diesem Fall allein auf die 'carrying capacity' hinsichtlich der Nahrungsmittelressourcen (vgl. vorl. Kap., S. 43: Fußnote 13).

Ich will mich damit nicht gegen den produktionstechnischen Fortschritt an sich aussprechen, aber sicherlich ist das volkswirtschaftliche Optimierungskriterium wenig geeignet, um hieran das gesellschaftliche Entwicklungsgeschehen auszurichten, unterstellt, daß eine *entwickelte* Gesellschaft in der Lage sein sollte, die Grundbedürfnisse aller ihrer Mitglieder zu erfüllen, einschließlich ihrer Partizipation an wichtigen gesellschaftlichen Entscheidungsprozessen und im Einklang mit anderen Gesellschaften und ihrer natürlichen Umwelt.[16]

3.6.2. Das Selektionsgeschehen bei geringer Bevölkerungsdichte

Bei geringer Bevölkerungsdichte ($cc_n > ki_n$) stehen *ungenutzte Bodenflächen ad libitum* zur Verfügung. Das bedeutet, die Extensivtierhaltung kann auf ihr gesellschaftsspezifisches Maximum ausgedehnt und der Pflanzenbau auf seinem gesellschaftsspezifischen Minimum betrieben werden. Da die CCN jederzeit durch die landwirtschaftliche Nutzung neuer Bodenflächen erhöht werden kann, besteht keine Notwendigkeit, produktionstechnische Innovationen nach ihrem bodenproduktivitätssteigernden Effekt (**bps-Effekt**) auszuwählen. Es existiert jedoch ein zumindest geringer Selektionsdruck auf Methoden mit arbeitsproduktivitätssteigerndem Effekt (**aps-Effekt**), und es kann angenommen werden, daß sich solche Methoden bereits in diesem demographischen Stadium durchzusetzen vermögen.[17] Dieses ist allerdings nur im Bereich des Pflanzenbaus möglich, da die Arbeitsproduktivität in der Extensivtierhaltung nahezu optimal ist und sich hier keine Maßnahmen finden lassen werden, die sie noch weiter erhöhen.

HYPOTHESEN für eine landwirtschaftliche Subsistenzökonomie **bei geringer Bevölkerungsdichte ($cc_n > ki_n$)**

1 a Die **Extensivtierhaltung** hat in der Regel ein **stärkeres Gewicht** als der Pflanzenbau.

1 b Es besteht ein **schwacher Selektionsdruck** auf das produktionstechnische Instrumentarium, und zwar nur im Bereich des **Pflanzenbau**s.

1 c Der **aps-Effekt** dient als **Selektionskriterium**, und aus den bekannten aps- und bps-Methoden mit aps-Effekt werden die Methoden in absteigender Rangfolge selektiert, die den stärksten aps-Effekt aufweisen.[20,18] Bps-Methoden mit apr-Effekt sind im Selektionsmuster nicht enthalten.

3.6.3. Das Selektionsgeschehen bei mittlerer Bevölkerungsdichte

Mit wachsender Bevölkerungszahl unterschreitet der cc_n-Koeffizient die unkritische Grenze ki_n und gerät allmählich in die Nähe der kritischen Obergrenze ko_n ($ki_n \geq cc_n > ko_n$). In dieser Phase müssen in steigendem Maße weniger geeignete Böden landwirtschaftlich genutzt werden. Gesamtgesellschaftlich betrachtet beginnen daher die Bodenproduktivität und die Arbeitsproduktivität zu sinken. Da jedoch eine Steigerung der 'Gesamttragfähigkeit' immer noch nicht erforderlich ist, kann dem Faktor Arbeitsproduktivität im gesellschaftlichen *Entscheidungsprozeß* noch der Vorrang vor dem Faktor Bodenproduktivität eingeräumt werden. Hieraus läßt sich für die Anfangsphase dieses demographischen Stadiums schlußfolgern:

1. Auf qualitativ schlechteren Böden wird vorzugsweise die Tierhaltung betrieben, und die bisher viehwirtschaftlich genutzten qualitativ besseren Böden werden zunehmend pflanzenbaulich genutzt (s. *Zahlen**beispiel 2** im Anhang*).

2. In Regionen, in denen die Ausweitung der landwirtschaftlichen Produktion nur durch Nutzung von schwer kultivierbaren, aber qualitativ guten Böden (z. B. Sumpfgebieten) erfolgen kann, besteht die Tendenz, den Planzenbau auf den bereits genutzten Flächen auf Kosten der Tierhaltung auszudehnen und den Landausbau noch weitgehend zurückzustellen (s. *Zahlen**beispiel 3** im Anhang*).

Wenn mit weiter sinkendem cc_n-Koeffizienten die qualitativ schlechteren und schwer kultivierbaren Böden dann doch für den Pflanzenbau in Anspruch genommen werden müssen, so wird

1. wegen der allgemein sinkenden Bodenproduktivität, bei der jetzt möglicherweise schon eine anthropogen bedingte Überausbeutung eine Rolle spielt, der bps-Effekt einen stärkeren Einfluß auf die Steigerung der Arbeitsproduktivität gewinnen und

20 Ich will an dieser Stelle noch auf eine grundsätzliche Problematik hinweisen. Wenn der aps-Effekt als Selektionskriterium dient, kann es vorübergehend zur Anwendung von aps-Methoden mit bpr-Effekt kommen, die die Böden irreversibel oder nur schwer reversibel schädigen, d. h. die die 'Gesamttragfähigkeit' des ökologischen Systems über einen längeren Zeitraum herabsetzen.

2. wegen des hohen Arbeitsaufwandes bei der Besetzung von schwer kultivierbaren Böden der Pflanzenbau stärker ausgedehnt als die Tierhaltung, da letztere im Vergleich zum Pflanzenbau eine sehr geringe Bodenproduktivität aufweist (s. *Zahlen**beispiel 3** im Anhang, Fall **a** **vs.** Fall **b***).

HYPOTHESEN für eine landwirtschaftliche Subsistenzökonomie **bei mittlerer Bevölkerungsdichte ($ki_n \geq cc_n > ko_n$)**

2 a Der **Pflanzenbau** wird allmählich vorherrschend, aber die **Extensivtierhaltung** besitzt immer noch eine große Bedeutung.

2 b Es besteht ein zunehmend **stärkerer Selektionsdruck** auf das produktionstechnische Instrumentarium, aber weiterhin nur im Bereich des **Pflanzenbau**s.

2 c Der **aps-Effekt** dient weiterhin als **Selektionskriterium**, wobei aber der bps-Effekt ein zunehmend größeres Gewicht erhält.

3.6.4. Pflanzenbau versus Tierhaltung: der 'carrying capacity'-Koeffizient der pflanzlichen und tierischen Nahrungsmittelressourcen

Auf Grund der Modellkonstruktion kann unterstellt werden, daß in einer landwirtschaftlichen Subsistenzökonomie die Versorgung mit pflanzlichen und tierischen Nahrungsmitteln bei geringer Bevölkerungsdichte ($cc_n > ki_n$) annähernd optimal ist. Das bedeutet, sowohl der 'carrying capacity'-Koeffizient der **p**flanzlichen Nahrungsmittelressourcen (cc_{np}-Koeffizient) als auch der 'carrying capacity'-Koeffizient der **t**ierischen Nahrungsmittelressourcen (cc_{nt}-Koeffizient) liegen noch oberhalb ihrer unkritischen Grenzen ki_{np} bzw. ki_{nt}, die sich am ernährungspräferenziellen ***Optimalbedarf*** an pflanzlichen bzw. tierischen Nahrungsmitteln bemessen.[21]

Unterschreitet der cc_n-Koeffizient im Zuge des Bevölkerungswachstums die unkritische Grenze ki_n, so wird laut HYPOTHESE 2a die Pflanzenproduktion allmählich vorherrschend. Dieses ist im Rahmen der auf die Nahrungssicherung gerichteten 'Überlebensstrategie' oh-

21 Der Optimalbedarf an pflanzlichen und tierischen Nahrungsmitteln setzt sich allein entsprechend den *gesellschaftsspezifisch*en Ernährungsmustern und Ernährungspräferenzen zusammen. Er wird daher in quantitativer Hinsicht (kalorigene Nährstoffversorgung) über einem ernährungsphysiologisch ausreichenden Minimalbedarf liegen und in qualitativer Hinsicht (Proteinversorung) besser als der Minimalbedarf sein, d. h. der Anteil der tierischen Nahrungsmittel an der Gesamtnahrungsversorgung wird in der Regel verhältnismäßig hoch sein.

ne weiteres möglich. Der im Verhältnis zur Tierhaltung zunehmende Pflanzenbau ist aber nicht nur mit einer Einschränkung des Freizeitpräferenzsystems verbunden, da die Arbeitsproduktivität im Pflanzenbau weit unter der in der Tierhaltung liegt, sondern auch mit einer *Einschränkung des Ernährungspräferenzsystems*, da der Anteil tierischer Nahrungsmittel in der Kost abnimmt. Bei anhaltendem Bevölkerungswachstum muß die pflanzliche Ernährungsgrundlage immer stärker erweitert und die Ernährungspräferenz hinsichtlich der Konsumption von tierischen Produkten immer stärker eingeschränkt werden, wobei sich der cc_n-Koeffizient allmählich der kritischen Obergrenze ko_n nähert. Ab dieser müssen stärkere Anstrengungen unternommen werden, die CCN mittels bodenproduktivitätssteigernder Methoden zu erhöhen, da die landwirtschaftlich nutzbaren Areale weitestgehend besetzt sind.

Sowohl die kritische Obergrenze ko_n als auch die kritische Grenze 1_n lassen sich also nicht mehr an einem ernährungspräferenziell bestimmten Optimalbedarf an pflanzlichen und tierischen Nahrungsmitteln bemessen, sondern an einem Minimalbedarf. Dieser ***Minimalbedarf*** darf jedoch nicht auf ein Minimum an Nahrungsmitteln bezogen werden, bei dem gerade noch ein Überleben möglich ist, sondern er muß auf eine ***quantitativ und qualitativ durchschnittlich gute Nahrungsversorgung*** bezogen werden, bei der weder eine Unterernährung noch eine Mangelernährung aufzutreten brauchen.[22] Da bei pflanzlichen Nahrungsmitteln die quantitative und bei tierischen Nahrungsmitteln die qualitative Nährstoffkomponente im Vordergrund steht, bemessen sich die kritischen Grenzen ko_{np} bzw. 1_{np} in erster Linie am kalorigenen Nährstoffbedarf (Energiegehalt) und die kritischen Grenzen ko_{nt} bzw. 1_{nt} am Proteinbedarf (insbesondere am Gehalt von essentiellen Aminosäuren).[19]

Beginnt die Ernährungsgrundlage in unserer gemischtwirtschaftlichen Subsistenzökonomie unzureichend zu werden, d. h. unterschreitet der cc_n-Koeffizient die kritische Obergrenze ko_n, so muß der Pflanzenbau aus drei Gründen dominant werden:

1. die Bodenproduktivität ist im Pflanzenbau erheblich höher als in der Tierhaltung,

2. die quantitative Nährstoffversorgung ist für die Funktionsfähigkeit des menschlichen

22 Wenn der cc_n-Koeffizient die kritische Grenze 1_n unterschreitet, heißt das, daß der minimale Nährstoffbedarf nicht mehr für alle Mitglieder der Gesellschaft gedeckt ist. Andererseits ist es durchaus möglich, daß die Nahrungsversorgung quantitativ und qualitativ noch ausreichend ist, aber auf Grund der gesellschaftsspezifischen Sozialstruktur (z. B. 'Ernährungsvormacht' der Männer gegenüber den Frauen und Kindern oder einer Oberschicht gegenüber der Unterschicht) sowie auf Grund von Ernährungsgewohnheiten (Ablehnung bestimmter hochwertiger Eiweißträger wie Milch) insbesondere Mangelernährungen auftreten.

Organismus *essentieller* als die qualitative Nährstoffversorgung,[23] und

3. der Proteinbedarf kann weitgehend auch durch pflanzliche Eiweißträger gedeckt werden.[24]

Hieraus läßt sich folgern, das die 'carrying capacity' hinsichtlich der tierischen Nahrungsmittelressourcen (CCN_t) weit unterhalb der 'carrying capacity' hinsichtlich der pflanzlichen Nahrungsmittelressourcen (CCN_p) liegen kann, d. h. daß die tierische Nahrungsmittelerzeugung nahezu vollständig aufgegeben werden kann.

Der **Gesamtnahrungsmittelbedarf** einer Gesellschaft, wobei ich jetzt von dem ernährungsphysiologisch ausreichenden Minimalbedarf und nicht von dem ernährungspräferenziellen Optimalbedarf ausgehe, setzt sich zusammen aus **pflanzlichen und tierischen Nahrungserzeugnissen.** Wenn mit Annäherung des cc_n-Koeffizienten an die kritische Obergrenze ko_n die landwirtschaftlichen Nutzflächen knapp werden, so kann die CCN bei unverändertem agrikulturellen Produktionsniveau nur noch über eine Ausdehnung des Pflanzenbaus auf Kosten der Tierhaltung gesteigert werden. Das bedeutet, mit sinkendem cc_n-Koeffizienten nähert sich die pflanzliche Nahrungsmittelerzeugung tendenziell dem gesamtgesellschaftlichen Nahrungsmittelbedarf an, und nur die tierische Nahrungsmittelerzeugung nähert sich einem tatsächlichen Minimum an. Der wachsende Minimalbedarf an pflanzlichen Nahrungsmitteln hängt hierbei von dem Gesamtnahrungsbedarf der Gesellschaft und dem abnehmenden aktuellen Versorgungsgrad mit tierischen Nahrungsmitteln ab.

23 Die Energieversorgung ist für den menschlichen Organismus von primärer Bedeutung, da sie der Aufrechterhaltung der lebensnotwendigen Körperfunktionen dient. Daß sie den Vorrang vor der Proteinversorgung hat, ist daran zu erkennen, daß im Falle eines Energiemangels nach den Fettreserven die körpereigenen Proteine abgebaut und als Energielieferanten genutzt werden.
Eine Proteinunterversorgung führt zwar zu einer Mangelernährung, aber diese wirkt sich erst längerfristig negativ auf den menschlichen Organismus aus. Außerdem sind ihre Folgen, z. B. größere Krankheitsanfälligkeit oder Ödembildung bei Kwashiorkor (fortgeschrittenes Stadium der Proteinmangelkrankheit), in ihrem kausalen Zusammenhang mit der Ernährungsweise für die Betroffenen nur schwer erkennbar. Demgegenüber bedeutet die Nicht-Deckung des kalorigenen Nährstoffbedarfs, in den allgemeinen Sprachgebrauch übersetzt, schlichtweg 'Hunger', die Äußerung eines Grundbedürfnisses, das unmittelbar zu befriedigen versucht wird.

24 Das bedeutet natürlich, daß sich die Pflanzenproduktion nicht allein auf die Getreideproduktion erstrecken darf, wie ich es im Modell aus Vereinfachungsgründen unterstellt habe. Es bedeutet aber auch, daß in der Pflanzenproduktion selbst ein wie auch immer geartetes 'Konkurrenzverhältnis' zwischen dem Anbau von Energie- und spezifischen Eiweißträgern existiert, dessen Untersuchung sich gleichfalls als interessant erweisen könnte.

Da die Tierhaltung im *kritischen Bereich* ($ko_n \geq cc_n > 1_n$) noch lange Zeit zugunsten der Pflanzenproduktion reduziert werden kann, folgt daraus, daß allein der cc_{np}-Koeffizient zusammen mit dem cc_n-Koeffizienten die kritische Obergrenze ko_n unterschreitet, d. h. für den cc_{np}-Koeffizienten gilt die ko_n als kritische Obergrenze, für den cc_{nt}-Koeffizienten jedoch nicht. Zwar kann der Bedarf an tierischen Nahrungsmitteln auf ein absolutes Minimum eingeschränkt werden, aber mit zunehmender *Annäherung der CCN_t an diesen Minimalbedarf* wird das ernährungspräferenzielle *Bedürfnis nach tierischen Produkten größer*. Von daher bemesse ich die kritische Obergrenze ko_{nt} nicht an dem tatsächlichen Minimalbedarf an tierischen Nahrungsmitteln, sondern an dem gesellschaftsspezifischen *ernährungspräferenziellen Minimalbedarf*, wobei nach Unterschreiten der ko_{nt} größere Anstrengungen unternommen werden, die CCN_t zu erhöhen bzw. weniger stark zu vermindern. Da bei mittlerer Bevölkerungsdichte ($ki_n \geq cc_n > ko_n$) die Tierhaltung kaum eingeschränkt zu werden braucht, kann unterstellt werden, daß die ko_{nt} zeitlich nach der ko_n unterschritten wird.

Hinsichtlich der kritischen Grenze 1_n gehe ich davon aus, daß sie vom cc_{np}- und vom cc_{nt}-Koeffizienten gemeinsam unterschritten wird, d. h. die kritischen Grenzen 1_{np} und 1_{nt} fallen mit der kritischen Grenze 1_n zusammen. Da in einer überbevölkerten Gesellschaft vorrangig die Unterernährung zu bekämpfen versucht wird, kann allerdings auch in diesem demographischen Stadium die Pflanzenproduktion noch auf Kosten der Tierhaltung ausgedehnt werden.

3.6.5. Das Selektionsgeschehen bei hoher Bevölkerungsdichte

Bei hoher Bevölkerungsdichte ist die kritische Obergrenze unterschritten ($ko_n \geq cc_n > 1_n$), und die Ernährungsgrundlage beginnt offensichtlich unzureichend zu werden. In diesem Stadium muß die 'Gesamttragfähigkeit' der vorhandenen landwirtschaftlichen Nutzflächen gesteigert werden, da freie Areale kaum noch zur Verfügung stehen.[25] Das bedeutet, die Pflanzenproduktion muß auf Kosten der Tierproduktion ausgedehnt werden,[20] und der Selektionsdruck auf das produktionstechnische Instrumentarium mit bps-Effekt im Pflanzenbau wird sehr stark. Es müssen jetzt auch bps-Methoden angewandt werden, die offensichtlich mit einem Sinken der Arbeitsproduktivität verbunden sind (apr-Effekt).

Die Versorgung mit tierischen Nahrungsmitteln nähert sich spätestens in diesem Stadium dem ernährungspräferenziellen Minimalbedarf[21] an, und es beginnt auch ein Selektions-

25 Die Verfügbarkeit über landwirtschaftliche Nutzflächen hängt u. a. auch vom technischen Stand der Geräte ab. So war es in der Vorzeit sehr viel schwieriger, bestimmte Böden zu kultivieren als beispielsweise im Mittelalter, die Verfügbarkeit über landwirtschaftliche Nutzflächen war daher geringer.

druck auf das produktionstechnische Instrumentarium in der Tierhaltung wirksam zu werden. Da hier die Arbeitsproduktivität nahezu optimal ist, können sich für diesen Bereich im gesamtgesellschaftlichen Wissenspool nur bps-Methoden mit apr-Effekt befinden. Der Selektionsdruck wird in diesem Bereich allerdings wesentlich geringer sein als im Pflanzenbau, denn ihm liegt nicht die Sicherung des Überlebens, sondern nur die Erfüllung eines ernährungspräferenziellen Bedürfnisses zugrunde.

HYPOTHESEN für eine landwirtschaftliche Subsistenzökonomie **bei hoher Bevölkerungsdichte ($ko_n \geq cc_n > 1_n$)**

3 a Der **Pflanzenbau beherrscht** die landwirtschaftliche Nahrungsmittelproduktion.

3 b Es besteht ein **starker Selektionsdruck** auf das produktionstechnische Instrumentarium im Bereich des **Pflanzenbau**s und ein **schwacher Selektionsdruck** im Bereich der **Tierhaltung.**

3 c Der **bps-Effekt** dient als **Selektionskriterium**, und aus den **pflanzenbaulich bekannte**n **Methoden** werden in absteigender Rangfolge die Methoden selektiert, die den stärksten bps-Effekt aufweisen.[26] Auf aps-Methoden mit bpn-Effekt hält ein stärkerer Selektionsdruck unvermindert an, und aps-Methoden mit bpr-Effekt fallen aus dem Selektionsmuster heraus.

3 d Aus den **viehwirtschaftlich bekannte**n **Methoden** werden in absteigender Rangfolge die Methoden ausgewählt, die den geringsten apr-Effekt aufweisen.

Der starke Selektionsdruck auf pflanzenbauliche Methoden mit bps-Effekt führt zu einer intensiveren Auseinandersetzung der bäuerlichen Produzenten mit einzelnen Methoden, und aus Methoden mit geringen bps-Effekten und aps- bzw. apr-Effekten gehen Methoden mit verhältnismäßig starken bps-Effekten und aps-Effekten hervor, d. h. es entsteht ein insgesamt produktiveres Instrumentarium. Hierdurch kann die CCN im Verlauf des Selektionsgeschehens möglicherweise wieder so entscheidend erhöht werden, daß der cc_n-Koeffizient die kritische Obergrenze wieder überschreitet und die Nahrungsversorgung

26 Die Anwendung derartiger Methoden kann durchaus problematisch sein, da sich Methoden mit kurzfristig starken bps-Effekten langfristig negativ auf die Bodenproduktivität auswirken können. Dieses ist z. B. bei einer Düngung mit Kalk die Gefahr, was auch in einer alten Bauernregel zum Ausdruck kommt: "Kalk macht reiche Väter, aber arme Söhne."

auch bei anhaltender Bevölkerungsexpansion längerfristig ausreicht, den steigenden Gesamtnahrungsbedarf zu decken. In diesem Fall wird die Gesellschaft wieder zu ihrem alten Selektionsmuster zurückkehren, also wieder den aps-Effekt als Selektionskriterium bevorzugen. Bps-Methoden, die noch apr-Effekte aufweisen, werden dementsprechend wieder aufgegeben, und unter diesen Umständen kann auch die Extensivtierhaltung erneut ausgedehnt werden.

3.6.6. Das Selektionsgeschehen bei Überbevölkerung

Wenn es bei hoher Bevölkerungsdichte nicht gelingt, die CCN entscheidend zu erhöhen, so wird die Gesellschaft bei weiterem Bevölkerungswachstum die kritische Grenze unterschreiten ($1_n \geq cc_n > ku_n$). Diese Entwicklung wird noch dadurch gefördert, daß die landwirtschaftlichen Nutzflächen im 'Kampf ums Überleben' in stärkerem Ausmaß überbeansprucht werden und die 'Gesamttragfähigkeit' auch hierdurch zu sinken beginnt.

Im Stadium der Überbevölkerung wird die Pflanzenproduktion auf ein Maximum ausgeweitet, und die Tierhaltung wird, gesamtgesellschaftlich gesehen, nahezu bedeutungslos. Grundsätzlich kann es einer Gesellschaft auch in diesem Stadium gelingen, ihr produktionstechnisches Instrumentarium soweit zu verbessern, daß der cc_n-Koeffizient die kritische Grenze oder sogar die kritische Obergrenze wieder überschreitet. Ich nehme aber eher an, daß eine überbevölkerte Gesellschaft in eine *produktionstechnische Stagnationsphase* gerät, da bei chronischer Unter- und Mangelernährung und bei existenzieller Bedrohung die Innovationsfähigkeit der bäuerlichen Produzenten herabgesetzt ist und hierdurch der Selektionsdruck auf das produktionstechnische Instrumentarium schwächer wird.

HYPOTHESEN für eine landwirtschaftliche Subsistenzökonomie **bei Überbevölkerung ($1_n \geq cc_n > ku_n$)**

4 a Die Ausdehnung des **Pflanzenbau**s ist **maximal** und die Tierhaltung nahezu bedeutungslos.

4 b Es besteht ein **Selektionsdruck** auf das produktionstechnische Instrumentarium mit **bps-Effekt** nur im Bereich des **Pflanzenbau**s, der aber mit sinkendem cc_n-Koeffizienten immer geringer wird.

Ich gehe davon aus, daß die *endogene Entwicklung* einer Gesellschaft im historischen Zeitablauf langfristig nicht in das Stadium der Überbevölkerung führte. Hierbei vertrete ich HEINSOHNs "*These von der Herrschaft des wirtschaftlichen Kalküls bei der Fortpflanzung*", die besagt, "daß die Aufzucht von Kindern nicht einem natürlichen Drang folgt, sondern immer eine soziale Entscheidung erfordert" (HEINSOHN ET AL.: 1979, S. 12). Ich unterstelle daher, daß sich schon bei hoher Bevölkerungsdichte ein Selektionsdruck auf 'Bevölkerungsstabilisierungsmethoden'[27] entwickelt, der mit sinkendem cc_n-Koeffizienten immer stärker wird, und daß die 'Bevölkerungsvermehrungsstrategie' als 'taugliche' Handlungsalternative zur 'produktionstechnischen Bevölkerungsvermehrungsstrategie' tatsächlich ergriffen wurde.

Dieser Annahme scheint heute die Situation in vielen Ländern der Dritten Welt zu widersprechen. Meines Erachtens hat aber der beherrschende Einfluß der Industriegesellschaften das gegenwärtige Überbevölkerungsproblem entscheidend mitverursacht. Die Zerstörung von endogen gewachsenen Gemeinschaftsstrukturen sowie die Durchsetzung der christlichen Moralvorstellungen in vielen 'Entwicklungsgesellschaften' haben die 'Bevölkerungsstabilisierungsstrategie' vielfach außer Kraft gesetzt, und der Fortschritt der modernen Medizin hat die Bevölkerungszahlen sprunghaft ansteigen lassen.[28]

3.7. Das 'produktionstechnische Kontinuum'

3.7.1. Die Evolution in den landwirtschaftlichen Produktionssystemen

In dem von mir vertretenen kulturellen Selektionsmodell muß die *zeitliche* Evolution eines landwirtschaftlichen Produktionssystems als ein 'produktionstechnisches Kontinuum' betrachtet werden. Das bedeutet, im Verlauf des gesellschaftlichen Evolutionsgeschehens nimmt der Selektionsdruck auf das bekannte landwirtschaftliche Methodenarsenal mit wachsender Bevölkerungszahl zu, und es entsteht ein die Arbeitsproduktivität und vor allem die Bodenproduktivität steigerndes Instrumentarium, das eine Gesellschaft auf ein höheres agrikulturelles Produktivitäts- bzw. Produktionsniveau hebt. Hiermit verbunden sind ein Steigen des cc_n-Koeffizienten und ein entsprechendes Sinken des Selektionsdruckes sowie eine Änderung des Selektionsmusters (Wechsel vom bps- zum aps-Effekt als Selektionskriterium). Mit weiterer Bevölkerungsexpansion kehren sich diese Relationen wieder um (Sinken des cc_n-Koeffizienten, Steigen des Selektionsdruckes und Wechsel vom aps- zum bps-Effekt als Selektionskriterium), und es bildet sich ein neues produktions-

27 Hiebei handelt es sich um Methoden der Geburtenkontrolle, wie Schwangerschaftsverhütung und Abtreibung, aber auch um die Kindestötung nach der Geburt.

28 Ich habe die Selektionsmechanismen hinsichtlich der Regulierung des Bevölkerungswachstums bewußt nicht als Hypothesen formuliert, da die Verifizierung, Differenzierung oder Falsifizierung dieser Hypothesen eine genauere Untersuchung der Bevölkerungsentwicklung in verschiedenen Gesellschaften verlangen würde, was über den Rahmen dieser Arbeit weit hinausginge.

technisches Instrumentarium heraus, das die Gesellschaft wiederum auf ein höheres agrikulturelles Produktionsniveau (**PN**) hebt.

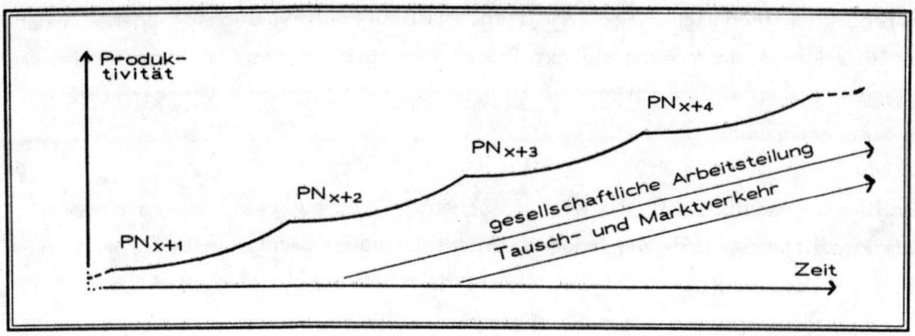

ABBILDUNG 4: Modellskizze des 'produktionstechnischen Kontinuums'

Dieses Modell impliziert zwar *eine auf die Produktivität gerichtete* agrikulturelle *Höherentwicklung* einer Gesellschaft, es erlaubt jedoch keine qualitative Bewertung der zeitlich und räumlich verschiedenen Agrarsysteme. Vielmehr ist davon auszugehen, daß jede Gesellschaft in Abhängigkeit von der Zahl ihrer Mitglieder sowie ihren spezifischen Wirtschafts-, Sozial- und Bedürfnisstrukturen unter den gegebenen Umweltbedingungen ein für sie 'taugliches' landwirtschaftliches Produktionssystem gefunden hat. Dieses gilt auch, wenn bei der endogenen Entwicklung einer Gesellschaft vorübergehend Ernährungskrisen auftreten, da als 'taugliche' Handlungsalternativen eine weitere Erhöhung des agrikulturellen Produktionsniveaus oder eine 'Bevölkerungsstabilisierungsstrategie' zur Anwendung kommen können.

Mit dem auf dem Bevölkerungswachstum beruhenden produktionstechnischen Fortschritt in einer landwirtschaftlichen Subsistenzökonomie muß zwangsläufig auch eine Zunahme der gesellschaftlichen Arbeitsteilung verbunden sein, d. h. neben den i. w. S. *volkswirtschaftlichen* Primärsektor 'Landwirtschaft' treten auf den höheren Produktionsniveaus der Sekundärsektor 'Handwerk' und später der Tertiärsektor 'Handel'. Es entsteht eine mehr oder minder ***marktorientierte Subsistenzlandwirtschaft***, aus der dann im weiteren Verlauf des gesellschaftlichen Evolutionsgeschehens eine primär auf den Markt orientierte Landwirtschaft hervorgehen **kann**. Weder der produktionstechnische Fortschritt noch der Fortschritt in der gesellschaftlichen Arbeitsteilung sollten aber mit 'gesellschaftlichem Fortschritt' schlechthin gleichgesetzt werden. Die Ausbeutung der Natur durch den Menschen und des Menschen durch den Menschen zeigen wohl eher eine gegenläufige Entwicklungstendenz an.

3.7.2. Die Evolution im Wildbeutertum

Wenn meine modelltheoretischen Überlegungen und Schlußfolgerungen in der Lage sein sollen, den produktionstechnischen Fortschritt im agrikulturellen Evolutionsgeschehen einer Gesellschaft zu erklären, so müssen sie vom Prinzip her auch für das Evolutionsgeschehen im Wildbeutertum zutreffen, und ich möchte deshalb noch einmal in die Vorgeschichte der Menschheit zurückkehren.

Bei geringer Bevölkerungsdichte ($cc_n > ki_n$) herrschen im Wildbeutertum nahezu paradiesische *Ernährungszustände*, und wie neuere Untersuchungen gezeigt haben, nicht nur theoretisch.[22] Der cc_n-Koeffizient ist sehr hoch, d. h. Nahrung ist in reichlichem Maß vorhanden und kann entsprechend den Ernährungs- und Tätigkeitspräferenzen frei ausgewählt werden. Hierbei unterstelle ich, daß die Sammeltätigkeit in der Regel eine größere Bedeutung hat, da sie eine stetigere und verläßlichere Nahrungsversorgung gewährleistet als die Jagd.[29]

Wenn ich davon ausgehe, daß Sammeln und Jagen als lebensnotwendige 'Arbeiten' im Tätigkeitspräferenzsystem weiter unten rangieren, so besteht bereits in diesem Stadium des Wildbeutertums ein geringer Selektionsdruck auf Methoden mit aps-Effekt, wie z. B. die Anwendung und Verbesserung von Transport- und Jagdgeräten. Die HYPOTHESEN 1 wären also grundsätzlich anwendbar, wobei die arbeitsökonomisch bedingte Bevorzugung der Extensivtierhaltung in einer landwirtschaftlichen Subsistenzökonomie durch die Bevorzugung der *erfolgsstabileren* Sammeltätigkeit im Wildbeutertum ersetzt werden könnte.[23]

Da unsere Wildbeuter unter diesen Bedingungen nicht an eine 'Bevölkerungsstabilisierungsstrategie' zu *denken* brauchen, ist es wahrscheinlich, daß sie irgendwann die unkritische Grenze ki_n unterschreiten und ihre Ernährungslage etwas weniger freundlich wird. Zur Deckung des Gesamtnährstoffbedarfs müssen sie jetzt auch auf Nahrungsmittel zurückgreifen, die bisher weniger gerne konsumiert wurden. Auch wird die Nahrungsbeschaffung insgesamt 'arbeitsaufwendiger', da beispielsweise größere Strecken zurückgelegt werden müssen. Die 'total carrying capacity' muß jedoch noch nicht gesteigert werden, und aus diesem Grund wird der Faktor Arbeitsproduktivität in der Gesellschaft ein stärkeres Gewicht besitzen als der Faktor Bodenproduktivität, und entsprechend den HYPOTHESEN

29 Natürlich gibt es hierbei vor allem regional bedingte Unterschiede. So wird beispielsweise in den gemäßigten Klimazonen insbesondere im Winter die Jagdtätigkeit im Vordergrund stehen, da pflanzliche Nahrungsmittel zu dieser Jahreszeit kaum vorhanden sind.

2b/2c wird sich der Selektionsdruck auf die bekannten Methoden mit aps-Effekt erhöhen, wobei der bps-Effekt zunehmend relevanter wird.[30]

In diesem demographischen Stadium ($ki_n \geq cc_n > ko_n$) werden sich u. a. sicherlich eine längerfristige Vorratshaltung und einfache Speichermethoden durchsetzen, womit auch eine stärkere Tendenz zur Seßhaftigkeit verbunden ist. Speichermethoden rechne ich den indirekten bps-Methoden zu, da die Speicherung gegenüber der Nicht-Speicherung einen deutlichen ertragsverlustsenkenden Effekt besitzt. Speichereinrichtungen werden aber wegen ihres apr-Effektes (Arbeitsaufwand für ihren Bau) erst dann eingerichtet, wenn es arbeitsökonomisch sinnvoll wird, eine grundlegende Vorratshaltung zu betreiben. Die Vorratshaltung selbst wird jedoch in der Regel erst in Verbindung mit der Speicherung 'tauglich'. Bei der Vorratsbildung handelt es sich allerdings um eine aps-Methode, und hierdurch wird der apr-Effekt der Speichermethode insgesamt in einen aps-Effekt umgewandelt, der für die Menschen unmittelbar erkennbar ist *(unverschleierter aps-Effekt einer bps-Methode).*

Wenn unsere Wildbeuter auch weiterhin keine 'Bevölkerungsstabilisierungsstrategie' betreiben, wird der cc_n-Koeffizient im Laufe der Zeit die kritische Obergrenze ko_n unterschreiten. Ab dieser Grenze muß das Ernährungspräferenzsystem nahezu vollständig aufgegeben werden, und die CCN des mittlerweile vollständig beanspruchten ökologischen Systems muß erhöht werden. Das bedeutet, der Selektionsdruck auf Methoden mit bps-Efekt wird sehr stark, und der aps-Effekt tritt als Selektionskriterium in den Hintergrund. In diesem Fall wären also die HYPOTHESEN 3b/3c zutreffend,[31] wobei sich bei den Wildbeutern in diesem demographischen Stadium die direkt die Bodenproduktivität steigernden landwirtschaftlichen Methoden allgemein durchsetzen müssen.

Es bleibt jetzt noch darzustellen, wie die Evolution der landwirtschaftlichen Produktionsweise im Wildbeutertum modelltheoretisch erklärt werden kann, wobei ich im unkritischen Bereich bei den HYPOTHESEN 2b/2c ansetzen möchte. Hiernach verstärkt sich der Se-

30 Die im Verhältnis zur Extensivtierhaltung stärkere Ausdehung des Pflanzenbaus in einer landwirtschaftlichen Subsistenzökonomie (HYPOTHESE 2a) findet im Wildbeutertum keine Entsprechung, da nicht davon ausgegangen werden kann, daß die *erfolgsstabilere* Sammeltätigkeit prinzipiell zu höheren Erträgen führen muß als die *erfolgslabilere* Jagd. Hinzu kommt, daß die geschlechtsspezifische Arbeitsteilung im Wildbeutertum kaum ohne weiteres aufgegeben wird. Ich will jedoch nicht ausschließen, daß ich bei dieser Annahme dem 'geschlechtsrollenspezifischen Vorurteil' unserer Gesellschaften aufsitze. Zwar sprechen eine Reihe von Gründen für die *weibliche* Sammel- und die *männliche* Jagdtätigkeit im Wildbeutertum, aber diese generelle Annahme muß letztlich hypothetisch bleiben.

31 Für HYPOTHESE 3a gilt prinzipiell das gleiche wie für HYPOTHESE 2a (vgl. vorl. Kap., Fußnote **30**).

lektionsdruck auf die Methoden mit aps-Effekt, wobei der bps-Effekt ein zunehmend stärkeres Gewicht erhält, d. h. es werden sich vor allem aps-Methoden und bps-Methoden mit deutlichem aps-Effekt durchsetzen.

a. Hinsichtlich der Sammeltätigkeit habe ich eine derartige Methode bzw. Methodenkombination, Vorratshaltung und Speicherung, bereits diskutiert. Hierzu gehören aber auch die ersten Maßnahmen der Pflanzenkultivierung. Samen bzw. Stecklinge schnellwüchsiger Pflanzenarten, wie Gräser und Wurzelfrüchte,[24] werden mit verhältnismäßig geringem Arbeitsaufwand in der Umgebung der Fundplätze in die Erde verbracht, um nach der Wuchsperiode 'geerntet' zu werden. Durch die Konzentration der Pflanzen an bestimmten Stellen ergibt sich nicht nur ein bps-Effekt, sondern die Sammeltätigkeit selbst wird weniger zeitaufwendig (aps-Effekt). Es handelt sich also auch in diesem Fall wieder um eine Methodenkombination: eine aps-Methode mit bpn-Effekt[25] ('Ernten') und eine direkte bps-Methode mit leichtem apr-Effekt ('Säen').

Aus diesen Überlegungen folgt, daß sich Methoden des Pflanzenbaus schon als 'taugliche'Methoden im gesamtgesellschaftlichen Wissenspool befinden und der Schritt zu ihrer Anwendung als 'landwirtschaftliche' Methoden nur noch verhältnismäßig gering ist. Er wird jedoch erst vollzogen, nachdem der cc_n-Koeffizient die kritische Obergrenze ko_n unterschritten hat, da für die Wildbeuter der Einsatz von landwirtschaftlichen Methoden im Vergleich zu der rein aneignenden Wirtschaftsweise und auch zu den agrikulturellen Vorstufen einen deutlichen apr-Effekt aufweist (Kultivierung größerer Flächen mit höherem Arbeitsaufwand für die Bodenbearbeitung) und darüberhinaus eine stärkere Zukunftsorientierung (Zurückbehaltung größerer Mengen an Saatgut) verlangt. Daß durch die indirekte Senkung der CCN im Zuge des Bevölkerungswachstums der apr-Effekt der pflanzenbaulichen Methoden letztlich in einen aps-Effekt umgewandelt wird, entzieht sich der Bewußtheit der Menschen, ist daher *verschleiert* (s. auch Kap. 4.4.1., S. 95)

b. Hinsichtlich der Jagdtätigkeit wird sich eine ähnliche Entwicklung vollziehen. Nach Unterschreiten der unkritischen Grenze ki_n wird es arbeitsökonomisch sinnvoll, eine tierische Vorratshaltung zu betreiben. Zwar kann ich nicht ausschließen, daß eine Bevorratung der leicht verderblichen tierischen Nahrungsmittel (wie auch verschiedener pflanzlicher Nahrungsmittel) in Verbindung mit Methoden der Haltbarmachung erfolgt, aber diese sind ungleich viel komplizierter als eine Speicherung. Es bietet sich von daher an, tierische Nahrungsmittel in ihrer haltbaren lebenden Form zu 'bevorraten'. Tiere haben nun den Nachteil, daß sie nicht einfach 'speicherbar' sind. Sie bedürfen einer gewissen Kontrolle und eines Minimums an Futter *und* Wasser, um 'haltbar' zu bleiben. Es handelt sich also auch hierbei wieder um eine Kombination einer aps-Methode mit bpn-Effekt ('Bevorratung') und einer bps-Methode[32] mit apr-Effekt (Kontrolle und Versorgung der Tiere).

Welches ist nun die 'landwirtschaftliche' Methode zur Steigerung der CCN_t? Zweifelsohne ist es nicht die einfache 'Bevorratung' von Tieren, und eine 'Aussaat' ist offensichtlich auch nicht möglich. Diese entspricht aber dem Reproduktionsvermögen der Tiere unter den Bedingungen der Gefangenschaft. Gefangene Wildtiere pflanzen sich jedoch meist nicht fort,[26] und es bedurfte aus diesem Grund eines hohen Erfahrungswissens und dementsprechend einer langen Evolutionszeit, bis sich dieser bps-Effekt bei einzelnen Tieren einstellte. Erst nachdem dieser Effekt für die nachfolgenden Generationen der meist schon pflanzenbaulich lebenden 'Tierbevorrater' *sichtbar* geworden war, konnten sie versuchen, die CCN_t durch eine Tierhaltung zu steigern. Und sie werden erst verstärkte Anstrengungen in diese Richtung unternommen und größere Tiergruppen 'behalten/gehalten' haben, nachdem der cc_{nt} seine ernährungspräferenziell bestimmte kritische Obergrenze[27] unterschritten hatte und eine Steigerung der CCN_t anstrebenswert wurde.

Vor allem auch wegen der Kompliziertheit des Evolutionsgeschehens im Bereich der präagrikulturellen Form der Tiernutzung (*Unsichtbarkeit des bps-Effektes)* halte ich die Annahme für gerechtfertigt, daß die Tierhaltung, die im übrigen noch eine wesentlich stärkere Zukunftsorientierung verlangte als der Pflanzenbau, diesem historisch in der Regel nachfolgte.[33] Nach der erfolgreichen Domestikation der landwirtschaftlichen Nutztiere besaß dann aber die Tierhaltung einen *unverschleierten* aps-Effekt. Die genetisch bedingte Zahmheit der Tiere erlaubte eine nachlassende Kontrolle, und da die Tierhaltung in ihrer extensiven Form eines sehr geringen Arbeitsaufwandes bedurfte, erlangte sie gegenüber dem Pflanzenbau den Vorteil einer höheren Arbeitsproduktivität.

32 Es handelt sich deshalb um eine bps-Methode, da bei Nicht-Kontrolle und Nichtversorgung der Tiere der Nahrungsvorrat 'verdirbt'.

33 Von dieser Regel gibt es natürlich auch Ausnahmen. So ist eine Steigerung der CCN primär durch den Übergang zur Tierhaltung beispielsweise denkbar, wenn größere Areale von so schlechter Bodenqualität sind, daß sie pflanzenbaulich nicht genutzt werden können. Allerdings wird sich hier als Sonderform der Tierhaltung die Transhumanz herausbilden, die keine direkte Verbindung mit dem Pflanzenbau eingeht.

3.7.3. Modellverlauf des agrikulturellen Evolutionsgeschehens

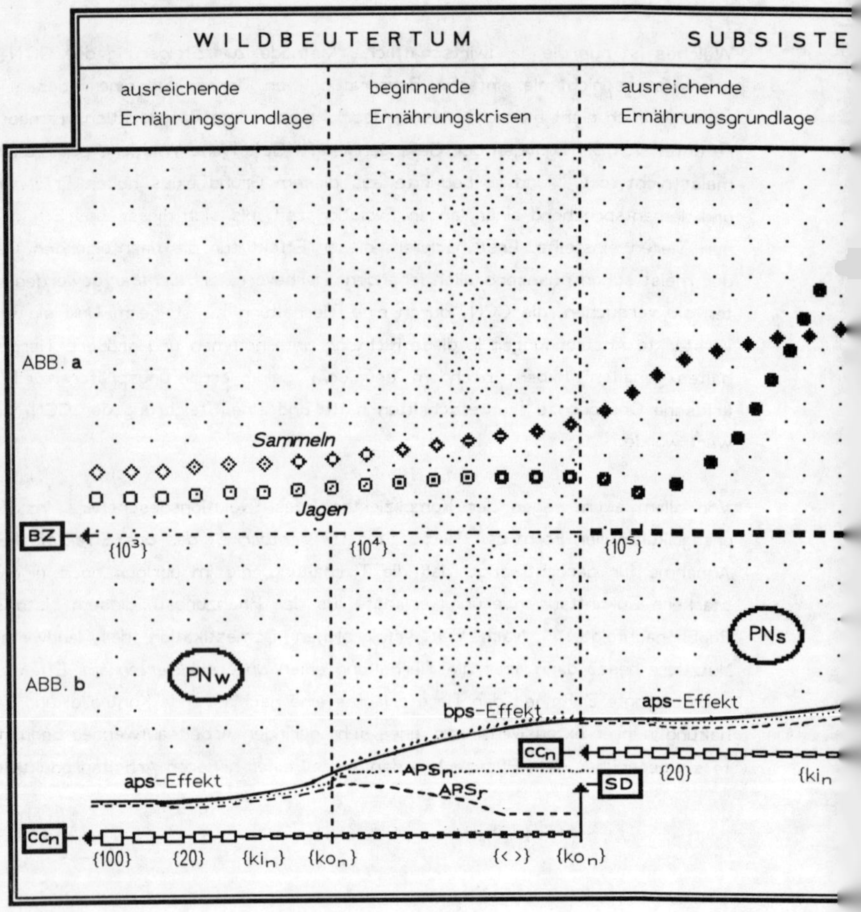

ABBILDUNG 5 **a**: Modellskizze der gesellschaftlichen Bedeutung von Pflanzenbau und Tierhaltung in Abhängigkeit vom cc_n - Koeffizienten

ABBILDUNG 5 **b**: Selektionsschema für aps- und bps-Methoden

(Erläuterungen zu den Abbildungen s. *S.* 62-64 *)*

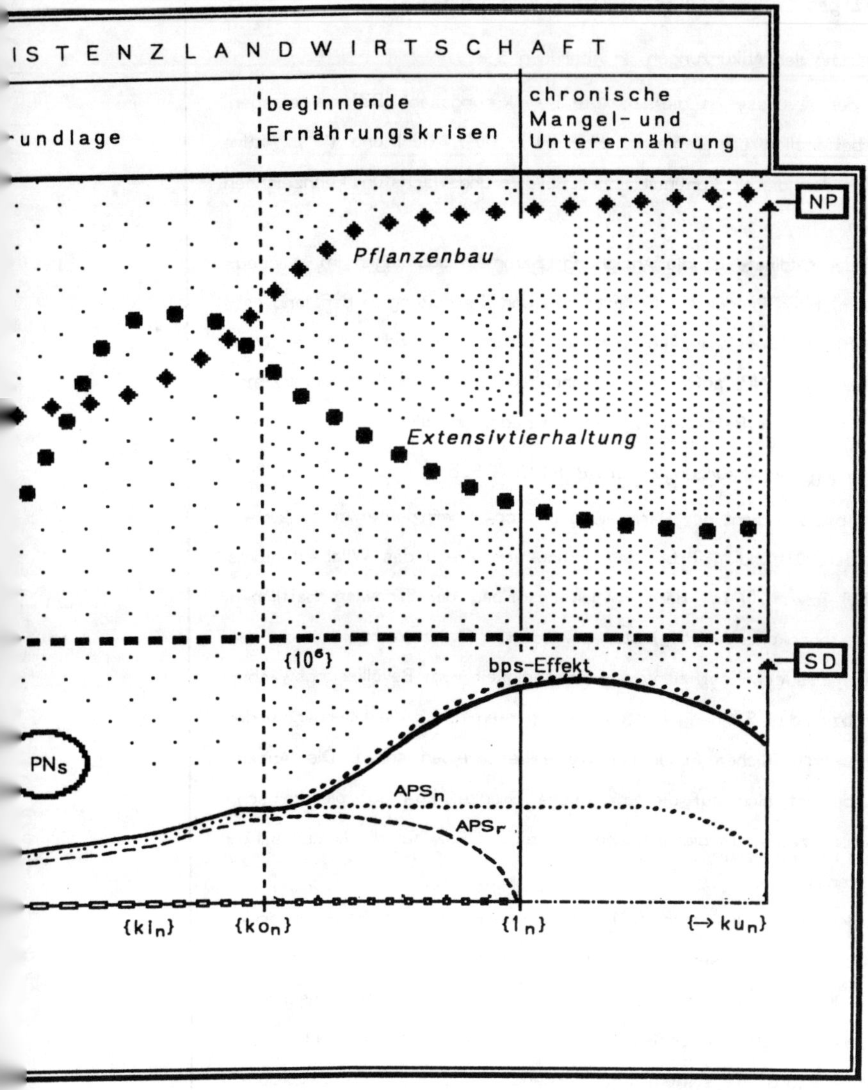

(Erläuterungen zu den Abbildungen s. *S.* 62-64*)*

Erläuterungen zu den ABBILDUNGEN 5 a und 5 b

1a. Erklärung der **Abkürzungen** in Abbildung 5 **a**

Auf der Abszisse ist die absolute Bevölkerungszahl (**BZ**) aufgetragen. Hierbei stellen die Zahlenangaben {10^3}, {10^4}, {10^5} und {10^6} fiktive Werte dar, die ein kontinuierliches Bevölkerungswachstum kennzeichnen sollen.

Auf der Ordinate ist die Aneignung (Sammeln und Jagen im Wildbeutertum) bzw. Produktion (Pflanzenbau und Tierhaltung in der landwirtschaftlichen Subsistenzökonomie) von pflanzlichen und tierischen Nahrungsmitteln (**NP**) aufgetragen, wobei fiktive Wertangaben für die modelltheoretische Betrachtung nicht von Bedeutung sind.

1b. Erklärung der **Abkürzungen** in ABBILDUNG 5 **b**

Die Abszisse dient der Darstellung des **cc_n**-Koeffizienten. Die Zahlenangaben {100} und {20} bei dem Produktionsniveau des Wildbeutertums (**PN_W**) bzw. {20} bei dem Produktionsniveau der landwirtschaftlichen Subsistenzökonomie (**PN_S**) stellen wiederum fiktive Werte dar, die das Sinken des cc_n-Koeffizienten in Abhängigkeit vom Bevölkerungswachstum bzw. das Steigen des cc_n-Koeffizienten durch die Übernahme der landwirtschaftlichen Produktionsweise beschreiben sollen. Die Angabe **kl_n** bezieht sich auf die unkritische Grenze, **ko_n** auf die kritische Obergrenze, **1_n** auf die kritische Grenze und **ku_n** auf die kritische Untergrenze.

Mit den beiden Ordinaten (**SD**) will ich den Einfluß des Selektionsdruckes darstellen. Dieser nimmt mit sinkendem cc_n-Koeffizienten zu. Das linke Koordinatensystem skizziert den Einfluß des Selektionsdruckes auf das produktionstechnische Instrumentarium im Wildbeutertum, das rechte Koordinatensystem entsprechend den Einfluß des Selektionsdruckes auf das produktionstechnische Instrumentarium in der landwirtschaftlichen Subsistenzökonomie.

Die Abkürzungen an den Kurvenverläufen bedeuten:

- **aps**-Effekt = aps-Methoden mit bps-, bpn- oder bpr-Effekt *und* bps-Methoden mit aps-Effekt
- **bps**-Effekt = bps-Methoden mit aps- oder apr-Effekt *und* aps-Methoden mit bps-Effekt
- **APS_n** = aps-Methoden mit bpn-Effekt
- **APS_r** = aps-Methoden mit bpr-Effekt

2a. Erklärung der modelltheoretischen **Kurvenverläufe** in ABBILDUNG 5 **a**

Die 'Produktion' pflanzlicher und tierischer Nahrungsmittel (NP) erfolgt im Wildbeutertum durch ***Sammeln*** (◇◇◇◇◇◇) und ***Jagen*** (○○○○○○). Hierbei unterstelle ich, daß die Sammeltätigkeit in der Regel eine grössere Bedeutung hat als die Jagd. Mit steigender Bevölkerungszahl wird irgendwann die kritische Obergrenze ko_n erreicht, ab welcher die Ernährungsgrundlage bei dem gegebenen Produktionsniveau **PN_W** unzureichend wird. Eine Erhöhung der 'carrying capacity' hinsichtlich der Nahrungsressourcen (CCN) erfolgt jetzt mittels bodenproduktivitätssteigernder Methoden, und es findet ein allmählicher *Übergang* (◆◆◆◆◆◆, ⊙⊙⊙●●●) zu einer seßhaften oder halbseßhaften landwirtschaftlichen Lebensweise statt. Hierbei mache ich eine weitere Unterstellung, nämlich die, daß die Pflanzenkultivierung der Domestikation landwirtschaftlicher Nutztiere historisch vorausging und daß in den Anfängen der Landwirtschaft nur der ***Pflanzenbau*** (◆◆◆◆◆◆) existierte. Nachdem sich die ***Extensivtierhaltung*** (●●●●●●) als agrikulturelle Form der Tiernutzung durchgesetzt hatte, wurde sie jedoch vorübergehend vorherrschend.

Mit weiterem Bevölkerungswachstum kehrt sich diese Relation wieder um, da die CCN durch die Ausdehnung des Pflanzenbaus erhöht wird und die Tierhaltung mit der beginnenden Bodenverknappung bei hoher Bevölkerungsdichte ($ko_n \geq cc_n > 1_n$) reduziert werden muß. Wenn es nach Unterschreiten der kritischen Obergrenze ko_n, wie ich es in dieser Modellskizze angenommen habe, nicht gelingt, die CCN mittels bodenproduktivitätssteigernder Methoden entscheidend zu steigern, so wird der Pflanzenbau auf ein Maximum ausgedehnt und die Tierhaltung auf ein Minimum reduziert.

2b. Erklärung der modelltheoretischen **Kurvenverläufe** in ABBILDUNG **5 b**

In der Abbildung 5 b sind zwei Produktionsniveaus skizziert. Auf dem Produktionsniveau des Wildbeutertums (PN_W) besteht zunächst ein geringer Selektionsdruck auf Methoden mit aps-Effekt. Nach Unterschreiten der kritischen Obergrenze ko_n steigt der Selektionsdruck auf Methoden mit bps-Effekt, und es entwickelt sich allmählich ein produktionstechnisches Instrumentarium, das den Übergang auf das Produktionsniveau der landwirtschaftlichen Subsistenzökonomie (PN_S) ermöglicht. In dem hier skizzierten Fall gelingt es der Gesellschaft nicht, ihr produktionstechnisches Instrumentarium soweit zu verbessern, daß sie wiederum ein höheres agrikulturelles Produktionsniveau erreicht. Sie gerät mit Unterschreiten der kritischen Grenze 1_n in das Stadium der Überbevölkerung und in eine produktionstechnische Stagnationsphase.

3.8. Der produktionstechnische Fortschritt in der Tierhaltung

Wie wir gesehen haben, war die Arbeitsproduktivität in der (Extensiv)-Tierhaltung nahezu optimal, so daß sich in diesem Bereich kein produktionstechnisches Instrumentarium mit aps-Effekt entwickeln konnte. Erst bei hoher Bevölkerungsdichte unterschreitet der cc_{nt} seine kritische Obergrenze ko_{nt}, und es wird ein Selektionsdruck auf das produktionstechnische Instrumentarium mit bps-Effekt wirksam, wobei ich im folgenden ausschließlich die direkten bps-Methoden betrachten werde.

Methoden zur *Erhöhung der Bodenproduktivität* in der Tierhaltung können einerseits die Steigerung des tierischen Leistungspotentials durch eine *Verbesserung der Haltungsbedingungen* betreffen und andererseits die Steigerung des tierischen Leistungspotentials durch *züchterische Maßnahmen*. Diese Zuordnung zu den bps-Methoden basiert auf der Überlegung, daß durch einen vermehrten Arbeitseinsatz im Bereich der Tierhaltung eine Bodenfläche durchschnittlicher Qualität ein zunehmend größeres Quantum an tierischen Nahrungsmitteln zu liefern vermag.

Bei reiner Extensivtierhaltung werden die bps-Methoden in erster Linie auf eine Verbesserung der tierischen Ernährungsgrundlage gerichtet sein,[34] und zwar, abhängig von den Klimaverhältnissen, insbesondere auf eine verbesserte Futtervorratswirtschaft. Eine planvolle Tierzucht ist in diesem Stadium aus drei Gründen noch nicht zu erwarten:

1. Solange die Nahrungsversorgung der Tiere unzureichend bleibt, ist ihr *phänotypisches Erscheinungsbild*[28] von dieser Mangelsituation geprägt, d. h. leistungssteigernde Effekte auf Grund von tierzüchterischen Maßnahmen lassen sich an ihnen schlecht erkennen. Das bedeutet aber auch, daß eine *ausreichende Nahrungsversorgung* der Tiere eine *Grundvoraussetzung für die Entwicklung einer an wirtschaftlichen Effizienzkriterien ausgerichteten Tierzucht* darstellt.

2. Die Erfolge von tierzüchterischen (aber auch pflanzenzüchterischen) Maßnahmen werden

34 Maßnahmen zur Verbesserung der tierischen Ernährungsgrundlage implizieren in einem gemischtwirtschaftlichen Agrarsystem eine zunehmende *Arbeit* des Menschen *für das Tier*. Damit verbunden ist auch ein Wandel in der Einstellung des Menschen zum Tier, und zwar die allmähliche *Entwicklung von einem* ***Tiernutzer*** *zu einem* ***Tierhalter*** (vgl. Kap. 1, S. 7). Der Tierhalter zeichnet sich gegenüber dem Tiernutzer vor allem auch dadurch aus, daß er seinen Tieren mehr *Aufmerksamkeit und Pflege* schenkt, Maßnahmen, die im übrigen ebenfalls den *bps-Methoden* zuzurechnen sind und deren Bedeutung für die Funktionsfähigkeit eines Tierhaltungssystems häufig unterschätzt wird.

erst allmählich sichtbar, und diese vorübergehende *Unsichtbarkeit des bps-Effektes*[29] bedingt, daß das züchterische Erfahrungswissen an die nachfolgenden Generationen weitervermittelt und von diesen weiterentwickelt werden muß, d. h. daß die Evolution einer planvollen künstlichen Selektion eine sehr lange Zeit in Anspruch nehmen wird. Demgegenüber ist eine Steigerung des tierischen Leistungspotentials durch eine verbesserte Fütterung unmittelbar zu sehen, und derartige Methoden können sich von daher verhältnismäßig schnell als 'taugliche' Methoden durchsetzen.

3. Züchterische Maßnahmen setzen außerdem ein starkes *Interesse am individuellen Tier* voraus, da der Erfolg einer derartigen Maßnahme nur am Individuum abgelesen werden kann und da sich das Selektionsziel anfänglich nur in minimalen Merkmalsunterschieden manifestiert. Auch diese Voraussetzung ist bei einer reinen Extensivtierhaltung noch nicht erfüllt, da das Interesse des Menschen noch auf die Nutzung des Tieres und weniger auf das Tier selbst gerichtet ist.[35]

HYPOTHESE 5 Der produktionstechnische Fortschritt in der Tierhaltung erfolgt historisch zuerst im Bereich der Tierernährung.

Als nächstes ist zu klären, welche Maßnahmen zur Verbesserung der tierischen Ernährungsgrundlage in unserer landwirtschaftlichen Subsistenzökonomie ergriffen werden. Laut HYPOTHESE 3d werden von den bekannten bps-Methoden die Methoden in absteigender Rangfolge ausgewählt, die den geringsten apr-Effekt aufweisen. Hier bietet sich als erstes die Verwertung von Abfallprodukten aus der pflanzlichen Nahrungsmittelproduktion (z. B. Stroh) an sowie die Verwertung von Küchenabfällen. Da diese Abfallprodukte keinen hohen Nährwert besitzen und/oder nur begrenzt zur Verfügung stehen, werden darüberhinaus auch pflanzliche Produkte gesammelt, die sich natürlicherweise in der Umgebung finden

35 Ich möchte an dieser Stelle eine kurze Anmerkung zur Sonderform der *Wandertierhaltung* machen, da diese im westafrikanischen Raum eine hohe Relevanz besitzt (vgl. Kap. 2.3., S. 29). Dieses extensive Tierhaltungssystem gründet auf ganz anderen Voraussetzungen als das in einem gemischtwirtschaftlichen Agrarsystem, da es eine *Anpassung des Menschen an* den Lebensraum und die Nahrungsbedürfnisse der *Tiere* verlangt. Aus diesem Grunde muß schon am Übergang zu dieser Form der Tierhaltung ein ausgeprägtes Interesse des Menschen an den Tieren vorhanden sein, und ich vermute, daß in diesem System schon sehr frühzeitig eine planvolle Selektion betrieben wurde. Allerdings ist auch zu vermuten, daß die züchterischen Zielkriterien andere waren als in einem bodenständigen Tierhaltungssystem, und daß beispielsweise auf Ausdauer und gute Lauffähigkeit größerer Wert gelegt wurde als auf Fleischansatz oder Milchleistung. Und hier offenbart sich ein Dilemma: eine derartige Selektion basiert zwar ebenfalls auf einem wirtschaftlichen Rationalverhalten der Tierzüchter, aber dieses entspricht nicht den Normvorstellungen der modernen Tierproduktion und wird von daher häufig nicht erkannt.

und vom Menschen nicht oder nur in Notzeiten konsumiert werden (Gräser, Laub, Früchte etc.). Eine weitaus arbeitsintensivere Maßnahme als die bisher geschilderten bietet sich als nächstes im Bereich der Wiederkäuerhaltung an: die Heugewinnung. Zwar handelt es sich hierbei nur um einen reinen Erntevorgang, aber selbst dieser läßt die Arbeitsproduktivität in der Tierhaltung schon rapide sinken, und es müssen wenigstens zwei weitere Voraussetzungen erfüllt sein, bevor diese Methode 'tauglich' werden kann:

1. Es muß ein geregelter Weideumtrieb stattfinden und damit die Kontrolle der Tiere verstärkt werden, und

2. es muß ein geeignetes Erntegerät wie die Sense bekannt sein.

Als nächstintensivere Maßnahme könnte dann der gezielte Anbau von Futtermitteln erfolgen. Dieser birgt jedoch zwei grundsätzliche Probleme:

1. Die hohen Nährwertverluste, die bei der Umwandlung von pflanzlichen in tierische Erzeugnisse auftreten,[36] haben zur Folge, daß die 'total carrying capacity' hinsichtlich der Nahrungsmittelressourcen bei sich ausdehnender Futtermittelproduktion drastisch sinkt. Wenn die Annahme richtig ist, daß sich Maßnahmen zur Verbesserung der tierischen Ernährungsgrundlage in einer landwirtschaftlichen Subsistenzökonomie erst bei hoher Bevölkerungsdichte ($ko_n \geq cc_n > 1_n$) durchsetzen, so läßt sich unterstellen, daß in dieser noch kein nennenswerter Futtermittelanbau erfolgen wird, da in diesem demo-

36 "Dabei kommt die Tatsache der hohen '*Veredelungsverluste*' der tierischen Produkte ins Blickfeld. Bei der Verfütterung pflanzlicher Nährstoffe an Tiere, deren Produkte dann vom Menschen verzehrt werden, treten erhebliche Verluste an physiologisch nutzbarer Energie und an verdaulichem Eiweiß auf. Genaue Quantifizierungen sind problematisch, weil die Effizienz der Tiere in der Futterverwertung und die Art der Tierhaltung für die Verwertung eine große Rolle spielen. ... Im Fall der Umwandlung von pflanzlichen Kalorien in tierische ist die Effizienz am geringsten bei Schaf- und Rindfleisch (33:1 bzw. 14:1) und am günstigsten bei Schweinefleisch und Milchproduktion (4:1 bzw. 5:1), während Geflügelfleisch und Eierproduktion eine Mittelstellung mit rd. 7:1 halten. Bei der Konversion pflanzlichen Eiweißes liegen am ungünstigsten ebenfalls die Rind- und Schaffleischerzeugung, am günstigsten Milch-, Geflügelfleisch- und Eiererzeugung (5:1)" BLANCKENBURG: 1986, S. 219/220).
Bei den obigen Angaben handelt es sich natürlich nur um ungefähre Richtwerte, die die Problematik einer Futtermittelproduktion veranschaulichen sollen. Diese Werte sind u. a. abhängig von der tierzüchterischen Qualität der Tiere, wobei sich die Angaben auf die Futterverwertungsrate der heutigen Hochleistungsrassen beziehen und bei einfachen Landschlägen noch weit oberhalb dieser Richtwerte zu finden wären. Bei der grundsätzlichen Problematik der hohen tierischen Veredelungsverluste darf allerdings nicht vergessen werden, daß sich auch in einer landwirtschaftlichen Subsistenzökonomie ein *geringer* Futtermittelanbau da als sinnvoll erweisen könnte, wo klimatisch bedingte Futterengpässe überbrückt werden müssen.

graphischen Stadium die Nahrungsversorgung der Bevölkerung gefährdet ist und eine Bodenkonkurrenz zwischen Pflanzenbau und Viehwirtschaft besteht.

2. Der Futtermittelanbau erfordert prinzipiell den gleichen Arbeitseinsatz wie der Anbau von pflanzlichen Nahrungsmitteln, d. h. die Arbeitsproduktivität ist in beiden Bereichen in etwa die gleiche. Der bpr-Effekt, der mit dem Einsatz von Futtermitteln verknüpft ist (Nährwertverluste), führt jedoch dazu, daß die Arbeitsproduktivität in der Tierhaltung in Abhängigkeit vom Umfang der Futtermittelproduktion geringer wird als im Pflanzenbau und die Freizeitpräferenz zugunsten der Ernährungspräferenz spürbar eingeschränkt werden müßte.

Da eine geregelte Wiesenbewirtschaftung auch auf Böden erfolgen kann, die für den Pflanzenbau weniger geeignet sind, kann sich die Methode der Heugewinnung in einer landwirtschaftlichen Subsistenzökonomie auch bei hoher Bevölkerungsdichte durchsetzen, ein grundlegender Futtermittelanbau wäre aber in diesem demographischen Stadium mit Sicherheit eine 'untaugliche' Methode. Letzterer wird erst möglich, wenn der Bodenproduktivitätsfortschritt im Pflanzenbau so groß ist, daß die Gesellschaft ein höheres agrikulturelles Produktionsniveau erreicht und der cc_n-Koeffizient die kritische Obergrenze ko_n wieder überschreitet. In diesem Fall wird im Bereich des Pflanzenbaus wieder der aps-Effekt als Selektionskriterium bevorzugt. Im Bereich der Tierhaltung hingegen verbliebe der cc_{nt}-Koeffizient unterhalb seiner kritischen Obergrenze ko_{nt}, und der Selektionsdruck auf die bps-Methoden bliebe erhalten. Da die Nahrungsversorgung der Gesellschaft nicht mehr gefährdet ist, *kann* unter diesen Umständen jetzt auch eine Futtermittelproduktion erfolgen und die Bodenproduktivität in der Tierhaltung auf diese Weise gesteigert werden.[37]

HYPOTHESE 6 Der produktionstechnische Fortschritt im Pflanzenbau geht dem produktionstechnischen Fortschritt in der Tierhaltung historisch voraus.

Im Zuge des Bevölkerungswachstums und mit dem Produktivitätsfortschritt im Pflanzenbau werden sich zwangsläufig eine gesellschaftliche Arbeitsteilung und damit auch ein zumindest geringgradiger Tausch- bzw. Marktverkehr herausbilden. Ich halte daher die Annahme für gerechtfertigt, daß sich ein grundlegender produktionstechnischer Fortschritt im Bereich der Tierernährung erst in stärker arbeitsteilig organisierten und marktorientierten

37 Wenn der cc_n-Koeffizient wieder weit oberhalb der kritischen Obergrenze liegt, besteht auch die Möglichkeit, die Extensivtierhaltung wieder auszudehnen. In diesem Fall würde ein Futtermittelanbau erst auf dem nächsthöheren Produktionsniveau oder möglicherweise in einer späten Phase des unkritischen Bereichs erfolgen.

Gesellschaften einstellen wird. Da die Sicherung und Verbesserung der tierischen Ernährungsgrundlage eine Voraussetzung für den Erfolg von tierzüchterischen Maßnahmen darstellt, kann sich auch erst auf ihrer Basis eine planvolle Tierzucht allmählich entwickeln.

HYPOTHESE 7 Ein intensiveres Tierhaltungssystem mit gezielter Futtermittelproduktion sowie eine planvolle Tierzucht können sich erst in einer stärker arbeitsteilig organisierten und marktorientierten Gesellschaft entwickeln.

Bei der Analyse der produktionstechnischen Entwicklungsvoraussetzungen im Bereich der Tierhaltung muß auch die Verschiedenartigkeit der Haustierspezies insbesondere hinsichtlich ihrer Nährstoffbedürfnisse berücksichtigt werden. *Wiederkäuer* (Rind, Schaf, Ziege) stehen in bezug auf ihre Ernährungsweise nur in Bodenkonkurrenz *(indirekte Nahrungskonkurrenz)* zum Menschen, da sie in der Lage sind, sich von Pflanzenprodukten zu ernähren, die vom Menschen nicht verwertet werden können, und da sie keiner speziellen Eiweißträger bedürfen.[30] Demgegenüber sind *Schwein und Geflügel direkte Nahrungskonkurrenten des Menschen*, da sie prinzipiell die gleichen Energie- und Proteinquellen benötigen wie die Menschen. Aus diesem Grunde sind sie auch hervorragend für die Verwertung von menschlichen Nahrungsabfällen geeignet.**38** In extensiven Tierhaltungssystemen spielt die Nahrungskonkurrenz von Schwein und Geflügel allerdings keine Rolle. Die Tiere ernähren sich weitgehend selbständig, und beispielsweise das Schwein ließ sich, wie aus der Frühgeschichte Mitteleuropas hervorgehen wird, auf der Basis eines Waldweidetriebs ausgezeichnet nutzen.

Die unterschiedlichen Nährstoffbedürfnisse werden jedoch relevant, wenn man die Möglichkeiten zur Verbesserung der Ernährungssituation der einzelnen Haustierspezies betrachtet. Sie kann bei Wiederkäuern dadurch erfolgen, daß neben der extensiven Weidewirtschaft hauptsächlich Heu und schnellwüchsige, eine hohe Biomasse bildende Pflanzenprodukte (z. B. Leguminosen) verabreicht werden. Letztere müssen zwar speziell angebaut werden, aber bei ihnen handelt es sich nicht um menschliche Grundnahrungsmittel. Demgegenüber kann eine Verbesserung der Ernährungsgrundlage von Schweinen und Geflügel nur über Zusatzfuttermittel erfolgen, die gleichzeitig auch für die menschliche Ernährung geeignet sind. Hieraus läßt sich folgern:

38 Sind die landwirtschaftlichen Nutzflächen größtenteils auch für den Pflanzenbau geeignet, so kann theoretisch der Fall eintreten, daß bei hoher Bevölkerungsdichte oder bei Überbevölkerung die Haltung insbesondere von Schweinen gegenüber der Haltung von Wiederkäuern dominierend wird, weil zur Sicherung ihrer Ernährungsgrundlage die menschlichen Nahrungsabfälle herangezogen werden können.

HYPOTHESE 8 Die Verbesserung der tierischen Ernährungsgrundlage erfolgt historisch in der Regel[39] zuerst im Bereich der Wiederkäuerhaltung.[40]

39 Eine Ausnahme von dieser Regel kann in Regionen eintreten, in denen die Haltung von Wiederkäuern unbekannt oder unbedeutend ist.

40 Pferde stellen gleichfalls keine direkten Nahrungskonkurrenten des Menschen dar, und für sie gilt hinsichtlich ihrer Ernährungsweise prinzipiell das gleiche wie für Wiederkäuer. Ich habe sie jedoch in diesem Kontext unberücksichtigt gelassen, da sie als Fleischlieferanten meines Wissens nirgendwo eine wirtschaftliche Bedeutung erlangten.

4. DIE ENTWICKLUNG DER LANDWIRTSCHAFT IN MITTELEUROPA IN DER VOR- UND FRÜHZEIT

4.1. Das Neolithikum (ca. 5000 - 1800 v. Chr.)

4.1.1. Das Vordringen der landwirtschaftlichen Produktionsweise

Die ältesten in Mitteleuropa aufgetretenen bäuerlichen Gruppen gehörten zum Kulturkreis der Bandkeramiker, deren Ursprungsgebiet in Südosteuropa vermutet wird. Das bedeutet, daß die *landwirtschaftliche Produktionsweise nicht endogen in Mitteleuropa entstanden* ist. Sie muß wahrscheinlich als Folgeerscheinung des sog. vorderasiatischen Kulturdrifts betrachtet werden, der sich, wie aus Abbildung 6 ersichtlich, auf verschiedenen Wegen nach Europa ausgebreitet hatte.

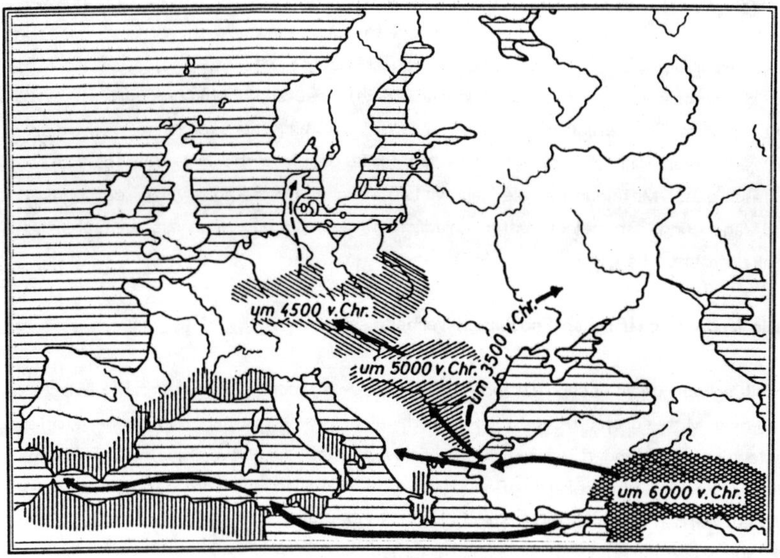

ABBILDUNG 6: Ausbreitungswege der landwirtschaftlichen Produktionsweise nach Europa (n. JANKUHN)[1]

Die bandkeramischen Gesellschaften besiedelten in der ersten Hälfte des 5. Jahrtausends v. Chr. hauptsächlich die fruchtbaren Lößflächen entlang von Flußläufen und "verlieh(en) ganz Mitteleuropa innerhalb relativ kurzer Zeit ein einheitliches kulturelles Gepräge" (ENNEN/JANSSEN: 1979, S. 23). Was mit den einheimischen Wildbeuterstämmen in den Einwanderungsgebieten geschah, läßt sich nur mutmaßen. Laut JANKUHN löste sich die große Einheitlichkeit der bandkeramischen Kultur erst im 3. Jahrtausend v. Chr. in eine Vielzahl bäuerlicher Formenkreise auf, in denen vor allem im norddeutschen Raum starke Elemente mesolithischer Kulturen weiterexistierten.[2] Den jüngeren Angaben von ENNEN und JANSSEN zufolge haben sich von den Bandkeramikern verschiedene Kulturen bereits im 4. Jahrtausend v. Chr. herausgebildet, und auch diese Autoren konstatieren, "daß die Züge der Jäger-und-Sammler-Kulturen im jüngeren Neolithikum trotz des Vorhandenseins von Ackerbau und Viehzucht stärker hervortreten" (ENNEN/JANSSEN: 1979, S. 36).

Hieraus könnte geschlossen werden, daß sich die bestehenden Wildbeutergemeinschaften in der Einwanderungsphase der Bandkeramiker nicht im Sinne der neuen Produktionsweise akkulturierten, sondern in noch wenig besiedelte Gebiete auswichen. Erst als eine Bevölkerungsexpansion[3] die bandkeramischen Bauerngesellschaften zwang, auch die landwirtschaftlich weniger geeigneten Rückzugsgebiete zu besetzen, begannen sich die Wildbeuterkulturen zum Teil aufzulösen, und es werden Akkulturierungsvorgänge nachweisbar. Fest steht auf jeden Fall, daß sich bereits am Ende des Neolithikums, also ca. 1800 v. Chr., in fast ganz Mitteleuropa die landwirtschaftliche Produktionsweise durchgesetzt hatte[4] und Jagen und Sammeln in unterschiedlichem Ausmaß nur noch als wirtschaftliche Nebentätigkeiten betrieben wurden.

4.1.2. Die landwirtschaftlichen Produktionsverhältnisse

Die Ausbreitung der neolithischen Bauernkulturen fand in einer feucht-warmen Klimaphase statt, in der in Mitteleuropa dichte Eichenmischwälder vorherrschten und größere offene Landschaften kaum zu finden waren.[5] Demzufolge mußten zur Gewinnung von Siedlungsflächen und Ackerland umfangreiche Rodungen, wohl vor allem in Form der Brandrodung,[6] vorgenommen werden. Geschliffene Steinbeile erlaubten allerdings auch schon das Fällen größerer Bäume und deren Verarbeitung zu Baumaterial.[7]

Aus dem häufigen Verlassen und Wiederaufbauen bandkeramischer Siedlungen ließe sich möglicherweise folgern, daß ein *Wanderfeldbau* betrieben wurde, aber gesicherte Beweise für eine derartige Annahme gibt es nicht.[8] Auf Grund der vorgefundenen Bodenstrukturen und Bearbeitungsgeräte läßt sich jedoch heute mit großer Sicherheit sagen, daß *kein Hackbau* betrieben wurde.[9] Das bedeutet, der Hackbau kann nicht als eine dem Pflugbau naturwüchsig vorangegangene archaische Pflanzenbauweise angesehen werden, wie dies beispielsweise E. HAHN tat,[10] sondern er muß eine eigenständige Entwicklung erfahren haben. Bei den Bandkeramikern wurden zwar steinerne Hacken gefunden, diese wurden aber wahrscheinlich nicht bei der Kultivierung eingesetzt,[11] möglicherweise jedoch bei der Rodung.[12]

Die Feldbearbeitung erfolgte im neolithischen Mitteleuropa üblicherweise mit Holzspaten und von Menschen gezogenen Handhaken. Aus diesen ging erst um 2000 v. Chr., also am Ausgang des Neolithikums, der sog. *Hakenpflug* hervor, der anfänglich ebenfalls noch vom Menschen geführt wurde.[13] Der Anbau war deutlich auf Weizen und Gerste als wichtigste Getreidearten abgestellt, die auch für eine Winterung geeignet waren. Daneben wurden noch einige Hirsesorten sowie Hülsenfrüchte (Linsen, Erbsen, Ackerbohnen) und Ölpflanzen (Lein, Mohn) kultiviert.[14]

Für die Tierhaltung läßt sich zunächst feststellen, daß noch keine geplante 'Zuchtwahl' vorgenommen wurde. Hierfür spricht im wesentlichen der Befund, daß die einzelnen Haustierspezies noch eine verhältnismäßig große innerartliche Variationsbreite aufwiesen und noch keine Differenzierung in unterschiedliche Haustierrassen stattgefunden hatte.[15] Als wichtigste Fleischlieferanten fungierten Rind und Schwein, und dann erst Schaf und Ziege. Aus dem in vielen Siedlungen entdeckten hohen Knochenanteil erwachsener Wiederkäuer schließt JANKUHN, daß schon weitere Nutzungsmöglichkeiten dieser Haustiere bekannt waren,[16] ansonsten existieren für diese Annahme keine weiteren Belege.

Das osteologische Material läßt auch interessante Rückschlüsse auf die Jagdtätigkeit in den neolithischen Bauernkulturen zu. Diese hatte offensichtlich bei den Bandkeramikern nur noch eine geringe Bedeutung, aber in den darauffolgenden Kulturformen, in welche die einheimischen Wildbeuterstämme eingegangen waren, gewann sie wieder an Gewicht. So stammten beispielsweise in dem jungsteinzeitlichen Dorf Ehrenstein bei Ulm (ca. 3200 v. Chr.) nur etwa die Hälfte aller Tierknochen von Haustieren,[17] was wiederum als ein Beleg für die erst relativ spät erfolgte Akkulturation der Sammler-Jäger-Gesellschaften gewertet werden kann. Auch die Haltungsformen der landwirtschaftlichen Nutztiere wiesen entsprechende Unterschiede auf. Die typischen bandkeramischen Langhäuser dienten nicht ausschließlich Wohnzwecken, sondern Teile von ihnen wurden mit Sicherheit auch als Viehställe genutzt.[18] Diese fehlten in den meisten anderen neolithischen Siedlungen, ebenso auch größere Mistschichten, so daß wahrscheinlich ein *ganzjähriger Aufenthalt der Tiere im Freien* erfolgte, eine Möglichkeit, die bei den damaligen günstigen Klimaverhältnissen durchaus vorstellbar scheint.[19]

4.1.3. Handwerkliche Spezialisierung, Handel und soziale Differenzierung

Sicherlich ist die Auffassung richtig, daß es sich bei den neolithischen Bauernkulturen um wirtschaftlich autarke Subsistenzökonomien handelte. Dieses schließt jedoch nicht aus, daß sie bereits in der Lage waren, landwirtschaftliche Überschüsse zu produzieren, eine Voraussetzung für den Beginn einer gesellschaftlichen Arbeitsteilung und die Ausgliederung kleinerer Menschengruppen aus dem landwirtschaftlichen Produktionsprozeß. Für eine derartige Entwicklung sprechen die zahlreichen Beobachtungen von im Untertagebau betriebenen Steinbergwerken und speziellen Steinwerkstätten, die mit der Existenz von Bergleuten und weiterverarbeitenden Handwerkern verbunden gewesen sein mußten, sowie die Existenz von spezialisierten Töpfern.[20] Die Organisation des Güteraustausches ist bis heute nicht geklärt, aber die weite Verbreitung typischer Steingeräte und bandkeramischer Tongefäße aus bestimmten Produktionszentren sowie von Schmuck aus Muscheln oder Bernstein deuten schon auf einen über den regionalen Verkehr hinausgehenden Fernhandel und das Vorhandensein von Kaufleuten hin.[21]

An Grab- und Siedlungsfunden lassen sich für das ausgehende Steinzeitalter kaum Anzeichen einer größeren sozialen Differenzierung bemerken,[22] so daß die neolithischen Gesellschaften wahrscheinlich aus Gruppen weitgehend gleichgestellter Bauern zusammengesetzt waren. Über die Stellung der Handwerker finden sich keine Hinweise, ebensowenig über die soziale Gliederung nach Geschlecht und Alter.

4.2. Die vorrömische Metallzeit (ca. 1800 v. Chr. - um Chr. Geb.)

4.2.1. Die landwirtschaftlichen Produktionsverhältnisse

Mit dem ausgehenden Neolithikum hatte eine Phase langsamer Klimaverschlechterung eingesetzt, die im Verlauf der *Bronzezeit* in eine oszillierende Klimaentwicklung überging. Dieser folgte am Übergang zur *Eisenzeit* (ca. 750 v. Chr.) wiederum eine ausgeprägte feucht-kalte Periode.[23] Dementsprechend bestand für die bäuerliche Bevölkerung in den letzten beiden vorchristlichen Jahrtausenden eine ständige Notwendigkeit, sich den wechselhaften klimatischen Verhältnissen anzupassen, was sich in der häufigen Neubesetzung und Wiederaufgabe von landwirtschaftlichen Nutzflächen widerspiegelte.[24] Bemerkenswert ist, daß während der Bronzezeit eine umfangreiche Kolonisation der küstennahen Sandböden und der Bergregionen begann.[25] Als aus klimatischen Gründen die hohen Siedlungslagen wieder aufgegeben werden mußten, blieb als wichtige Neuerung die *Sommernutzung der alpinen Hochweiden* erhalten.[26] Die Bewohner der Küstengebiete waren wahrscheinlich wegen massiver Sandverwehungen zum Teil ebenfalls gezwungen, neue Siedlungsräume aufzusuchen. Sie besetzten dann ab dem 6. Jahrhundert v. Chr. in erster Linie die *Marschen*, in denen sich als typische Wirtschaftsform eine *Rinder- und Schafhaltung* mit nur geringfügigem Pflanzenbau herausbildete.[27]

Neben dieser Differenzierung der landwirtschaftlichen Betriebsweisen hatten die klimatischen Bedingungen noch einen weiteren entscheidenden Effekt. Sie machten eine *winterliche Aufstallung* der landwirtschaftlichen Nutztiere allgemein erforderlich und als weitere Konsequenz auch eine wenigstens minimale *Futtervorratsirtschaft*.[28]

In der vorrömischen Metallzeit setzte sich auch der Gebrauch von *Rindern zum Ziehen des Pfluges* durch,[29] womit in Mitteleuropa die Grundlage für die enge Verzahnung von Pflanzenbau und Tierhaltung geschaffen war. Der Einsatz von Pferden in der Landwirtschaft war in dieser Periode noch nicht üblich, obwohl sie als Reit- und Zugtiere eine große Bedeutung erlangten. Dieser Haustierspezies kam jedoch eine besondere Stellung zu, da sie vorwiegend den sozialen Führungsschichten diente, als Statussymbol in Friedenszeiten und zu Kampfzwecken bei kriegerischen Auseinandersetzungen.[30] Weiterhin dürften Pferde auch im Rahmen der sich ausdehnenden Handelstätigkeit als Transport- und Fortbewegungsmittel zunehmend wichtiger geworden sein. Daß sich die Nutzungsmöglichkeiten der Haustiere in dieser Periode zu erweitern begannen, zeigt sich auch in der Weberei. Schon für die Bronzezeit ist die Herstellung von Stoffen aus Wolle belegbar,[31] wobei die entsprechenden Schafrassen wohl nicht in Europa selbst gezüchtet, sondern eingeführt wurden.[32] Zum ersten Mal lassen sich jetzt züchterische Ansätze beim *Rind* feststellen. Im Gebiet nördlich der Alpen "kommen mächtige Langhornrinder vor, die eingeführt worden sein müssen, und die, ..., anscheinend eingekreuzt worden sind" (JANKUHN: 1969, S. 76). Eine wesentlich deutlichere züchterische Beeinflussung war beim Hund zu erkennen. Hier trat eine spezielle große Hunderasse auf, die offensichtlich bei der Jagd zur Hatz eingesetzt wurde.[33] Dieses mag auf den ersten Blick erstaunen, läßt sich aber dadurch erklären, daß die Jagdtätigkeit in steigendem Maße nur noch von den gehobenen Schichten als eine Art Freizeitvergnügen ausgeübt wurde und daß sich hier zwischen Herrn und Hund schon frühzeitig eine intensivere und anders gelagerte Mensch-Tier-Koevolution entwickelte als in der landwirtschaftlichen Nutztierhaltung.

Im Vergleich zu der bisher dargestellten Entwicklung, vor allem der Nutzung der tierischen Zugleistung im Ackerbau, war der Einfluß der Bronze- und Eisentechnologie auf das mitteleuropäische Agrarsystem sehr gering. In der Bronzezeit wurden bei der Ernte neolithische Steinsicheln weiterverwendet, und Bronzesicheln waren anscheinend nur an wenigen Orten für den praktischen Gebrauch bestimmt.[34] Auch die hölzerne Pflugschar hielt sich noch sehr lange, in manchen Gebieten sogar bis in das Mittelalter hinein.[35] Erst in der jüngeren vorrömischen Eisenzeit (ab ca. 500 v. Chr.) waren die Bauern "wesentlich stärker mit Eisengeräten wie Sicheln, Sensen, Eisenspitzen für die Holzpflüge und Beschlägen für Holzspaten, ..., ausgerüstet" (JANKUHN: 1969, S. 91), dieses jedoch nur ***im keltischen Süden***, während ***im germanischen Norden*** die einfachen Holz- und Steingeräte weiter verwendet wurden.[36]

4.2.2. Die Ausbreitung der Metalltechnologie und ihre sozioökonomischen Folgen

Offensichtlich wurden landwirtschaftliche Geräte aus Metall von seiten der bäuerlichen Produzenten nur sehr begrenzt eingesetzt, so daß sich die generelle Feststellung, "der Mensch (war)" mit der Herstellung von Waffen und Geräten aus Metall "in ein neues technologisches Entwicklungsstadium eingetreten" (ENNEN/JANSSEN: 1979, S. 51),[37] für den Bereich der mitteleuropäischen Landwirtschaft erst einmal nicht treffen läßt und die Ausbreitung der Metalltechnologie sowie die nun erfolgende wirtschaftliche und soziale Differenzierung nicht aus den in Mitteleuropa vorherrschenden Produktionsverhältnissen erklärt werden kann.

Die Gewinnung und Verarbeitung von Bronze, einer Kupfer-Zinn-Legierung, war im Vorderen Orient schon im 3. vorchristlichen Jahrtausend bekannt und erreichte Mitteleuropa zwischen 1800 und 1500 v. Chr. auf zwei Wegen, einmal wie die Landwirtschaft im Neolithikum über Südosteuropa, zum anderen von Spanien her durch die sog. Glockenbecherleute.[38] Der Kupferbergbau entwickelte sich in der Folgezeit vornehmlich am Südrand Mitteleuropas, u. a. im Ostalpengebiet.[39] Offenbar vom Kupferbergbau angeregt, begann im Alpenraum ab ca. 1300 v. Chr. auch die bergmännische Gewinnung von Salz, das mit der auf Kulturpflanzen basierenden Ernährungsweise physiologisch dringender benötigt wurde.[40]

Die große Bedeutung, die die Kupferverarbeitung und der alpine Salzhandel im Verlauf der Bronzezeit erlangten, erlauben meiner Meinung nach folgende Rückschlüsse:

1. Da sich das Zentrum der Kupfertechnologie im südlichen Teil Mitteleuropas befand, waren die Voraussetzungen der späteren wirtschaftlichen Überlegenheit des Südens gegenüber dem Norden schon in der Bronzezeit angelegt.

2. Die Verbreitung der bergmännischen Erzeugnisse aus den unwegsamen Alpengebieten und der handwerklichen Fertigprodukte aus zum Teil regional konzentrierten Werkstätten[41] machte die Entwicklung eines funktionsfähigen Handelsverkehrs erforderlich und damit auch die Herausbildung einer spezifischen Händlerschicht.

3. Die vor- und frühzeitliche Landwirtschaft besaß bereits eine genügend hohe Produktivi-

tät, um größere nichtbäuerliche Schichten von Bergleuten, Handwerkern und Händlern miternähren zu können, und sie ermöglichte diese gesellschaftliche Arbeitsteilung, ohne auf Innovationen von seiten der Metallurgie angewiesen zu sein.

4. Zwar ist über die Versorgung der bergmännischen Siedlungen mit Nahrungsmitteln nichts bekannt, aber sicherlich hat der Bergbau die bäuerliche Kolonisation der Alpenregionen stimuliert.[42]

5. Entscheidend war selbstverständlich auch, daß die Nachfrage nach Salz, Kupfer- und Bronzeerzeugnissen und deren Vergütung hoch genug waren, um die mit dem Bergbau verbundenen enormen physischen, psychischen und technischen Leistungen[43] motivieren zu können.

An dieser Stelle möchte ich auf eine für das Verständnis des gesellschaftlichen Differenzierungsprozesses meines Erachtens wesentliche Frage eingehen, nämlich die, welche Kupfer- und Bronzeerzeugnisse für die mitteleuropäischen Gesellschaften am Ende des Neolithikums von so hohem Interesse sein konnten, daß sie bereit waren, diese zwangsläufig wertvollen Gegenstände entsprechend zu honorieren. Mir scheint, daß diese Fragestellung in der agrarhistorischen Forschungsliteratur mehr oder weniger umgangen wird. Es wird zwar festgestellt, daß es sich um Geräte wie Kessel, Becher, Sicheln etc., Schmuck und Waffen handelte, aber die gesellschaftliche Bedeutung dieser verschiedenen Produktgruppen wird nicht hinterfragt. Unbefriedigend müssen deshalb meiner Meinung nach auch die Erklärungen über die in der vorrömischen Metallzeit stattfindende soziale Differenzierung bleiben.[1]

Ausgehend von einer noch weitgehend autarken bäuerlichen Subsistenzökonomie erscheint es mir kaum denkbar, daß der Bedarf an Kupfer- und Bronzegeräten, erwähnt werden in der Hauptsache Gefäße und Geschirre, der Ausbreitung des Metallhandwerks die entscheidenden Impulse gab. Schmuckstücke dürften hierbei eine noch geringere Rolle gespielt

1 "Mit dem Aufstieg der Metalle entstand ein neuer Wertmesser, der eine Kumulation innerhalb kleiner Gruppen möglich machte und wegen seiner Beständigkeit zugleich eine besonders hohe Hortungsfähigkeit aufwies. ... Damit entstanden also Voraussetzungen für eine sich auf wertbeständigen, leicht hortbaren Besitz stützende Differenzierung auch abseits und ganz unabhängig von der landwirtschaftlichen Nahrungsmittelproduktion. Es ist also kein Zufall, wenn sich in der frühen Bronzezeit die ersten ganz deutlichen Zeugnisse für die Entstehung einer sozial stärker herausgehobenen Schicht einstellten" (JANKUHN: 1969, S. 103).
"Aus der Masse der Bauern hoben sich Gruppen heraus, die sich mit der Gewinnung von Rohstoffen für die Bronzeherstellung sowie mit der Verarbeitung von Bronze zu Waffen und Geräten befaßten. Daß diese Gruppen innerhalb der bronzezeitlichen Gesellschaft wachsenden sozialen und politischen Einfluß gewannen, liegt auf der Hand" (ENNEN/ JANSSEN: 1979, S. 39).

haben. Eher ist anzunehmen, daß sich die Nachfrage nach dieser Produktgruppe erst mit der Ausbildung einer gesellschaftlichen Oberschicht verstärkte. Der Bedarf des handwerklich und technologisch hochentwickelten Mittelmeerraums an metallischen Rohstoffen hätte in diesem Zusammenhang von großer Bedeutung sein können, aber intensive Fernhandelsbeziehungen mit diesen Gebieten sind erst am Übergang zur Eisenzeit nachweisbar.[44] Einen entscheidenden Einfluß könnte aber die Nachfrage nach Waffen ausgeübt haben, und zwar aus folgenden Gründen:

1. Wie in den gängigen Geschichtslehrbüchern nachzulesen ist, führten ab dem 3. Jahrtausend v. Chr. größere Völkerbewegungen und die Expansionsbestrebungen der damaligen sog. Hochkulturen (Sumerer, Hethiter, Ägypter etc.) zu zahlreichen Kriegen im vorderasiatischen, ägäischen und nordafrikanischen Raum. Die Bedeutung, die diese Kämpfe für die größeren Reiche hatten, spiegelte sich nicht nur im Aufbau von stehenden Heeren wider, sondern auch in einer hochentwickelten bronzezeitlichen Waffentechnologie, die als kulturelles Wissensgut sicherlich ihren Weg nach Mitteleuropa fand.

2. Aus der endneolithischen Bevölkerung waren in Mitteleuropa relativ beständige Kulturgruppen hervorgegangen,[45] die auf Grund ihrer zahlenmäßigen Expansion gezwungen waren, zunehmend schlechtere Böden zu kultivieren. Die offensichtliche Verknappung der landwirtschaftlichen Nutzflächen hat anscheinend zu kriegerischen Auseinandersetzungen geführt, womit auch ein starkes Interesse der bäuerlichen Gemeinschaften an Waffen aus Bronze erklärbar würde, ebenso wie die Entstehung von kriegerischen Eliten, die sich durch Grabfunde und bildliche Darstellungen belegen lassen.[46]

   Indirekte Hinweise auf kriegerische Konflikte finden sich auch in der agrargeschichtlichen Literatur. Hiernach *breitete sich der nordische Kulturkreis* seit etwa 1000 v. Chr. stärker nach Süden und Südosten *aus*,[47] und etwa um die Mitte des 1. vorchristlichen Jahrtausends existierten in Mitteleuropa nur noch zwei bedeutende Kulturen[48], die ***Germanen*** im Norden und die ***Kelten*** im Süden,[49] denen, wie es ENNEN und JANSSEN (1979, S. 64) formulieren, "eine starke expansive Tendenz inne(wohnte)."

3. Zweifelsohne bildete im Süden auch "die Verfügung über Lagerstätten und Produktionszentren ... Grundlage für die Entwicklung wirtschaftlicher und politischer Machtzentren" (ENNEN/JANSSEN: 1979, S. 39), aber ich wage zu bezweifeln, daß diese in der nicht rechtsstaatgebundenen mitteleuropäischen Frühzeit ohne ausreichenden militärischen Schutz überlebensfähig gewesen wären.

Zusammenfassend möchte ich feststellen, daß meines Erachtens die sozioökonomische Entwicklung Mitteleuropas in der Bronzezeit entscheidend von der Herausbildung kriegsführender Schichten bestimmt wurde und der Bedarf an Waffen der Ausbreitung der

Bronze- und Eisentechnologie die stärksten Impulse zu geben vermochte. Parallel hierzu erfolgte eine handwerkliche Spezialisierung auch in anderen Bereichen, wie der Töpferei, der Textilherstellung, der Leder- und Holzverarbeitung etc., deren gesamtgesellschaftliche Bedeutung jedoch gegenüber der des Metallgewerbes in den Hintergrund trat.

Auf dieser Grundlage war dann in der Eisenzeit die Entstehung einer sozial herausragenden Schicht auf den keltischen Fürstensitzen und in den Oppida[50] möglich. Beide wiesen als wichtige Fernhandelszentren bereits stadtähnliche Strukturen auf und hingen bezüglich ihrer Versorgung mit Nahrungsmitteln *von außen* ab.[51] Als Folge der Handelsbeziehungen zum Mittelmeerraum entwickelte sich in den letzten vorchristlichen Jahrhunderten im keltischen Gebiet das Münzwesen,[52] und sogar Termingeschäfte sind für diese Zeit schon nachgewiesen.[53] Mit der Intensivierung des Fern- und des Nahhandels wurden außerdem ein verbessertes Wegesystem und geeignete Transportmittel benötigt, was sich in der Anlage befestigter Wege und der steigenden Bedeutung des Wagenbaus manifestierte.[54] Daneben spielte auch der Schiffsverkehr eine größere Rolle.[55]

Im Hinblick auf die erwähnten Fürstensitze und Oppida erscheint es mir nun durchaus folgerichtig, daß sich neben der militärischen in dieser Phase auch eine wirtschaftliche Elite im JANKUHNschen Sinne[2] herausbildete, wobei ich annehme, daß sich diese in der Hauptsache aus der Händlerschicht rekrutierte. Hierfür spricht meines Erachtens die Entwicklung im germanischen Norden, wo keine handelspolitischen Machtzentren entstehen konnten. Die etwa um 1000 v. Chr. im nordischen Kulturkreis deutlich erkennbare soziale Differenzierung verschwand in den folgenden Jahrhunderten wieder[56] "und (begann) sich erst im letzten vorchristlichen Jahrhundert durch die Ausbildung von 'Dorfhäuptlingen' wieder abzuzeichnen" (JANKUHN: 1969, S. 105). Diese unterschiedlichen Entwicklungen im keltischen und germanischen Raum könnten in der Weise interpretiert werden, daß erst aus der Allianz von militärischer und wirtschaftlicher Elite die stabileren hierarchischen Gesellschaftsstrukturen erwuchsen, wie sie für den keltischen Raum typisch waren. Zwar gab es auch im Norden eine metallhandwerkliche Spezialisierung schon während der Bronzezeit,[57] aber sie war auf Dorfebene angelegt und führte zu keiner grundlegenden wirtschaftlichen und sozialen Differenzierung.

4.3. Die Römerzeit (um Chr. Geb. - ca. 500 n. Chr.)

Unter der Führung Julius Cäsars (59 - 44 v. Chr.) und später unter Kaiser Augustus (31 v. Chr. - 14 n. Chr.) eroberte das römische Imperium den gesamten keltischen und einen Teil des westgermanischen Raums. Die Besetzung des sogenannten *Freien Germaniens*

2 vgl. vorl. Kap., S. 77; Fußnote 1

und die Ausdehnung des römischen Machtbereichs bis an die strategisch wichtige Elbe-Saale-Linie mußte jedoch mit dem Verlust der legendären Schlacht im Teutoburger Wald (9 n. Chr.) aufgegeben werden.

Nachdem die Donaugrenze in den 60er und 70er Jahren des 2. nachchristlichen Jahrhunderts durch die aus Böhmen vordringenden Markomannen schon einmal in Gefahr geraten war, setzten die germanischen Völkerstämme (Alemannen, Franken, Burgunder etc.) ihre Angriffe auf die römischen Rhein- und Donauprovinzen ab der Mitte des 3. Jahrhunderts in nahezu ununterbrochener Folge fort. Bis zum endgültigen Untergang des weströmischen Reiches am Ausgang des 5. Jahrhunderts fielen diese umkämpften Gebiete immer wieder schweren Verwüstungen anheim. Auf der anderen Seite verlief aber auch die Entwicklung im Freien Germanien keineswegs ungestört. Hier führten aus Nordeuropa einfallende germanische Gruppen und die durch die Hunnen ausgelöste große Völkerwanderung (um 375 n. Chr.) ebenfalls zu zahlreichen Konflikten.

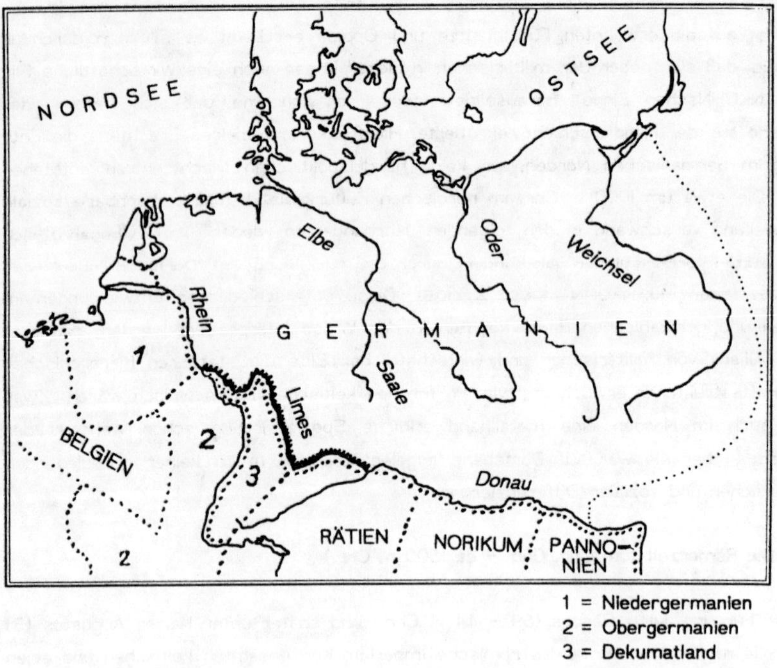

ABBILDUNG 7: Die römischen Rhein- und Donauprovinzen und das Freie Germanien um 100 n. Chr. (n. JANKUHN)[58]

4.3.1. Die römischen Rhein- und Donauprovinzen

4.3.1.1. Die sozioökonomische Entwicklung

Die Rhein- und Donauprovinzen bildeten nicht nur eine militärisch wichtige Pufferzone gegenüber den freien germanischen Volksstämmen, sondern sie ermöglichten den römischen Truppen auch jederzeit Vorstöße in das Innere Germaniens. Die Sicherung dieser Gebiete erfolgte zum einen durch die Stationierung großer Heeresverbände entlang der Grenzen, zum anderen durch ihre Besiedlung mit römischen Zivilisten.[59] Diese 'importierten' ein selbst für heutige Verhältnisse produktionstechnisch hochstehendes Agrarsystem und schufen damit eine notwendige Voraussetzung für die Versorgung des Militärs. Hierbei muß man sich vergegenwärtigen, daß allein am Rhein zeitweilig über 80 000 Soldaten stationiert waren[60] und daß derartig massive Menschenansammlungen auf der Grundlage der germanisch-keltischen Landwirtschaft nicht hätten ernährt werden können.

Natürlich stellten die römischen Truppen auch eine starke Konsumentenschicht für gewerbliche Erzeugnisse dar. Diese wurden jedoch nicht allein von einheimischen Produzenten geliefert, denn schon in der Anfangsphase der Eroberung "(vergab) das Heer ... die Ergänzung an Kleidungsstücken für seinen Massenbedarf an zugewanderte römische Bürger" (AUBIN: 1971, S. 44), und im weiteren Verlauf entstanden dann in den neuen Absatzgebieten größere Produktionsstätten, die sich vollständig in römischer Hand befanden.[61]

Eine eminent wichtige Rolle für die ökonomische Entwicklung in den Rhein- und Donauprovinzen spielte auch deren infrastrukturelle Erschließung. Unter vorrangig militärpolitischen Zielsetzungen war ein ausgezeichnetes Straßen- und Flußschifffahrtssystem aufgebaut worden, das auch dem zivilen Handelsverkehr zur Verfügung stand.[62] Damit war jetzt auch der Anschluß der germanischen Provinzen an den Mittelmeerraum hergestellt, und diese Anlagen ermöglichten einen wesentlich intensiveren Handelsverkehr zum Süden, auf regionaler Ebene und später sogar weit bis in das Freie Germanien hinein.[63]

Als Folge der Ausweitung der Handelsbeziehungen und der gewerblichen Produktion entstanden zunehmend größere Bevölkerungsschichten, die in den von den Römern gegründeten Städten[64] oder in kleineren geschlossenen Ortschaften entlang der Verkehrswege[65] wohnten und damit auf eine regelmäßige Nahrungsmittelversorgung aus den ländlichen Regionen angewiesen waren. Der steigende Bedarf an agrarischen Erzeugnissen läßt sich daran ablesen, daß "(uns) zu Beginn des 2. nachchristlichen Jahrhunderts die Gebiete der römischen Provinzen an Rhein und Donau als intensiv erschlossene Ackerbaulandschaften entgegen(treten), in denen ... sich ein ungemein dichtes Siedlungsbild entwickelt hatte" (ENNEN/JANSSEN: 1979, S. 72).

Selbst an Hand dieses nur kurzen Überblicks läßt sich sagen, daß sich in den Rhein- und Donauprovinzen eine Wirtschafts- und Sozialstruktur nach römischem Vorbild entwickelt hatte und die einheimische Bevölkerung von einer ihr fremden Kultur gewissermaßen überrollt worden war. Dementsprechend spärlich sind auch die archäologischen Hinweise über den Verbleib der germanischen und keltischen Volksgruppen in den besetzten Gebieten, und es ist anzunehmen, daß sie eine weitgehende Romanisierung erfahren haben.[66]

4.3.1.2. Die landwirtschaftlichen Produktionsverhältnisse

Die hohe Produktivität der römischen Landwirtschaft, die im deutschen Raum tatsächlich erst wieder in der Neuzeit erreicht wurde, basierte im wesentlichen auf einer planvoll betriebenen Pflanzen- und Tierzucht und auf einer an ökonomischen Rationalitätskriterien ausgerichteten Bewirtschaftung von Großgrundbesitzungen mit Sklaven oder Landarbeitern.[67] Hinzu kommt, daß die landwirtschaftlichen Produktionstechniken und Methoden in einer umfangreichen Agrarliteratur untersucht und beschrieben wurden.[68] Damit konnte der kulturelle Selektionsprozeß schneller und auch wirkungsvoller vonstatten gehen, da die 'tauglichen' Informationen und Verhaltensweisen auf einer übergreifenden gesamtgesellschaftlichen Ebene festgehalten wurden, und dieser *Wissenspool* auf Grund seiner weitgehenden räumlichen und zeitlichen Indifferenz einer größeren Zahl von Individuen zugänglich war und gleichzeitig einen umfassenderen Wissenstransfer ermöglichte.

Eine gute Vorstellung über die landwirtschaftlichen Produktionsverhältnisse in den Rhein- und Donauprovinzen vermittelt die agrarhistorische Forschung über die hier weitverbreiteten römischen Gutshöfe, die sog. *Villae rusticae*.[69] Diese Güter hatten Größenordnungen von häufig 100 ha[70] und "setzte(n) sich in der Regel aus dem Eigenbesitz und einem mehr oder weniger großen Anteil von Pachtland zusammen" (ENNEN/JANSSEN: 1979, S. 86). Ihre Bewirtschaftung erfolgte überwiegend nicht mit Sklaven, sondern mit Landarbeitern und *Kolonen*, den durch Pachtverhältnisse an die Scholle gebundenen Kleinbauern.[71] Typisch für die Villae rusticae waren die teilweise schloßartigen Herrenhäuser der reichen römischen Grundbesitzer.[72] Daneben gab es auf dem Gelände noch Stallungen, Speicherbauten, Getreidesilos, die Gesindewohnungen[73] und regelmäßig auch Handwerksbetriebe wie Töpfereien, Ziegeleien, Metallgießereien und, lagerstättengebunden, Eisenverhüttungsanlagen.[74] Mit anderen Worten: die gewerbliche Produktion war nicht nur in den Städten konzentriert, sondern auch weiterhin noch in der bäuerlichen Gemeinschaft verankert.

Im Zuge der Neukolonisation wurde aus steuerlichen Gründen eine exakte Landvermessung vorgenommen,[75] d. h. die Besitzstrukturen waren eindeutig festgelegt. Hierbei lagen die von den Kolonen gepachteten blockförmigen Flurstücke wohl direkt nebeneinander, so daß zum Erreichen der einzelnen Felder das mit dem Nachbarn abgesprochene Recht zum Überfahren notwendig war,[76] d. h. daß hier die individual-wirtschaftliche Betriebsweise eine gewisse Einschränkung erfahren hatte.

Im Bereich des **Pflanzenbau**s dominierte auch bei den Römern das Getreide, in erster Linie Weizen und Gerste, das jedoch auf Grund einer systematisch betriebenen Saatselektion wesentlich höhere Erträge lieferte als bei den Germanen und Kelten.[77] Daneben wurden noch zahlreiche andere Nutzpflanzen wie Hülsenfrüchte, Öl- und Gewürzpflanzen, Gemüse und Obst kultiviert, und als bleibendes Element gelangte auch der Weinbau in die Rhein- und Donaugebiete.[77] Auf den hohen Stand der römischen Agrartechnik weist eine Fülle von landwirtschaftlichen Geräten hin, darunter bereits eine einfache Mähmaschine.[78] Auch die Erhöhung der Bodenfruchtbarkeit durch *Düngung* ist für diese Zeit nachgewiesen, wobei die Verwendung von kalkhaltigem Mergel und das Auftragen von Plaggen[3] den Kelten und Germanen ebenfalls bekannt war.[79] Wie aus den fundierten Kenntnissen des römischen Agrarschriftstellers VARRO (116 - 27 v. Chr.) geschlossen werden kann, war aber auch der Einsatz tierischer und menschlicher Exkremente als Düngemittel verbreitet.[4]

In der **Tierhaltung** hatten die Römer bemerkenswerte Ergebnisse vorzuweisen, was sich vor allem in der ***Zucht*** wesentlich leistungsfähigerer Haustierrassen manifestierte.[80] Damit verbunden war beispielsweise ein beträchtlicher Größenanstieg der römischen Rinder im Vergleich zu den einheimischen Landschlägen.[81] Ich möchte allerdings betonen, daß derartige Resultate nicht allein auf eine planvolle Selektion zurückgeführt werden dürfen, sondern ebenso entscheidend waren die Verbesserungen der Haltungsbedingungen und die sorgfältigere Behandlung der Tiere. Um von dem Stand des römischen Tierhaltungssystems einen Eindruck zu vermitteln, führe ich an dieser Stelle einige Zitate aus der Arbeit von Alphons HAUGER (1921) an, die u. a. auf den Schriften des VARRO (116 - 27 v. Chr.) und des COLUMELLA (1. Jhdt. n. Chr.) basieren:[82]

a. Zur Auswahl von Zuchttieren

> "Am beliebtesten sind die Eber, die sich durch eine besondere Stärke und kräftige Entwicklung aller Körperteile gleichmäßig auszeichnen, die mehr vierschrötig als zu lang

3 Bei der Plaggendüngung werden ausgestochene Stücke Heide- oder Grassoden aufgetragen und in die Ackerflächen eingearbeitet.

4 "Der Taubenmist steht wegen seiner hohen Dungkraft an erster Stelle, ... Die Fäces der Menschen stehen an Dungkraft dem Vogelmist nicht viel nach. ... Den geringsten Wert besitzt der Pferdedung. Für die Wiesen ist der Mist der anderen Zugtiere zu verwenden, der insbesondere dann, wenn dieselben mit Gerste gefüttert werden, den Graswuchs günstig beeinflußt" (s. HAUGER: 1921, S. 18).

oder zu rund sind, die einen herabhängenden Bauch, mächtige Schinken mit nicht zu langen Röhrenknochen und Klauen haben. Das Halsstück soll möglichst gewaltig, der Rüssel kurz und der Nasenrücken eingebogen sein. ... Die Mutterschweine sollen nach Columella den eben beschriebenen Ebern im Großen und Ganzen gleichen, nur soll ihre Gestalt länger sein. ... Außerdem ist bei den Zuchtschweinen sowohl des männlichen wie des weiblichen Geschlechts darauf zu achten, daß sie eine gute Abstammung haben. Das Urteil darüber richtet sich nach ihrem Aussehen, ihrer Fruchtbarkeit und ihrer Heimat" (a.a.O., S. 100).

b. Zum Zuchtbetrieb

"Die Widder, die zur Zucht verwendet werden, sollen mindestens zwei Jahre alt sein und werden vor der Deckzeit von anderen Tieren getrennt und reichlich gefüttert. ... Die Deckzeit wird verschieden angegeben. In manchen Gegenden ist sie so gelegt, daß die Lämmer bei Ausgang des Winters und in anderen Gegenden bei Anfang des Winters zur Welt kommen. Die klimatischen Verhältnisse bestimmen ohne Zweifel die Deckzeit. ... Wenn alle Mutterschafe aufgenommen haben, werden die Widder in der Regel von der Mutterschafherde getrennt. In manchen Fällen bleiben sie bei diesen. Sie werden aber durch Vorbinden eines Schurzes aus Stoff oder Binsengeflecht davon abgehalten, die trächtigen Tiere zu belästigen. Im allgemeinen sollen die Mutterschafe mindestens 2 Jahre alt sein, bis sie erstmals gedeckt werden" (a.a.O., S. 114/115).

c. Zur Tierernährung

"Den größten Teil des Jahres verbrachten die Rinderherden auf der Weide. Nur in den rauhen, kalten Monaten kamen die Tiere von den Höhenweiden in den Stall, ... Bei der Stallfütterung wechselte mit der Jahreszeit auch die Futterart. ... Im 3. Kapitel seines sechsten Buches gibt uns Columella einen Fütterungskalender für das ganze Jahr, ... Im Januar gibt man zweckmäßig jedem einzelnen Rind viermal täglich je eine Metze (... = 2.20 Pfund) getrockneter und in Wasser eingeweichter Erven (wickenähnliche Hülsenfrucht), welche mit Spreu vermischt werden, oder je einen Scheffel (8 3/4 Pfund) aufgeweichter Lupinen, oder je einen halben Scheffel aufgeweichter Blättererbsen und außerdem noch Spreu. ... Wenn man zu diesem Kraftfutter kein Gras oder Rauhfutter geben kann, so soll man einen etwa 20 Scheffel haltenden Futterkorb voll getrocknetem Laubheu oder 30 römische Pfund Wiesenheu geben" (a.a.O., S. 85ff).

d. Zur Tierhygiene

"Die Genußtauglichkeit des Wassers wird folgendermaßen erkannt. Es darf vor allem nicht aus Weihern und Sümpfen und metallreichem Boden stammen. Es muß eine durchsichtige, klare Farbe haben und darf nicht durch irgendwelchen Beigeschmack, Geruch oder Schlamm verunreinigt sein" (a.a.O., S. 88).

"Kamen die Tiere (Zugochsen, K.L.) von der Feldarbeit zurück, so wurden ihnen die Füße gereinigt, bevor sie den Stall betraten, ... Der Stall sollte hochgelegen, trocken und gut eingestreut sein, damit die Tiere von der Arbeit gut ausruhen können" (a.a.O., S. 96).

"Der Boden des Stalls soll von der Erde nicht weit entfernt sein, damit das trächtige Schwein durch das Herausgehen nicht zum Abortieren veranlaßt wird. ... Nach jedem Ausmisten soll der Stall wieder eine frische Streu aus Sand oder sonst einem Stoff erhalten, der die Feuchtigkeit aufsaugt" (a.a.O., S. 102).

e. Zur Tiergesundheit

"Zuerst muß man wie beim Menschen immer prüfen, ob man zur Behandlung eines kranken Tieres den Arzt zuziehen muß ... Die Krankheitserscheinungen bei Tieren, die wegen zu großer Hitze oder Überanstrengung Fieber haben, sind geöffnetes Maul, häufiges Atmen, ..., und warme Körperoberfläche. In diesem Fall wird das Tier mit Wasser übergossen, durchfrottiert, mit Öl und warmem Wein eingerieben. Auch entzieht man ihm Futter, ..., und reicht ihm, wenn es Durst hat, überschlagenes Wasser" (a.a.O., S. 34/35).

"Im übrigen erfolgte nach der Schur bei allen Schafen folgende medikamentöse Behandlung. Der Saft gekochter Lupine, Hefe von altem Wein und Ölschaum werden zu gleichen Teilen gemischt. Hiermit werden alle Schafe drei Tage hintereinander eingerieben" (a.a.O., S. 119).

"Erstgebärende Schafe sind nach den Regeln, wie sie für Hebammen bei Menschen gelten, zu überwachen, ... Er (der Verwalter des Viehbestandes, K.L.) muß in der Lage sein, bei einer Querlage das Junge lebend zur Welt zu bringen. Auch muß er ein Junges ohne die Mutter zu gefährden, mit dem Messer im Mutterleib zerstückeln und so die Geburt bewerkstelligen können" (a.a.O., S. 115/116).

f. Zur Rentabilität der Tierhaltung

"Selten wurde eine Kuh mit 2 Jahren zugelassen. Wenn eine solche trächtig wurde, so wurde der Nachkomme nicht aufgezogen, ..., damit sie für ihre eigene Entwicklung geschont war" (a.a.O., S. 90).

"Varro empfiehlt, lieber kleinere Herden zu halten und diese rationell zu füttern, als große Herden ungenügend zu ernähren" (a.a.O., S. 116/117).

"Alljährlich fand eine gründliche Durchmusterung der Kuhherden statt, wobei nach Columella alle kranken, schwergebärenden, sowie alle alten und sterilen Kühe ausgemerzt wurden" (a.a.O., S. 91).

Diese Zitate haben möglicherweise für jemanden, der sich mit der Thematik noch nicht beschäftigt hat, wenig Aussagekraft, und ihm mag die hierin zum Ausdruck kommende Form des Umgangs mit landwirtschaftlichen Nutztieren als Selbstverständlichkeit erscheinen. Sie repräsentieren jedoch tatsächlich eine äußerst intensive Tierhalter-Haustier-Beziehung, die sich in Deutschland erst in den letzten Jahrhunderten in ähnlicher Weise entwickeln konnte und die auch heute beispielsweise bei den kameruner Kleinbauern und -bäuerinnen erst in Ansätzen vorhanden ist.

Der Vollständigkeit halber will ich noch erwähnen, daß mit den Römern auch verschiedene Geflügelarten (Gänse, Enten und Tauben) in die Rhein- und Donauprovinzen gelangten.[83] Das Haushuhn hingegen konnte schon in der jüngeren vorrömischen Eisenzeit auf den keltischen Fürstensitzen nachgewiesen werden.[84]

4.3.2. Das Freie Germanien

4.3.2.1. Die landwirtschaftlichen Produktionsverhältnisse

Während der Römerzeit hatte die Viehhaltung im Freien Germanien im ganzen betrachtet eine größere Bedeutung als der Pflanzenbau.[85] Von daher geben sicherlich die in der agrarhistorischen Forschung bisher am intensivsten untersuchten nördlichen Regionen Mitteleuropas eine recht gute Vorstellung von den landwirtschaftlichen Produktionsverhältnissen der damaligen Zeit: in den Nordseemarschen wurde nämlich eine extensive Weidewirtschaft mit nur geringem Ackerbauanteil betrieben,[86] und in den Trockengebieten des heutigen Schleswig-Holstein sowie der (dänischen) Halbinsel Jütland existierte eine gemischte Wirtschaftsform, d. h., hier hatte der Pflanzenbau ein vergleichsweise stärkeres Gewicht.[87]

Der **Getreidebau**, wobei gegenüber dem Weizen im Neolithikum jetzt die Gerste vorherrschend wurde und Hafer und Roggen als neue Getreidearten auftauchten,[88] erfolgte auf den sog. *celtic fields.*[5] Hierbei handelte es sich um zusammenhängende Flurstücke[89] in der Nähe von Gehöften oder geschlossenen Dorfsiedlungen, die in kleinere Ackerparzellen unterschiedlicher Form[90] und Größe[91] aufgeteilt waren. Typisch für die *celtic fields* war die Trennung der einzelnen Äcker durch breite Erdrippen oder Stufenraine an den Hängen, wobei letztere nur durch langdauerndes Bepflügen bei feststehenden Grenzen zustandegekommen sein können.[92] Diese ca. 3 bis 8 m breiten Erhebungen gestatteten den Gespannen den Zutritt in das Innere des Flurgefüges, ohne daß ein Überfahren anderer Äcker nötig wurde, und ebenso konnte das Umpflügen des Einzelackers ohne Betreten der benachbarten Parzellen erfolgen.[93] Hieraus ließe sich folgern, daß bei den Germanen eine individual-wirtschaftlich betriebene Pflanzenbauweise üblich war, worauf auch eine vielfach beobachtete sekundäre Teilung größerer Parzellen hindeutet. Diese könnte derart interpretiert werden, daß eine Auflösung der Großfamilie erfolgt war und daß sich damit die Form des Individualbesitzes und der Erbteilung weitgehend durchgesetzt hatte.[94] Allerdings existieren über die mit den *celtic fields* verbundenen Besitzstrukturen so unzureichende Informationen, daß auch eine auf einem Feld- oder Familienverbund beruhende gemeinwirtschaftliche Betriebsform prinzipiell nicht ausgeschlossen werden kann.

Die Bearbeitung der Äcker geschah weiterhin mit dem Hakenpflug und vornehmlich mit Ochsen,[95] allerdings wurde im norddeutschen Raum bereits vereinzelt der wirkungsvollere schollenwendende Beet- oder Streichbrettpflug benutzt,[96] der auch in den römischen Provinzen bekannt, aber nicht vorherrschend war.[97] Zwar besaßen seit dem 1. Jahrhundert n. Chr. auch im Freien Germanien die Hakenpflüge zunehmend häufiger Pflugscharen aus Eisen,[98] d. h. die Verwendung von Eisen für landwirtschaftliche Geräte begann sich hier ebenfalls allmählich durchzusetzen, aber insgesamt waren die Intensität der Bodenbearbeitung und die Erträge im Pflanzenbau weiterhin sehr gering. Im Gegensatz zu den Römern verfügten die Germanen über keine hochgezüchteten Pflanzensorten, und weitgehend unbekannt war ihnen auch ein geregeltes Fruchtfolgesystem.[99]

Sicher ist, daß schon ein Wechsel zwischen Anbau und Brache stattgefunden hat, dieses

5 Die *celtic fields*, also *keltischen Felder*, wurden erstmals in England, das im Verlauf der jüngeren Bronzezeit von den Kelten besiedelt wurde, näher untersucht. Von daher erhielten sie auch ihre etwas irreführende Bezeichnung, denn sie kamen ab der ausgehenden Bronzezeit auch in Gebieten vor, die niemals von den Kelten besetzt worden waren, wie z. B. in Nordwesteuropa und Skandinavien. Vgl. hierzu ENNEN/JANSSEN (1979, S. 60).

aber wohl nur in der Art der wilden *Feldgraswirtschaft.*[100] Bei dieser werden die Ackerflächen nach meist drei- bis fünfjähriger Anbauzeit unbearbeitet liegengelassen. Das Land begrast von selbst und dient dann als Viehweide. Nach Jahren oder sogar Jahrzehnten wird es wieder umgebrochen und erneut für den Getreidebau genutzt.[101] Neben der eher zufällig erfolgenden Bodenregeneration durch die Brache und durch die Exkremente der weidenden Tiere wurde auch in einzelnen Regionen Germaniens eine Düngung mit Mergel oder Plaggen vorgenommen,[102] aber der Dung, der bei der winterlichen Aufstallung der großen Viehbestände anfiel, wurde wahrscheinlich noch nicht zur Verbesserung der Bodenqualität verwendet.[103]

Über die Größe der Viehbestände vermitteln die Stallteile in den Wohnstallgebäuden ein recht genaues Bild. In den Marschen erlaubten sie die Unterbringung von 30 bis 50 Rindern und Pferden, auf Jütland beispielsweise nur von maximal 17 Tieren.[104] Wieweit sich die Aussage, daß "das Kleinvieh anscheinend auch im Winter draußen blieb" (JANKUHN: 1969, S. 142), generalisieren läßt, will ich einmal dahingestellt sein lassen, aber sie erscheint mir zumindest fragwürdig.

Eine Futtervorratswirtschaft wurde wohl nur in minimalem Umfang betrieben. "An eine Heuernte auf künstlich angelegten Wiesen ist für diese Zeit nicht zu denken" (JANKUHN: 1969, S. 142), und selbst das Mähen von natürlichen Grasflächen kann keine große Rolle gespielt haben, da an Geräten nur die Sichel zur Verfügung stand. Erst seit der spätrömischen Zeit wird auch eine Hausense nachweisbar, mit welcher Gras 'gehauen' und 'Heu' gemacht werden konnte.[105] Darüberhinaus mag auch Laubheu verfüttert worden sein, das mit Sicheln geerntet worden sein müßte, da die in Skandinavien verbreiteten Laubmesser fehlen,[106] und sicherlich wurde den Tieren auch das vorhandene nährstoffarme Getreidestroh zusätzlich verabreicht. Wegen der dürftigen Futterbasis war es zwar üblich, einen Teil der Tiere zum Winter hin abzuschlachten[107], aber ich vermute, daß dieses immer noch nicht ausreichte und man das restliche Vieh auch in der kalten Jahreszeit tagsüber auf die Weiden trieb, wenn es die Witterungsbedingungen erlaubten.

An den meisten Siedlungsplätzen dominierte deutlich die Haltung von Rindern,[108] die jetzt auch, wie das vereinzelte Auffinden von Butterfässern zeigt,[109] als Fettlieferanten wichtig wurden. Die Bedeutung des Kleinviehs war regional verschieden. In den Nordseemarschen wurde vor allem noch eine Schafhaltung betrieben, während in waldreichen Gebieten Schweine bevorzugt wurden, da sich dort die Möglichkeit der Eichelmast bot.[110]

Züchterische Einflüsse sind in dieser Periode nirgends nachzuweisen. Bei allen Haustierspezies handelte es sich immer noch um extrem kleine Landschläge. So erreichten beispielsweise das Pferd[112] eine Widerristhöhe von nur 1.35 m und Rinder[113] von gerade wenig mehr als 1 m. Bereits aus diesen Größenangaben läßt sich ersehen, daß es sich hinsichtlich ihres Leistungspotentials um wenig produktive Tiere gehandelt haben muß. Hierbei ist aber zu berücksichtigen, daß im Rahmen des zufälligen Selektionsgeschehens nur solche Individuen überlebt haben, die sich insbesondere an die extreme Ernährungssituation in der kalten Jahreszeit anpassen konnten, d. h. in bezug auf die Überlebensfähigkeit und Widerstandskraft der germanischen Haustierarten hatte durchaus eine positive Selektion stattgefunden.

4.3.2.2. Die sozioökonomische Entwicklung

Die Entwicklung im Freien Germanien war in den ersten nachchristlichen Jahrhunderten weiterhin durch eine Bevölkerungsexpansion geprägt, "die nicht nur zu einem Landausbau (zwang), sondern offenbar auch zu einem Wachsen der Ansiedlungen selbst (führte)" (JANKUHN: 1969, S. 138). Neben Einzelgehöften und weilerartigen Siedlungsgebilden entstanden jetzt auch geschlossene Dorfanlagen,[114] die sich durch eine stärkere soziale Gliederung auszeichneten.[6] Vor allem in den Nordseeküstengebieten wurde die Siedlungskonzentration in großen, planvoll angelegten Dorfwurten[7] vorangetrieben, da die häufiger werdenden Meerestransgressionen gemeinschaftliche Schutzmaßnahmen erforderlich machten.[115] Das Land war jedoch nicht annähernd so dicht besiedelt wie die Rhein- und Donauprovinzen, und Städte fehlten vollständig.[116]

Ein zweites Charakteristikum dieser Periode war die sich erst jetzt im Freien Germanien ausbreitende Eisentechnologie,[117] was u. a. im heutigen Schleswig-Holstein zum Entstehen von größeren Verhüttungszentren führte.[118] Die Eisenverarbeitung selbst erfolgte in der Regel durch professionelle Schmiede, die entweder in die bäuerlichen Gemeinschaften integriert oder auf Fürstensitzen angesiedelt waren, wobei anzumerken ist, daß wohl nur die Waffenschmiede über eine sehr hochstehende Schmiedetechnik verfügten.[119] Obwohl sich die gesellschaftliche Arbeitsteilung in anderen handwerklichen Bereichen ebenfalls nachweisen läßt, so existierten z. B. spezialisierte Zimmermannsleute, Drechsler, Böttcher, Stell-

6 Beispielhaft hierfür ist die Entwicklung der Feddersen-Wierde im Mündungsgebiet der Weser, in der sich ein besonders großer Wirtschaftsverband, ein sog. 'Herrenhof', von den anderen Siedlungseinheiten abhebt. "Später entstanden um diesen großen Bau herum noch Werkstätten, ..." (ENNEN/JANSSEN: 1979, S. 95). "Diese Großhöfe tragen offensichtlich die gewerblich-handwerkliche Produktion, die von abhängiger Bevölkerung ausgeführt wird. Wahrscheinlich sind es auch diese Höfe, die allein die notwendigen Kapitalinvestitionen in Handel und Gewerbe tätigen können" (ENNEN/JANSSEN: 1979, S. 99). Vgl. hierzu auch JANKUHN (1969, S. 140/141).

7 Eine Wurte ist ein zum Schutz gegen Überflutungen künstlich aufgeschütteter Erdhügel, auf dem die Gebäude errichtet werden.

macher und Töpfer,[120] dürften diese Tätigkeiten vorwiegend noch im Rahmen des ländlichen Hausgewerbes ausgeübt worden sein.[121] Damit müssen wir uns die bäuerlichen Gemeinschaften der Germanen weiterhin als grundsätzlich autarke Subsistenzökonomien vorstellen, die allerdings in steigendem Maß über die Selbstversorgung hinaus für einen regionalen und überregionalen Markt zu produzieren begannen und möglicherweise auch Abgaben an eine sich herausbildende Adelsschicht[122] leisten mußten.[123]

Während sich der innergermanische Handel im 1. Jahrhundert n. Chr. noch in Form des einfachen Tauschhandels abspielte, wurde das Gebiet wohl ab dem folgenden Jahrhundert ansatzweise in die römische Geldwirtschaft einbezogen, denn es lassen sich ab dieser Zeit römische Gold- und Silbermünzen, die vermutlich auch als Zahlungsmittel gedient haben, bis nach Skandinavien hinauf nachweisen.[124] Für die römischen Kaufleute gewann neben dem Straßen- und Flußverkehr jetzt auch der Nordseehandel eine große Bedeutung.[125] Zwar ließ sich bisher nicht bestimmen, welche Waren sie beispielsweise mit den Marschenbewohnern verhandelt haben, aber "das große Interesse der Römer an Rinderhäuten, ..., legt den Gedanken nahe, daß solche Häute als Handelswaren eine Rolle gespielt haben könnten", und es darf angenommen werden, "daß auch lebendes Vieh aus der Marsch auf dem Seewege in das römische Gebiet geliefert wurde" (JANKUHN: 1969, S. 172). Im Austausch hierfür wurden wohl insbesondere römische Tongeschirre, Bronzegefäße und Schmucksachen geliefert, wobei die Konzentration dieser Waren auf den norddeutschen 'Herrenhöfen' (vgl. S. 89, Fußnote 6) darauf hindeutet, daß ein Handel in erster Linie von der dörflichen Oberschicht betrieben wurde.[126]

Über die gesellschaftliche Stellung von Handwerkern ist allgemein wenig bekannt, aber anscheinend war allein den Schmieden ein sozialer Aufstieg möglich.[127] Häufig belegt dagegen ist eine gesellschaftliche Differenzierung in *'Freie'* und *'Unfreie'* [128] sowie die Existenz von Königen, "wobei die Bedeutung des Königtums zwischen einem archaischen Sakralkönigtum und einem in seiner Herausbildung durch die großen Wanderbewegungen geförderten Heerkönigtum schwankt" (JANKUHN: 1971, S. 74). Hiervon scheint mir die letztgenannte Auffassung eher wahrscheinlich, da die im 3. Jahrhundert n. Chr. einsetzende Formierung großer Stammesverbände[129] und die ab diesem Zeitpunkt zunehmenden Kampfhandlungen[130] meines Erachtens mit der Entstehung einer kriegerischen Elite verbunden waren, die sich über die Masse der einfachen *Bauernkrieger* erhob.

Die Kämpfe selbst spielten sich nun nicht allein auf dem Boden des weströmischen Reiches und in den Grenzgebieten ab. Im 5. und 6. Jahrhundert n. Chr. zeichnete sich ein "umfangreicher Wüstungsprozeß[8] ... im Küstengebiet, aber auch in anderen Teilen der Germania libera ab" (ENNEN/JANSSEN: 1979, S.99).[131] Dieser war in den Marschen zweifelsfrei durch die fortschreitenden Meeresüberflutungen bedingt,[132] im übrigen Germanien "aber wohl politischer Natur" (JANKUHN: 1969, S. 159). Das bedeutet anders ausgedrückt: kriegerische Auseinandersetzungen im Zuge der Völkerbewegungen hatten im Freien Germanien die Abwanderung[133], aber sicherlich auch den Tod[9] vieler Menschen zur Folge sowie die vollständige Verödung ganzer Siedlungsgebiete.

In den Rhein- und Donauprovinzen führten die Germaneneinfälle ebenfalls zu verheerenden Zerstörungen,[134] und die Germanen übernahmen hier keineswegs eine intakte Wirtschaftsstruktur. Auch die Form des römischen Agrarsystems übernahmen sie nicht, im Gegenteil, sie "mieden die zum Teil in Ruinen daliegenden villae rusticae" (JANKUHN: 1969, S. 129) und blieben bei ihrer einfachen Holzbauweise und ihren gewohnten Siedlungsstrukturen.[135]

4.4. Modell und historische Realität

4.4.1. Der demographische Einfluß auf die landwirtschaftlichen Produktionsverhältnisse

Über die zahlenmäßige Entwicklung der mitteleuropäischen Bevölkerung in der Vor- und Frühzeit existieren keine genauen Angaben, so daß es nicht möglich ist, hier mit 'harten' Daten zu arbeiten. Nach HEINSOHN ET AL. (1979, S. 40) wird die Gesamtbevölkerung Europas um 400 v. Chr. auf ca. 23 Mio. Menschen geschätzt, d. h. sie hätte damit fast den Stand gehabt, den sie nach einem Bevölkerungsrückgang im Frühmittelalter innehatte.[9] Für diese Zeit werden für die Siedlungsdichte in dem Gebiet der heutigen BRD maximal 2.8 Einwohner pro km^2 angenommen,[136] was sehr gering wäre. Von 400 v. Chr. bis 200 n. Chr. expandierte die europäische Bevölkerung allerdings gewaltig, und zwar auf etwa 67 Mio. Menschen.[137]

Aus diesen Angaben läßt sich folgern, daß zumindest bis zur jüngeren vorrömischen Ei-

8 "Nur dort, wo die Fundlücke auch einem Aufhören des Getreideanbaues und einer neuen Verwaldung entspricht, wird man echte Wüstungsvorgänge annehmen dürfen" (JANKUHN: 1969, S. 159).

9 Die katastrophenähnlichen Ausmaße der Kriege lassen sich an der Bevölkerungsentwicklung Europas ablesen. Die Gesamtzahl der europäischen Bevölkerung wird im 2. Jahrhundert n. Chr. auf etwa 67 Mio. Menschen geschätzt und im 7. Jahrhundert auf nur noch 27 Mio., also sehr viel weniger als die Hälfte. Wenigstens ein Drittel des Bevölkerungsrückgangs sind allerdings auf Pestepidemien zurückzuführen, die Mitte des 6. Jahrhunderts n. Chr. vermutlich aus Ägypten eingeschleppt wurden. Vgl. hierzu ABEL (1962, S. 12) und HEINSOHN ET AL. (1979, S. 40).

senzeit (ca. 500 v. Chr.) die Bevölkerungsdichte im heutigen deutschen Gebiet als gering bis mittel angesehen werden kann, d. h. daß der cc_n-Koeffizient noch oberhalb der kritischen Obergrenze ko_n lag und die 'carrying capacity' hinsichtlich der Nahrungsressourcen (CCN) noch ausreichend war. Hierfür spricht auch die Tatsache, daß sich seit dem Übergang der einheimischen Wildbeuterstämme zur landwirtschaftlichen Produktionsweise im Neolithikum kaum technische Neuerungen durchgesetzt haben, was auf einen ingesamt geringen Selektionsdruck auf das produktionstechnische Instrumentarium schließen läßt.[10]

Der bedeutendste produktionstechnische Fortschritt im Bereich des Pflanzenbaus war sicherlich der Einsatz der tierischen Zugleistung beim Transport und insbesondere vor dem Pflug, eine reine arbeitsproduktivitätssteigernde Methode (aps-Methode), die aber für ihre kulturelle Evolution annähernd drei Jahrtausende benötigte.[11] Eine weitere Methode mit aps-Effekt stellte die Bevorzugung des Anbaus von Gerste dar, die weniger kälteempfindlich ist als Weizen, eine Entwicklung, die sich aber erst für die Zeit n. Chr. feststellen läßt.[138] Da bei dieser Methode der aps-Effekt allein auf Grund des bodenproduktivitätssteigernden Effektes (bps-Effekt) zustandekommen kann,[12] rechne ich sie, wie auch die anschließend diskutierten Düngungsmaßnahmen, zu den bps-Methoden.

Die Steigerung der Bodenproduktivität mittels Düngung befand sich augenscheinlich noch im gesellschaftlichen Versuchsstadium und wurde nur regional begrenzt durchgeführt.[139] Obwohl Düngungsmaßnahmen ein Grundelement der modernen Landwirtschaft und heute eine Selbstverständlichkeit sind, muß man sich vergegenwärtigen, daß sie einer langen Evolutionszeit bedurften. Maßnahmen wie die frühzeitliche Mergel- und Plaggendüngung waren nicht nur äußerst arbeitsaufwendig, sondern ihr effizienter Einsatz basierte auch auf ei-

10 Wann ein Übergang vom Wanderfeldbau zur mehr seßhaften, bodenintensiveren Feldgraswirtschaft stattgefunden hat, läßt sich archäologisch nicht feststellen, so daß sich hieraus keine Rückschlüsse auf die demographische Entwicklung ziehen lassen. Es läßt sich auch nicht ausschließen, daß der Wanderfeldbau in Mitteleuropa niemals eine grössere Bedeutung erlangte, da sich auf Grund des exogenen Einflusses der Bandkeramiker Pflanzenbau und Tierhaltung gleichzeitig ausbreiteten und sich von daher die Feldgraswirtschaft als optimales Bodennutzungssystem unmittelbar anbot. Zwar lassen sich in der Vorzeit häufige Verlagerungen von bandkeramischen Siedlungen feststellen (vgl. vorl. Kap., S. 73), aber dieses spricht nicht gegen die Annahme, daß bereits eine Feldgraswirtschaft betrieben wurde und neue Gebiete nur in größeren Zeitabständen aufgesucht wurden. Diese Annahme würde auch durch die Tatsache gestützt, daß es sich bei den bandkeramischen Langhäusern bereits um recht komplizierte, große Bauten handelte (vgl. ENNEN/JANSSEN: 1979, S. 25), die sicherlich nicht innerhalb kurzer Zeit wieder aufgegeben wurden.

11 Daß die Selektion dieser Methode an eine Reihe von Voraussetzungen geknüpft und aus diesem Grunde schwierig war, habe ich schon in Kap. 3 (S. 37) dargestellt.

12 vgl. hierzu Kap. 3, S. 41; Fußnote 11

nem hohen Erfahrungswissen (Kenntnis der Wirkung und regionale Verfügbarkeit, Auswahl und Menge der Mittel, Zeitpunkt und Methoden der Einarbeitung etc.). Das bedeutet, daß derartige Methoden anfänglich nur einen geringen bps-Effekt aufwiesen und insgesamt wahrscheinlich einen apr-Effekt hatten. Sie konnten sich deshalb bei geringer bis mittlerer Bevölkerungsdichte ($cc_n > ko_n$) nur in Regionen durchsetzen, in denen entweder die regionale Bodenqualität ihren bps-Effekt derart verstärkte, daß für die bäuerlichen Produzenten ein unverschleierter aps-Effekt[140] vorhanden war, oder in Regionen, in denen der regionale cc_n-Koeffizient die kritische Obergrenze ko_n schon unterschritten hatte, was auf Grund einer örtlich begrenzten stärkeren Bevölkerungsvermehrung oder aber in Verbindung mit einer regional schlechteren Bodenqualität denkbar ist. Da das produktionstechnische Methodenarsenal im Verlauf seiner Anwendung verfeinert und verbessert wird, können aus derartigen bps-Methoden mit geringem bps- und apr-Effekt Methoden evolvieren, die einen starken bps-Effekt und auch einen aps-Effekt aufweisen. Unter dieser Voraussetzung hätten Düngungsmaßnahmen auch bei geringer bis mittlerer gesamtgesellschaftlicher Bevölkerungsdichte als 'taugliche' Methoden über die regionale Akzeptanz hinaus gesellschaftliche Akzeptanz erlangen können. Da insbesondere bei den Kelten die Düngung der Ackerflächen schon vor der römischen Besetzung gebräuchlicher war,[141] läßt sich folgern, daß in diesen Gebieten bereits in der vorrömischen Metallzeit ein gewisser Bevölkerungsdruck entstanden war und der cc_n-Koeffizient schon in die Nähe der kritischen Obergrenze gelangt oder diese in einzelnen Regionen sogar schon unterschritten hatte.

Mit der Besetzung des keltischen Gebietes durch die Römer und der weitgehenden Romanisierung der einheimischen Bevölkerung lassen sich über die endogene Entwicklung der landwirtschaftlichen Produktionsverhältnisse in dieser Region keine Aussagen mehr machen, und ich werde daher im folgenden ausschließlich die Gegebenheiten im Freien Germanien betrachten. Die archäologischen Untersuchungen deuten darauf hin, daß im Freien Germanien auch für den Zeitraum von 500 v. Chr. - 500 n. Chr. von einer geringen bis mittleren Bevölkerungsdichte ($cc_n > ko_n$) ausgegangen werden kann: Es gibt nur vereinzelte Befunde aus der späten Völkerwanderungszeit, an denen eine schlechte Ernährungslage an den Skeletten (Größenminderungen und Deformationen) festellbar ist. Ansonsten handelte es sich bei den Germanen um einen großgewachsenen und kräftigen Menschentyp, was für ihre gute Ernährungslage spricht. Für das Mittelalter läßt sich dann eine Abnahme der mittleren Körpergröße nachweisen, wobei am Ende dieser Zeitepoche die Größenminderung bei den einfachen Bevölkerungsschichten durchschnittlich 5 cm betrug.[142]

Entsprechend den modelltheoretischen Überlegungen konnte so auch die Tierhaltung bei den Germanen die große wirtschaftliche Bedeutung besitzen und gegenüber dem Pflanzenbau gesamtgesellschaftlich betrachtet wahrscheinlich sogar vorherrschend werden, wie es sich zumindest für die Römerzeit festellen läßt.[143,13] Wie im Pflanzenbau hatten auch im Bereich der *Tierhaltung* die Verhältnisse im Freien Germanien keine grundlegenden Veränderungen erfahren. Allerdings ließen sich bereits in der vorrömischen Metallzeit zwei *produktionstechnische Neuerungen* beobachten: die *winterliche Aufstallung* des Viehs (die bei den Bandkeramikern, aber noch nicht bei den ehemaligen einheimischen Wildbeuterstämmen zu finden war) sowie eine zumindest minimale *Futtervorratswirtschaft*.[144] Wegen der sich verschlechternden Klimabedingungen wurden beide Maßnahmen im Hinblick auf ihre ertragsverlustsenkende Wirkung ergriffen. Da dieses vor der Schlachtung erfolgte, handelte es sich entsprechend meiner Terminologie[145] um direkte *bps-Methoden*. Für die bäuerlichen Produzenten waren sie *mit* einem deutlichen *apr-Effekt* verbunden, und sie stehen damit also in einem Widerspruch zu den HYPOTHESEN 1 UND 2.[146]

Es ist aber zu fragen, welche Folgen sich eingestellt hätten, wenn Ställe nicht gebaut und im Winter keinerlei Fütterungsmaßnahmen vorgenommen worden wären. Auf Grund der klimatischen Veränderungen wäre sicherlich der größte Teil des Viehbestandes zugrunde gegangen, und die 'carrying capacity' hinsichtlich der tierischen Nahrungsmittelressourcen (CCN_t) hätte sich dem Wert Null genähert. Demzufolge mußte der cc_{nt}-Koeffizient irgendwann seine kritische Obergrenze ko_{nt} unterschreiten, und der Selektionsdruck auf die entsprechenden Methoden mit bps-Effekt stieg.[147] Da es sich bei den erwähnten direkten bps-Methoden um sehr effiziente Methoden mit deutlichem ertragsverlustsenkendem Effekt handelte, setzten sie sich verhältnismäßig rasch auf gesellschaftlicher Ebene durch, und der cc_{nt}-Koeffizient konnte seine kritische Obergrenze wieder überschreiten.

13 Daß die Tierhaltung schon im Neolithikum eine derartige Bedeutung besaß, halte ich für unwahrscheinlich, denn für diese Periode gilt es einige Besonderheiten zu beachten:

1. Während des Übergangsstadiums zur landwirtschaftlichen Produktionsweise waren in Mitteleuropa dichte Wälder vorherrschend. Der niedrige technische Stand der vorzeitlichen Werkzeuge machte die Rodungsarbeiten äußerst mühselig und zeitaufwendig, und die gerodeten landwirtschaftlich nutzbaren Flächen waren anfänglich knapp. Wegen der höheren Bodenproduktivität im Pflanzenbau wurden sie deshalb auch vorwiegend pflanzenbaulich und nicht viehwirtschaftlich genutzt. Im Zuge der sich ausdehnenden Bodenkultivierung wurden dann größere Areale entwaldet, die im Rahmen der verhältnismäßig flächenextensiven Pflanzenbausysteme nicht dauerhaft genutzt werden konnten, und die Tierhaltung, insbesondere die der Wiederkäuer, ließ sich nun gleichfalls ausdehnen.

2. Die Reduzierung der Wildtierbestände auf ein Maß, das auch den einheimischen Gesellschaften eine Tierhaltung sinnvoll erscheinen ließ, kam wahrscheinlich erst als Folge einer seßhaften oder halbseßhaften pflanzenbaulichen Lebensweise zustande. Außerdem erscheint der Übergang vom Sammler zum Pflanzenbauern leichter vollziehbar als der Übergang vom Jäger- zum Tierhalterdasein (vgl. Kap. 3, S. 58/59), so daß ich annehme, daß die Haustierhaltung der Bandkeramiker von den mitteleuropäischen Wildbeuterstämmen später übernommen wurde als die Pflanzenbauweise.

In diesem Sonderfall diente sicherlich nicht der aps-Effekt als Selektionskriterium, im Gegenteil, die bäuerlichen Produzenten sahen sich mit einer offensichtlichen Mehrarbeit konfrontiert und waren erst bereit, diese zu investieren, als ihnen die Klimabedingungen keine andere Wahl ließen. Daß dieser apr-Effekt durch das direkte Sinken der CCN_t und der damit erfolgenden reziproken Steigerung des bps-Effektes letztlich in einen aps-Effekt umgewandelt wird, entzieht sich auch in diesem Fall der individuellen Bewußtheit, ist also wieder *verschleiert* (s. *Zahlen* ***beispiel 4*** *im Anhang)*.[148] Interessant ist noch der Befund, daß bereits in der Bronze- bzw. vorrömischen Eisenzeit spezifische Viehhaltungszonen in den Alpenregionen und im Nordseeküstengebiet zu erkennen sind,[149] in Regionen also, die für den Pflanzenbau wenig geeignet waren. Die Tatsache, daß diese Marginalböden bereits in Anspruch genommen wurden, spricht dafür, daß der cc_n-Koeffizient im mitteleuropäischen Raum zu dieser Zeit nicht mehr im optimalen, sondern bereits im unkritischen Bereich ($ki_n \geq cc_n > ko_n$) gelegen hat und qualitativ gute, verhältnismäßig leicht zu kultivierende Landflächen knapp geworden waren. Im Süden hat sicherlich der Kupfer- und Salzbergbau zu dieser Entwicklung beigetragen(s. vorl. Kap., S. 77 ; Nr. 4) während im Norden die sich verschlechternden Klimabedingungen zur Aufgabe ganzer Siedlungsräume und so zu einer Landverknappung führten.

4.4.2. Der Einfluß von sozialer Differenzierung, gesellschaftlicher Arbeitsteilung und Marktverkehr auf die landwirtschaftlichen Produktionsverhältnisse

Betrachtet man die historische Entwicklung im Neolithikum, so finden sich in dieser Periode keine Hinweise für eine grundlegende soziale Differenzierung und Hierarchisierung der bäuerlichen Gesellschaften. Eine solche wird erst im Verlauf der vorrömischen Metallzeit erkennbar, sie ist jedoch nur im wirtschaftlich entwickelteren keltischen Süden stärker ausgeprägt.[150] Es lassen sich jedoch auch in dieser Region keine Anzeichen dafür entdekken, daß das agrikulturelle Evolutionsgeschehen von den militärischen und wirtschaftlichen Eliten in direkter Weise beeinflußt wurde.

Die ersten Formen einer gesellschaftlichen Arbeitsteilung verbunden mit einer Ausgliederung kleinerer Menschengruppen aus der bäuerlichen Gemeinschaft sowie der Beginn eines Tausch- bzw. Marktverkehrs lassen sich schon in der Vorzeit nachweisen.[151] Diese Entwicklung läßt sich u. a. damit erklären, daß die bäuerlichen Produzenten ein Interesse an verbesserten Arbeitsgeräten aus Stein hatten, mit deren Hilfe sich die Arbeitsproduktivität steigern ließ. Der Gebrauch von Flintwerkzeugen war aber gleichzeitig mit einem apr-Effekt verbunden, da die Bergleute und Steinhandwerker 'entlohnt' und ihre Nahrungsversorgung sichergestellt werden mußte. Ausgehend von egalitären Besitz- und Sozialstrukturen läßt sich für die gesellschaftliche Arbeitsteilung im Neolithikum unterstellen, daß sie nur möglich wurde, wenn sie sowohl für die bäuerlichen Produzenten als auch für die Bergleute bzw. spezialisierten Handwerker mit Vorteilen verbunden war. Das bedeutet, die Steigerung der Arbeitsproduktivität in den landwirtschaftlichen Tätigkeiten durch den Einsatz der verbesserten Arbeitsgeräte muß größer gewesen sein als die Senkung der Arbeitsproduktivität, die die zusätzliche Nahrungsmittelproduktion zur Folge hatte, und die 'Entlohnung' der Bergleute und Handwerker muß über ihrer früheren agrikulturellen Aufwand-Ertrags-Relation gelegen haben, da sie andernfalls kaum bereit gewesen wären, die bäuerliche Tätigkeit aufzugeben und sogar ihr soziales Umfeld zu verlassen.[14]

Wie bestimmten sich nun die Austauschverhältnisse zwischen den beiden Gruppierungen? Auch hier muß ich wieder auf den Umstand verweisen, daß im Neolithikum eine grundlegende soziale Differenzierung noch nicht stattgefunden hat und daß demzufolge noch keine Bereicherung einer Gesellschaftsschicht auf Kosten einer anderen erfolgte. Aus diesem Grunde ist zu vermuten, daß als Wertmaßstab die zur Produktion von Nahrungsmitteln bzw. handwerklichen Erzeugnissen durchschnittlich benötigte Arbeitszeit zugrundegelegt wurde, d. h. daß die Austauschverhältnisse in etwa dem Verhältnis der realen Arbeitswerte der verschiedenen Produkte entsprachen.[152]

Zwar hatte der Einsatz der verbesserten Arbeitsgeräte (wie auch der tierischen Zugkraft) keinen bodenproduktivitätssteigernden Effekt, aber die Erhöhung der Arbeitsproduktivität hatte zur Folge, daß insgesamt größere Flächen bei gleichbleibender Arbeitsleistung bewirtschaftet werden konnten. Sie ermöglichte also eine absolute Steigerung der Erträge bezogen, auf einen bäuerlichen Produzenten bzw. Familienverband. Dieser arbeitsökonomische Vorteil mag zwar auch im Sinne der Freizeitpräferenz genutzt worden sein, aber die Herausbildung eines spezialisierten Töpferhandwerks und der Handel mit Schmuckgegenständen[153] können als Indiz für eine schon vorhandene Konsumorientierung gewertet werden, zu deren Gunsten das Freizeitpräferenzsystem eingeschränkt werden mußte.

Überraschend gering blieb der Einfluß der Bronze- und Eisentechnologie auf die landwirtschaftlichen Produktionsverhältnisse in Mitteleuropa während der vorrömischen Metallzeit. Erst in den letzten vorchristlichen Jahrhunderten, also weit über 1000 Jahre nach Beginn

14 Sicherlich hat auch im Neolithikum die technische Verbesserung von Waffen eine große Rolle bei der Herausbildung der gesellschaftlichen Arbeitsteilung gespielt. Angesichts der großen Bedeutung, die die Rodungstätigkeiten für die Ausdehnung der landwirtschaftlichen Nutzflächen hatten, kann aber angenommen werden, daß vor allem für diesen Bereich wie auch für die Holzverarbeitung funktionsfähigere Werkzeuge benötigt wurden. Seitens der Bergleute und Handwerker mögen auch Motivationen wie beispielsweise die subjektive Empfindung einer interessanteren Tätigkeit oder ein höheres Sozialprestige zu dieser Entwicklung beigetragen haben.

dieser Epoche, lassen sich an den landwirtschaftlichen Geräten im keltischen Süden Teile aus Eisen nachweisen, und im germanischen Norden fand eine derartige Entwicklung erst in der Römerzeit statt. Zwar ist Bronze im Vergleich zu dem stählbaren Eisen für den Gebrauch in der Landwirtschaft wenig geeignet, aber bemerkenswert ist die Tatsache, daß es selbst bei der Herstellung von Erntegeräten kaum verwendet wurde.[154] Hieraus läßt sich folgern, daß der arbeitsproduktivitätssteigernde Effekt von bronzenen Arbeitsgeräten so gering bzw. im Verhältnis hierzu der Arbeitswert von Bronze so hoch war, daß sich der Einsatz dieses Metalls in der Landwirtschaft nicht lohnte. Bezüglich der Verwendung von Eisen läßt sich in ähnlicher Weise argumentieren: sein Arbeitswert war so hoch, daß es in der Anfangsphase der Eisengewinnung und -verarbeitung im Agrarsektor kaum eingesetzt wurde und man auch später nur die notwendigsten Bestandteile der landwirtschaftlichen Geräte aus Eisen herstellte.

Zweifelsohne hatte die Ausbreitung der Eisentechnologie in der mitteleuropäischen Landwirtschaft einen deutlichen aps-Effekt, und der Wirkungsgrad der bäuerlichen Arbeitskraft ließ sich gegenüber den Vorperioden erheblich steigern.[155] Damit war auch die Voraussetzung für eine weitergehende gesellschaftliche Arbeitsteilung und die Versorgung der stadtähnlichen keltischen Oppida geschaffen, die in den letzten Jahrhunderten der vorrömischen Metallzeit entstanden und sich bereits durch eine starke berufsständische Gliederung auszeichneten.[156] Obwohl die marktbedingten Nachfragestrukturen das Produktionsverhalten der bäuerlichen Produzenten in diesen Regionen mitzubestimmen begannen, besaß der Marktverkehr in der vorrömischen Metallzeit im keltischen Süden und im Freien Germanien selbst während der Römerzeit noch kein so großes Gewicht, um die landwirtschaftlichen Produktionsverhältnisse entscheidend beeinflussen zu können. Mit Ausnahme der Herstellung von Arbeitsteilen aus Eisen konnten alle Gebrauchsgegenstände weiterhin im Rahmen des bäuerlichen Hausgewerbes produziert werden, d. h. die Autarkie der bäuerlichen Subsistenzökonomie blieb prinzipiell bestehen. Zwar ist anzunehmen, daß mit der Vergrößerung des Güterangebots eine weitere Einschränkung des Freizeitpräferenzsystems erfolgte und Gebrauchs- und Konsumgüter erworben wurden, die von den bäuerlichen Familien nicht oder technisch nicht so versiert hergestellt werden konnten, damit wurde jedoch die Freizeitpräferenz nicht plötzlich aufgegeben, sondern sie blieb als ein Kriterium für wirtschaftliches Rationalverhalten weiterhin bestehen.

Zusammenfassend möchte ich festhalten, daß die produktionstechnische Entwicklung in der mitteleuropäischen Landwirtschaft der Vor- und Frühzeit nur sehr langsam fortgeschritten ist und sich produktionstechnische Neuerungen fast ausschließlich im Bereich des Pflanzenbaus durchsetzten. Der Einsatz der tierischen Zugleistung und insbesondere der zunehmende Gebrauch von effektiveren Arbeitsgeräten aus Eisen führten hier zu einer Steigerung der Arbeitsproduktivität. Dieser stand gleichzeitig eine sinkende Arbeitsproduktivität in der Tierhaltung gegenüber, da klimatische Veränderungen eine winterliche Aufstallung der landwirtschaftlichen Nutztiere sowie eine Futtervorratswirtschaft erzwungen hatten, d. h. die Schere zwischen der Arbeitsproduktivität im Bereich der Tierhaltung und der Arbeitsproduktivität im Bereich des Pflanzenbaus begann kleiner zu werden.

Bestimmend für das agrikulturelle Evolutionsgeschehen blieb meines Erachtens die demographische Entwicklung. Zwar kann für die Vor- und Frühzeit ein kontinuierliches Bevölkerungswachstum unterstellt werden, aber offensichtlich war die 'carrying capacity' der Nahrungsmittelressourcen (CCN) bei dem jeweils gegebenen agrikulturellen Produktionsniveau prinzipiell ausreichend, um den Nahrungsbedarf der Gesellschaften im mitteleuropäischen Raum zu decken. Auf Grund der noch stark fluktierenden Siedlungsweise, wozu eine wachsende Bevölkerungszahl und die damit einhergehende Verknappung qualitativ guter und leicht kultivierbarer Böden beigetragen haben mag,[157] kam es allerdings häufiger zu kämpferischen Auseinandersetzungen, und hierdurch wurde das agrikulturelle Evolutionsgeschehen sicherlich erheblich beeinflußt und verzögert. Insbesodere seit der Besetzung der Rhein- und Donauprovinzen durch die Römer und der großen Völkerwanderung in den ersten fünf nachchristlichen Jahrhunderten nahmen die Kriege an Dauer und Intensität zu. Sie führten zu einem enormen Bevölkerungsrückgang und verheerenden Zerstörungen in ganz Europa, und mit dem Rückzug bzw. der Vertreibung der Römer aus den Rhein- und Donauprovinzen verschwand auch deren produktionstechnisch hochstehende Agrarwirtschaft, da die germanischen Besetzer an ihrem traditionellen Pflanzenbau- und Tierhaltungssystem festhielten.

4.4.3. Die 'tierzüchterische Resistenz' der Germanen

JANKUHN (1969) trifft die (ihn) überraschende Feststellung, daß "germanische Bauern vier Jahrhunderte hindurch Grenznachbarn einer im römischen Imperium wesentlich höher entwickelten Landwirtschaft waren und ... diese durch Ansiedlung im römischen Gebiet genauer kennengelernt haben", aber "von den fortgeschrittenen römischen Einrichtungen, Maßnahmen und Entwicklungen so gut wie nichts übernommen (wurde)" (a.a.O., S. 184/185). Auch erscheint es ihm "merkwürdig, daß die Germanen diese leistungsfähigen (römischen Haustier-, K.L.) Rassen nicht durch Einkreuzungen in ihre einfachen Landschläge übernahmen" (a.a.O., S. 128). Daran, daß dies nicht oder zumindest nicht erfolgreich geschehen war, besteht kein Zweifel, denn mit dem Rückzug der Römer aus Mitteleuropa "läuft die Größenminderung (der Haustiere, K.L.) erneut und bis an die Grenzen des unter einfachen Haltungsbedingungen Möglichen ab" (BOESSNECK zit. n. DRIESCH: 1983, S. 37).

ABBILDUNG 8: Die Größenentwicklung des Rindes (aus DRIESCH)[158,15]
(Auerochse - keltisches Hausrind - moderne Zweinutzungsrasse)

Die Frage nach den Ursachen der 'tierzüchterischen Resistenz' der Germanen halte ich im Rahmen dieser Arbeit für höchst diskutierenswert, zum einen da sie heute in ähnlicher Form wieder in vielen Ländern der Dritten Welt gestellt werden kann, zum anderen, da sich hinter JANKUHNs Äußerung die generelle Einschätzung verbirgt, daß ein produktionstechnischer Fortschritt zwangsläufig mit Vorteilen für die Menschen verbunden sein muß, eine Einschätzung, die anscheinend daran hindert, die offensichtlichen Vorzüge von einfachen Tierhaltungssystemen wahrnehmen zu können.

Wie weiter oben dargestellt wurde, betrieben die Germanen eine sehr extensive Form der Tierhaltung mit nur minimaler Futtervorratswirtschaft und ohne (erkennbare) züchterische Kontrolle. Sie hielten das Vieh fast ganzjährig im Freien, und eine Aufstallung erfolgte nur, wenn die Witterungsbedingungen im Winter keine andere Wahl ließen. Eine intensivere Auseinandersetzung dieser 'Tiernutzer/Tierhalter' mit ihren Haustieren fand nur in wenigen Bereichen statt, so bei der (Be-)Nutzung der tierischen Zug- und Milchleistung.

Eine erfolgreiche Tierzucht hätte nicht allein durch Erlernen tierzüchterischer Techniken

15 Das römische Rind hatte eine Widerristhöhe von durchschnittlich 1.20 m (vgl. DRIESCH: 1983, S. 32).

zustandekommen können, sondern hätte die Übernahme eines vollständig neuen Haltungssystems zur Voraussetzung gehabt. Schon die züchterische Kontrolle der Tiere wäre mit einer Reihe von schwierigen Problemen verbunden gewesen. Der größte Teil der für eine Nachzucht ungeeigneten männlichen Nachkommen mußte rechtzeitig, d. h. vor Eintritt der Geschlechtsreife kastriert werden. Außerdem war eine systematische Regelung des Deckbetriebes notwendig, erstens, um eine zu frühe Reproduktionstätigkeit des Jungviehs zu verhindern, und zweitens, um die Geburten und die kritischen Phasen der Aufzucht in günstige Jahreszeiten verlegen zu können. Demgegenüber stellte die Selektion geeigneter Zuchttiere meines Erachtens kein großes Hindernis dar, denn ich bezweifle nicht, daß auch die Germanen in der Lage waren, den züchterischen Wert von Einzeltieren zu erkennen, und es erscheint mir unwahrscheinlich, daß sie die römischen Haustierrassen nicht übernommen und einzukreuzen versucht haben.[159]

Wie aus dieser Schilderung ersichtlich wird, wären diese rein tierzüchterischen Maßnahmen mit einem erheblichen Mehraufwand an Arbeit verbunden gewesen. Aber selbst wenn ich unterstelle, daß die Germanen bereit gewesen wären, diese Mehrarbeit zu investieren und ihnen diese Techniken von den Römern her bekannt waren, hätte sich ein leistungssteigernder Effekt längerfristig nur dann einstellen können, wenn gleichzeitig die Nahrungsversorgung der Tiere grundlegend verbessert worden wäre. Für Wiederkäuer hätte zumindest eine geregelte Heuernte und damit eine Wiesenbewirtschaftung stattfinden müssen, wobei ich darauf hinweisen möchte, daß den Germanen in der Frühzeit nur eine Hausense zur Verfügung stand, die im Vergleich zur Mähsense wenig effektiv war, d. h. sie hätten auch dieses Gerät von den Römern übernehmen müssen. Für Schweine und Geflügel wäre sogar in gewissem Umfang ein Futtermittelanbau erforderlich gewesen oder, was gleichbedeutend ist, ein Teil der pflanzlichen Grundnahrungsmittel hätte als Tierfutter bereitgestellt werden müssen.

Die Übernahme des römischen Tierhaltungssystems hätte also von den Germanen ein starkes Interesse am individuellen Tier und vor allem eine *Arbeit für die Tiere* verlangt, *ohne daß* deren Überleben in Frage gestellt und damit *die Einsicht in die unmittelbare Notwendigkeit dieser Arbeit gegeben war*, d. h. der germanische 'Tiernutzer' hätte sich innerhalb kurzer Zeit ohne zwingenden Grund in einen 'Tierhalter' umwandeln müssen, was sicherlich auch mit zwingendem Grund nicht möglich gewesen wäre. Die Übernahme des römischen Tierhaltungssystems hätte überdies für die Germanen zur Folge gehabt, daß die Arbeitsproduktivität in diesem Bereich erheblich gesunken und möglicherweise sogar geringer als im Pflanzenbau geworden wäre. Da es ihnen offensichtlich möglich war, durch eine ausgedehnte Extensivtierhaltung eine ausreichende Versorgung mit tierischen Nahrungsmitteln sicherzustellen, hätte eine derartige *Entscheidung* jedem wirtschaftlichen Rationalverhalten widersprochen und sollte von daher aus heutiger Sicht eigentlich nicht überraschen.[16]

Abgesehen von dem negativen Effekt auf die Arbeitsproduktivität, wäre eine grundlegende Futtermittelproduktion für Schweine (und Geflügel) auch deshalb wenig sinnvoll gewesen, weil die Umwandlung pflanzlicher in tierische Produkte mit einem erheblichen Gesamtnährstoffverlust verbunden ist[160]. In einer einfachen Subsistenzökonomie, wie sie im Freien Germanien noch weitgehend gegeben war, ist es daher rational, die Erzeugung von Futtermitteln zugunsten der von pflanzlichen Nahrungsmitteln zu minimieren bzw. diese sogar ganz zu unterlassen, wenn das Überleben eines ausreichend hohen Tierbestandes auch mit anderen Mitteln gewährleistet werden kann.

16 Bezüglich des römischen Pflanzenbausystems ergibt sich ein ähnliches Bild. Die hohe Produktivität in diesem Bereich beruhte im wesentlichen auf drei Voraussetzungen:

1. einer Dauerbewirtschaftung der landwirtschaftlichen Nutzflächen, die arbeitsintensive Maßnahmen zum Erhalt der Bodenqualität erforderlich machten,

2. einer sorgfältigen Saatgutselektion, die von dem germanischen 'Pflanzenbauern' einen Wandel zu einem 'Pflanzenzüchter' verlangt hätte, eine Entwicklung, die kulturell wahrscheinlich ähnlich schwierig zu vollziehen ist wie die vom 'Tiernutzer/Tierhalter' zum 'Tierzüchter', und

3. wesentlich effektiveren Arbeitsgeräten als sie die Germanen besaßen (Steigerung der Erträge pro Arbeitskraft).

5. DIE ENTWICKLUNG DER LANDWIRTSCHAFT IN DEUTSCHLAND IM MITTELALTER[2] (ca. 500 - 1500 n. Chr.)

5.1. Die feudale Grundherrschaft und der Wandel der bäuerlichen Hörigkeit

Die Entstehung des ***Feudalsystems***[3] im Frühmittelalter war eng mit dem Aufstieg des fränkischen Königtums[1] verbunden. Die Machtstellung der Frankenkönige als oberste Lehensherren basierte im wesentlichen auf der Lehensvergabe, durch die sie sich die Treue und Gefolgschaft der adeligen Oberschicht und des Klerus zu sichern suchten.

Diese Form der Herrschaftssicherung mag auf den ersten Blick naheliegend erscheinen, aber ich möchte mich der These von ENNEN und JANSSEN (1979, S. 135) anschließen, daß sich in ihr die *Elemente zweier verschiedener Herrschaftssysteme* vereinigten, das der *römischen*[2] *Grundherrschaft*, in der die Bewirtschaftung des Grundeigentums zu einem großen Teil durch schollengebundene, aber persönlich freie Pächter (Kolonen)[3] erfolgte, und das der *germanischen Leibherrschaft*, wie sie in dem Status der persönlich 'Freien' und 'Unfreien'[4] (liberi und servi) zum Ausdruck kam.

An dieser Stelle ist noch eine weitere wichtige Differenzierung angebracht, nämlich die zwischen den 'Freien' und dem Adel. Offensichtlich geriet die Masse der 'freien' germanischen Bauern im Verlauf des Frühmittelalters in die Abhängigkeit der adeligen Lehensträger oder Grundherren, denn in den Rechts- und Gesetzestexten des 8./9. Jahrhunderts findet sich eine soziale Kennzeichnung nur noch in dem Begriffspaar 'potentes' und 'pauperes'[4], wobei die 'liberi' mit den 'servi' in dem letztgenannten Ausdruck zusammengefaßt waren.[5] Diese Darstellung stimmt auch mit der von RÖSENER (1985, S. 20) aufgezeigten Entwicklung überein. "Die ausgedehnten und zeitraubenden Heereszüge der fränkischen Könige machten es den kleinen Freien immer schwerer, daran teilzunehmen; das Heer wandelte sich schrittweise zu einem Reiterheer von adeligen Berufskriegern. ... Mit der

1 Von *Deutschland* bzw. dem deutschen Reich kann man erst seit der Zeit um 925 n. Chr. sprechen, als unter dem Sachsenkönig Heinrich I. eine politische Trennung des Ost- und Westfrankenreiches in Deutschland und Frankreich endgültig vollzogen wurde (vgl. GUNDEL/KRÜGER: 1966, S. 123 und BOSL: 1971, S. 133).

2 Der gängigen Literatur folgend, verwende ich für die drei großen mittelalterlichen Zeitabschnitte die Bezeichnungen **Frühmittelalter** (ca. 500 - 900), **Hochmittelalter** (ca. 900 - 1300) und **Spätmittelalter** (ca. 1300 - 1500).

3 Feudal- oder Lehenssystem (feudum, lt. = Lehen, Dienste)

4 potentes, lt. = die Mächtigen, pauperes, lt. = die Armen

Ausbreitung des Lehnswesens und der Grundherrschaft waren die Freien seit der karolingischen Zeit[6] zudem stärker in Abhängigkeit geraten, so daß freie Bauern schließlich nur noch als Randgruppen und in einigen Reliktzonen anzutreffen waren. ... Der einstige 'Bauernkrieger' hat sich, ..., zum 'Ackersmann' gewandelt; die entscheidenden politischen und militärischen Aufgaben sind auf die adeligen Grundherren übergegangen."

Die *klassische Form der frühmittelalterlichen Grundherrschaft*, das sog. *Villikations- oder Fronhofsystem*, wird von RÖSENER (1985, S. 25) folgendermaßen beschrieben: "Sie (die Grundherrschaft, K.L.) ist dadurch charakterisiert, daß der eigenbebaute Fron- oder Herrenhof (*villa* oder *curtis domestica*) in ihrem Mittelpunkt stand; das zu diesem Hof gehörende Salland (*terra salica*) wurde mit Hilfe des unfreien Hofgesindes und der abhängigen Hufenbauern bewirtschaftet. Als Hufe (*mansus*) galt die Normalausstattung einer von einem Grundherrschaftszentrum abhängigen Bauernstelle mit Land- und Nutzungsrechten; ihr Inhaber war zu bestimmten Abgaben und Diensten verpflichtet. Zum Fronhofsverband gehörte demnach sowohl das herrschaftliche Salland als auch das bäuerliche Hufenland. Die Fronhöfe der größeren Grundherrschaften waren in der Regel stärker durchorganisiert, so daß Oberhöfen mehrere Haupt- und Nebenhöfe unterstanden, die ihrerseits wieder Mittelpunkte von herrschaftlichen Eigenbetrieben mit zugeordneten Bauernstellen waren. Weitverzweigte Fronhofsverbände waren in Bezirke aufgeteilt, die sich jeweils um einen Fronhof unter der Leitung eines *villicus* (Domänenverwalter, K.L.) gruppierten (Villikationssystem)."[7]

Die Gesamtheit der in einem Hofverband zusammengeschlossenen Mitglieder bildete die 'familia',[8] auf deren unterster sozialer Stufenleiter das unfreie *Gesinde* stand. Diese Leute erhielten häufig eine kleine Bauernstelle zugewiesen, auf der sie sich und ihre Kinder 'in eigener Regie' ernähren mußten.[9] Da die landwirtschaftlichen Arbeiten unregelmäßig über das Jahr verteilt sind, war eine derartige 'Behausung'[10] der hofeigenen Dienstkräfte für den Grundherrn von Vorteil: sie standen ihm während des gesamten Jahres zur Verfügung, ohne daß er die Verantwortung für ihren Unterhalt, insbesondere in der weitgehend arbeitsfreien Winterzeit, übernehmen mußte.[11]

Wieviel Land den *Hufenbauern* überlassen wurde, lag ausschließlich im Ermessen des jeweiligen Grundherrn, ebenso wie die Pflichten, die den Hörigen auferlegt wurden. Unter diesen stellten die Frondienste "ein herausragendes Kennzeichen der älteren Grundherrschaftsverfassung" (RÖSENER: 1985, S. 219) dar. "In den Urkunden und Urbaren, die solche bäuerlichen Pflichten festhielten, ist die Rede vom Pflügen, Eggen, Säen und Kornschneiden, vom Aufstellen und Einfahren der Garben, vom Dreschen und Reinigen des Kornes, vom Mahlen des Kornes und Backen, vom Bierbrauen" (ABEL: 1971, S. 101). Den größten Teil der landwirtschaftlichen Tätigkeiten mußten die Hufner darüberhinaus mit den eigenen Arbeitsgeräten und Gespannen ausführen.[12] "Die Bauern hatten auch die Zäune zu fertigen, die um die herrschaftlichen Äcker und Gärten standen; sie hüteten das Vieh, schoren die Schafe und überwinterten zum Teil auch noch das Herrenvieh (...). Sie sammelten Eicheln zur Schweinemast, schlugen Holz im Walde, richteten das Holz zu Brenn- oder Bauholz her, führten Bauarbeiten aus und schnitzten oder zimmerten Geräte wie Fässer, Schüsseln, Tröge. Dazu kamen die Fuhren und Botengänge, die Kriegs- und Jagddienste, die Quartier- und Herbergspflichten und für die Frauen eine Reihe von häuslichen Arbeiten wie Spinnen, Weben, Nähen, Waschen und Kochen" (ABEL: 1971, S. 101/102).

Über die *Frondienste* hinaus mußten die Bauern noch eine lange Reihe von *Naturalabgaben* liefern, sowohl landwirtschaftliche als auch hauswirtschaftliche Erzeugnisse, und mit sich herausbildendem Marktverkehr in steigendem Umfang *Geld*.[13] Die drückende Lage der leibeigenen Bevölkerungsschichten wurde noch dadurch verschärft, daß sie einer grundherrlichen Gerichtsbarkeit unterstanden[14] und damit ihren Herren auch in rechtlicher Hinsicht vollständig ausgeliefert waren. Aus ökonomischer Sicht stellte der frühmittelalterliche Fronhofsverband *seinem Wesen nach* noch eine weitgehend autarke Subsistenzökonomie dar, in dem sowohl die Bauern als auch die Grundherren gebrauchswert- und kaum tauschwertorientiert waren.[5] Zwar importierten die Angehörigen der Oberschicht auswärtige Luxusgüter und benötigten von daher Geld, aber dieses wurde wohl hauptsächlich in den Kriegszügen und weniger über den Markt erworben.[15] Demgegenüber konnten sie sich die große Zahl der Gebrauchsgüter allein mittels ihrer 'Grundherrlichkeit' aneignen, da diese im Frühmittelalter fast ausschließlich innerhalb der 'familia' hergestellt wurden. Die neben den 'Bauernhandwerkern' existierenden spezialisierten Handwerker waren ebenfalls 'unfrei' und grundherrschaftlich gebunden, und eine eigenständige Gewerbetätigkeit begann sich, von

5 "In ihr (der frühen Grundherrschaft, K.L.) gab es keinen Preis, keinen Arbeitslohn, keinen Pacht- oder Mietzins, keinen Kapitalprofit, keine Unternehmer und keine Lohnarbeiter. Ihr Regulator war der Gebrauchswert. Ihr Vermögen war das Gebrauchsvermögen, ... Das ist stark vereinfacht, aber im Kern richtig, ... Zumindest empfiehlt sich das Bild solcher 'geschlossenen Hauswirtschaft' aus didaktischen Gründen, da es vom Gegensatz her das Neue ... besser erkennen läßt, ..." (ABEL: 1971, S. 184/185). Vgl. hierzu auch ABEL (1971, S. 106/107).
Demgegenüber stellt für ENNEN und JANSSEN (1979) die frühmittelalterliche Gesellschaft "keineswegs eine 'geschlossene Hauswirtschaft'" (a.a.O. S. 141) dar, aber auch sie konstatieren, daß "die Grundherrschaft ... nach möglichster Selbstversorgung (strebte)" (a.a.O., S. 141) und die geld- und marktwirtschaftlichen Züge in dieser Gesellschaft noch wenig entwickelt waren (vgl. ENNEN/JANSSEN: 1979, S. 142).

regionalen Ausnahmen abgesehen,[6] erst in Ansätzen zu entwickeln.[16]

Ab dem 11./12. Jahrhundert setzte mit der Auflösung des Fronhofsystems ein grundlegender Wandel der Grundherrschaft ein. Trotz vieler regionaler Sonderformen waren die Ergebnisse überall in etwa die gleichen: das grundherrschaftliche Salland wurde beträchtlich vermindert, "das Land planmäßig parzelliert und an ... Hufenbauern im Fronhofsverband verteilt" (RÖSENER: 1985, S. 37). Frondienste wurden demzufolge in geringerem Umfang benötigt und deshalb feste Pachtverträge abgeschlossen, in denen die Höhe der Natural- und jetzt vor allem der *Geldabgaben* geregelt war.[17] Es entstand die sog. *Rentengrundherrschaft*, die für das Spätmittelalter kennzeichnend wurde.[18] Die Hörigkeit der Bauern existierte zwar fort, aber "die personalen Bindungen an die Grundherren lockerten sich" (RÖSENER: 1985, S. 63/64) und "die alte persönliche Unfreiheit schwand dahin" (ABEL: 1971, S. 187). Es muß jedoch betont werden, daß mit diesen Aussagen nur die charakteristischen Merkmale der hochmittelalterlichen Entwicklung beschrieben werden, denn die Grundherren verfügten auch weiterhin über ausgedehnte Ländereien, und noch im 18. Jahrhundert waren bäuerliche Frondienste sowie Naturalabgabeverpflichtungen in vielen Regionen Deutschlands verbreitet.[19]

Sicherlich verbesserten sich die Besitzrechte der Bauern unter den Bedingungen der Rentengrundherrschaft, und sie erlangten insgesamt eine größere Unabhängigkeit gegenüber den Grundherren,[20] aber es muß auch gesehen werden, daß die Belastung der bäuerlichen Bevölkerungsschichten durch die Herausbildung der territorialen Landesfürstentümer,[21] den Aufstieg der Ministerialen zum Niederadel[22] und der damit verbundenen Aufsplitterung der Herrenrechte enorm gesteigert wurde. Rechtsansprüche wurden zu einem marktfähigen Gut, das beliebig "gekauft, getauscht und verpfändet wurde, ... Hieraus ergab sich die eigentümliche Situation, daß eine Reihe von Rechtstiteln jeweils nur einer einzigen Nutzungschance (den Bauern, K.L.) gegenüberstand" (ABEL: 1971, S. 187), und diese wurde von den verschiedenen Rechtsträgern zur Maximierung ihrer Einkommen in vielen Fällen

6 ENNEN und JANSSEN weisen ausdrücklich darauf hin, daß sich schon im Frühmittelalter eine Reihe von größeren Handwerkskomplexen (Töpfereien, Eisen- und Glasproduktion) herausbildete, in denen schon für den Markt produziert wurde. Wie neuere archäologische Untersuchungen gezeigt haben, waren auch im Hochmittelalter die gewerblich-handwerklichen Produktionszweige, die auf der Ausbeutung und Weiterverarbeitung von lagerstättengebundenen Bodenschätzen basierten, in den ländlichen Regionen verbreitet. Kennzeichnend für diese Produktionsstätten war allerdings, daß sie in Abhängigkeit und unter Führung von Grundherren entstanden, die sich hiermit eine weitere Einnahmequelle erschlossen (vgl. ENNEN/JANSSEN: 1979, S. 122 u. S. 159/160).

rücksichtslos zu nutzen versucht.[7,23]

Insbesondere im Gefolge der spätmittelalterlichen Agrarkrise, die auch zahlreiche Grundherren in finanzielle Schwierigkeiten stürzte,[24] wurden die Abgabenforderungen häufig in einem Maße gesteigert, daß sie von großen Teilen der bäuerlichen Bevölkerung nicht mehr aufgebracht werden konnten.[25] Diese unerträglichen Belastungen, die insbesondere der Masse der Kleinbauern die Lebensgrundlage zu entziehen begannen, führten zu einer verstärkten Flucht in die Städte und zweifelsohne auch zu den Bauernrevolten, die "im Laufe des 14. und 15. Jahrhunderts an Zahl, Intensität und Ausstrahlung bedeutend zu(nahmen)" (RÖSENER: 1985, S. 254).

Es wäre jedoch falsch, anzunehmen, daß es sich bei *den* Bauern um eine sozial gleichgestellte Schicht von Menschen handelte, die alle in derselben Art und Weise von *den* Grundherren ausgebeutet wurden. Bereits im Frühmittelalter war es innerhalb des Bauernstandes zu einer sozialen Differenzierung in Groß-, Mittel- und Kleinbauern gekommen, ein Prozeß, der sich mit dem Wandel der Grundherrschaft im Hochmittelalter noch verstärkte.[26] Unter den Faktoren, die zu dieser Entwicklung beitrugen, will ich nur die folgenden nennen:[27]

a. Die Spannungsverhältnisse und Strukturveränderungen innerhalb des Feudalsystems ließen sehr unterschiedliche Formen der Abhängigkeit zwischen den Grundherren und ihren Hörigen entstehen. Diese betrafen sowohl die Rechts- und Besitzstellung der Bauern als auch Art und Umfang ihrer Leistungen.

b. Es existierten darüberhinaus "erhebliche Unterschiede in der Besitzausstattung mit Land", sowohl hinsichtlich der Bodenqualität als auch hinsichtlich der Betriebsgröße, "die von Großhöfen über die durchschnittlichen Bauernhufen zu den bäuerlichen Kleinstellen reichte" (RÖSENER: 1985, S. 199).

c. Unterschiedliche Erbsitten verstärkten oder verringerten die Bodenzersplitterung, und in den Realteilungsgebieten bildete sich eine vergleichsweise breitere kleinbäuerliche Schicht heraus als in Regionen mit einer geschlossenen Gütervererbung.[28]

7 Bei Abel (1962, S. 94ff u. 1971, S. 96/97) finden sich einige Beispiele über die Höhe der bäuerlichen Abgabeleistungen. In den untersuchten Regionen betrugen diese ein Drittel bis zur Hälfte des landwirtschaftlichen Gesamtertrages, so daß über den schlichten Lebensunterhalt der bäuerlichen Familien, wie ABEL an Hand von detaillierten Berechnungen nachzuweisen versucht, kaum etwas übrig blieb. Zwar gab es auch Bauernhöfe und ganze Bauernlandschaften, wie z. B. im Dithmarschen, die nur gering belastet waren. Aber nach ABELs Meinung war das nicht die Regel. Die deutsche Bauernschaft im Hochmittelalter "balancierte ... 'auf der Spitze'. Es bedurfte nur eines Stoßes, um sie aus dem Gleichgewicht zu bringen" (ABEL 1971, S. 201).

d. Mit der Intensivierung des Marktverkehrs und der rapiden Zunahme der Städte im Hochmittelalter wurde auch die Marktlage und die Integration in das Marktgeschehen bedeutsam. "Bauernhöfe von ausreichender Größe könnten durch den Verkauf ihrer Überschüsse Geldgewinne erzielen, sie in ihrer Wirtschaft investieren (z. B. in bessere Ackergeräte und Transportmittel, K.L.) oder sie als Kredite vorteilhaft an Dorfnachbarn verleihen" (RÖSENER: 1985, S. 200).

Der gewaltige Aufschwung des Markt- und Geldverkehrs und die Stadtentwicklung im Hochmittelalter beschleunigten sicherlich die Auflösung der klassischen Grundherrschaft und den Wandel in der bäuerlichen Hörigkeit. Mit dazu beigetragen haben mag aber u. a. auch, daß sich das alte Fronhofsystem als wirtschaftlich weniger rentabel erwies, denn die Zwangsdienste stießen häufig auf den passiven Widerstand der Bauern.[29] So begründete beispielsweise der Abt eines elsässischen Klosters im Jahre 1117 die Ablösung der Frondienste durch Geldabgaben ausdrücklich damit, "daß die Bauern ihre Arbeiten äußerst träge und nachlässig, ja widerwillig leisten, so daß sie der Klosterwirtschaft mehr Schaden als Nutzen bringen" (RÖSENER: 1985, S. 247). Demgegenüber konnte die Rentengrundherrschaft nicht nur auf die Frondienste weitgehend verzichten, sie ließ auch der bäuerlichen Eigeninitiative einen größeren Spielraum, und sie vermochte so in Form von Geldabgaben noch höhere Leistungen herauszupressen.

5.2. Die Entwicklung des Markt- und Geldverkehrs und die Anziehungskraft der Städte

Obwohl seit der Karolingerzeit zunehmend dichter bevölkerte Ortschaften entstanden,[30] dominierten im frühmittelalterlichen Siedlungsbild eindeutig die "Kleinsiedlungen in Gestalt von Einzelhöfen, Gehöftgruppen und Weilern" (RÖSENER: 1985, S. 58).[31] Zwar existierten auch Dorfhandwerker, aber die Bauern führten die meisten handwerklichen Tätigkeiten noch selbst aus, und die spezialisierten Handwerker waren, wie bereits erwähnt, in erster Linie an den Fürstensitzen und in der Umgebung der Herrenhöfe zu finden, wo sie als 'Unfreie' für die Adeligen und den Klerus arbeiteten.[32] Da sowohl gewerbliche als auch agrarische Erzeugnisse in großen Mengen für die grundherrschaftlichen 'Haushalte' produziert werden mußten, gab es kaum vermarktbare Überschüsse. Der Handelsverkehr blieb demzufolge weiterhin unbedeutend, und der Gebrauch von Geld war wenig üblich.[33]

Eine Veränderung dieser Verhältnisse zeichnete sich erst im Hochmittelalter ab. Im 11. Jahrhundert setzte der Prozeß der sog. 'Verdorfung' ein,[34] der in erster Linie auf eine enorme Bevölkerungsexpansion zwischen dem 11. und 13. Jahrhundert zurückzuführen ist. In deren Folge kam es auch zu einer massiven Landausbaubewegung, und schon allein wegen der zum Teil großen Entfernungen der neuerschlossenen Siedlungsgebiete zu den

Herrenhöfen wurde in manchen Regionen eine Umwandlung der Frondienste in Realabgaben erforderlich,[35] d. h. auch hierdurch wurde der Übergang zur Rentengrundherrschaft gefördert.

Eine notwendige Voraussetzung für die Rentengrundherrschaft war allerdings ein substantieller Markt- und Geldverkehr. Dieser konnte aber wiederum nur dann entstehen, wenn die Grundherren weitgehend auf die Dienste ihrer hörigen Bauern und Handwerker verzichteten und die Naturalabgaben in Geldabgaben umwandelten. Dieser scheinbare Widerspruch wird dadurch aufgelöst, daß schrittweise Veränderungen sowohl in die eine als auch in die andere Richtung erfolgten und daß sich diese Veränderungen wechselseitig verstärkten. Das bedeutet, die Entstehung des neuen Grundherrschaftssystems, die Herausbildung der Marktwirtschaft und auch die Städtegründungen im Hochmittelalter müssen als Ergebnisse einer Reihe von sozioökonomischen Prozessen betrachtet werden, die parallel verliefen, aber in enger Beziehung zueinander standen.

Eine weitere Voraussetzung für diese Entwicklung war natürlich auch die Zirkulation einer ausreichend großen Menge von Zahlungsmitteln innerhalb der Gesellschaft, und auch hierfür wurde die Grundlage erst im Hochmittelalter geschaffen. Der Silberbergbau in Deutschland begann nachweislich erst im 10. Jahrhundert[36], und mit dem hierdurch steigenden Geldzufluß veränderte sich allmählich die gesamte Wirtschaftsstruktur. War Deutschland im Frühmittelalter ein reines Importland, in dem von einem eigentlichen Kaufmannsstand noch nicht gesprochen werden kann und an dem der große europäische Fernhandel vorbeifloß, so wurde es in der hochmittelalterlichen Aufschwungphase für den Transithandel und als Exportland bedeutsam, wobei der gesamte Handelsverkehr bis zum 12./13. Jahrhundert nahezu vollständig in die Hände von einheimischen Kaufleuten gelangt war.[37]

Vor diesem Hintergrund wird auch die große Welle der Stadtgründungen im 12./13. Jahrhundert verständlich, wobei ABEL (1971, S. 178) für die Städte und Marktorte in Deutschland um 1300 bereits einen Bevölkerungsanteil von 10 % annimmt.[8] Die große Anziehungskraft der Städte beruhte u. a. darauf, daß ihren Bürgern größere Freiheitsrechte eingeräumt wurden und daß sie gegen Zahlung eines festgelegten Geldbetrages die "Freiheit ihrer Arbeitskraft und ihres Arbeitsertrages garantiert erhielten" (BOSL: 1971, S. 245).

Seit dem 13. Jahrhundert findet sich als allgemeiner Grundsatz, daß 'Stadtluft frei macht binnen Jahr und Tag', d. h. daß alle Zuzügler nach Ablauf eines Jahres die städtischen

8 Laut RÖSENER (1985, S. 34) wird am Ende des 13. Jahrhunderts der Anteil der städtischen Bevölkerung in Europa auf durchschnittlich mindestens 10% geschätzt.

Freiheitsrechte erlangten, wenn nicht die Leibherren binnen dieser Frist ihre Ansprüche geltend machten.[38] Die Möglichkeit, sich den drückenden Lasten der Leibeigenschaft zu entziehen, führte zu einer starken Abwanderungsbewegung aus den ländlichen Gebieten, d. h. die Grundherren sahen sich mit dem Problem einer Landflucht konfrontiert. Dieser konnten sie teilweise dadurch begegnen, daß sie den Bauern größere Besitzrechte und Abgabenermäßigungen zugestanden,[39] aber insbesondere im Spätmittelalter, als Hungerkatastrophen und Pestepidemien einen dramatischen Bevölkerungsrückgang verursacht hatten, griffen sie vermehrt zu Zwangsmaßnahmen, die von Treueversprechungen und Geldbußen bis hin zu einer indirekten Schollenbindung der Bauern reichten.[9,40]

Im Zuge der rapide voranschreitenden Stadtentwicklung bildete sich zwangsläufig auch die typische Stadt-Land-Beziehung heraus, d. h. die Städte wurden von der Nahrungs- und zum Teil von der Rohstoffversorgung (Flachs, Leinen, Wolle, usw.) durch die bäuerlichen Produzenten abhängig, und gleichzeitig wurde die handwerkliche Produktion aus den ländlichen Regionen in die Stadt verlagert.[41] Daß im Zuge dieser Entwicklung der "Haushalt (des Bauern, K.L.) die frühere Autarkie (verlor)" (SPRANDEL: 1971, S. 208), mag einsichtig erscheinen, aber die Frage, ob und inwieweit die 'geschlossene (bäuerliche) Hauswirtschaft' tatsächlich aufgelöst wurde, läßt sich so pauschal nicht beanworten.

Da seit dem Hochmittelalter große Mengen an agrarischen Erzeugnissen vermarktet wurden, erweckt die Form der Rentengrundherrschaft den Eindruck, daß die Bauern selbst an einer Produktion von Überschüssen über den Eigenbedarf hinaus interessiert waren, um hiervon gewerbliche Erzeugnisse kaufen zu können. Wahrscheinlich hatte auch die ländliche Bevölkerung selbst die subjektive Empfindung einer größeren ökonomischen Unabhängigkeit, insbesondere da einigen von ihnen der wirtschaftliche Aufstieg tatsächlich gelungen war. Faktisch hatte sich jedoch für die Klein- und Mittelbauern wenig geändert. Wurden sie durch das alte Fronhofsystem gezwungen, direkt für den Grundherrn zu arbeiten und zu produzieren, so wurden sie im Rahmen der neuen Grundherrschaft gezwungen, für den Markt zu arbeiten und zu produzieren und noch höhere Leistungen als zuvor in Form von Rentenabgaben zu erbringen, denn über die reine Eigenversorgung hinaus blieb in der Regel auch weiterhin kaum etwas übrig.[10,42] Von daher halte ich auch RÖSENERs Ansicht (1985, S. 155) für richtig, daß "die Tendenz der bäuerlichen Familienwirtschaft zu weitestgehender Selbstversorgung mit Nahrungsmitteln, Rohstoffen und Gebrauchsgegenständen prinzipiell bestehen(blieb). Familiäre Konsumbedürfnisse und die von der Herrschaft geforderten

9 Das Ausmaß der Landflucht im Spätmittelalter läßt sich u. a. daran erkennen, daß die Bevölkerungszahl in den Städten recht stabil blieb, obwohl ihre Bevölkerung von den Hungersnöten und Pestepidemien wahrscheinlich stärker dezimiert wurde als auf dem Lande (vgl. SPRANDEL: 1971, S. 334 und ENNEN/JANSSEN: 1979, S. 187).

10 vgl. vorl. Kap., S. 107; Fußnote 7

Abgaben bestimmten weiterhin primär das Ausmaß bäuerlicher Produktion, nicht jedoch das Verlangen, hohe Überschüsse und größtmögliche Gewinne aus der Marktproduktion zu erzielen." Um überleben zu können, waren viele kleinbäuerlichen Familienmitglieder sogar gezwungen, sich als *landwirtschaftliche Tagelöhner* oder durch handwerkliche Nebentätigkeiten zusätzliche Einkommen zu verschaffen, und allein ein Teil der Mittel- und die Großbauern verfügten über die notwendigen Geldmittel, um sich mit Gebrauchs- und Luxusgütern über den Markt versorgen zu können. [11,43]

5.3. Die landwirtschaftlichen Produktionsverhältnisse

5.3.1. Die Dreifelderwirtschaft

Die *Dreifelderwirtschaft* wird allgemein als *die große agrikulturelle Neuerung des Mittelalters* betrachtet,[44] die "zusammen mit der enormen Ausdehnung der Kulturflächen, der Ausweitung der Getreidewirtschaft, der Verbesserung der Arbeitsgeräte und der Intensivierung des Ackerbaus ... die Voraussetzung für den erstaunlichen Aufschwung der Landwirtschaft während des 12. und 13. Jahrhunderts (schuf)" (RÖSENER: 1985, S. 133). Die Anfänge der Dreifelderwirtschaft lassen sich zwar bis in das Frühmittelalter hinein zurückverfolgen, entgegen einer früher herrschenden Lehrmeinung besteht aber heute die einhellige Auffassung, daß sie sich erst im Hochmittelalter auf gesellschaftlicher Ebene durchzusetzen vermochte.[45]

Bei der Dreifelderwirtschaft handelte es sich um ein vollständig neues Pflanzenbausystem, durch das der Übergang zu einer Dauerbewirtschaftung der landwirtschaftlichen Nutzflächen und zu einer geregelten Fruchtfolge vollzogen wurde. Sie basierte aber auch auf einer einschneidenden Veränderung in der Arbeitsorganisation und einer grundlegenden Bodenreform, was eine Einschränkung der individual-wirtschaftlichen Betriebsweise mit sich brachte und aus diesem Grund sicherlich auf erhebliche Widerstände bei den bäuerlichen Produzenten stieß.[46]

Im Rahmen der sog. *Gewannverfassung* wurden die einzelnen Ackerparzellen eines Dorfes in *drei Großfeldern* (Zelgen) zusammengefaßt, und zwar in ein *Brachfeld*, ein *Sommerfeld* und ein *Winterfeld*.[47] Zwar existierte weiterhin Individualbesitz, d. h. die Großfelder waren

11 Über die bäuerliche Sozialstruktur lassen sich keine genauen Zahlenangaben machen, da erhebliche regionale Unterschiede bestanden. Mittlere und größere Betriebe konzentrierten sich insbesondere im heutigen Schleswig-Holstein, Niedersachsen, Nordwestfalen, Südbayern und im ostdeutschen Raum (vgl. ABEL: 1971, S. 190). S. hierzu auch Anmerkung 43.

parzelliert und auf die Dorfangehörigen aufgeteilt, aber von der Dorfgemeinschaft oder dem Dorfvorsteher wurde festgelegt, zu welchem Zeitpunkt die verschiedenen Arbeiten auszuführen waren. Der einzelne Bauer konnte nicht aus der *gemeinschaftlichen Flurordnung* ausscheren. In der Regel konnte er seine Felder auch nur über die des Nachbarn erreichen, d. h. er mußte sich an das übliche Fruchtfolgesystem und den allgemeinen Arbeitsrhythmus halten. Außerdem war es beispielsweise möglich, wenn er nicht rechtzeitig erntete, daß das Vieh bereits aufgetrieben wurde und sein Getreide vernichtete.[48]

Das Rotationssystem im Rahmen der *klassischen Dreifelderwirtschaft* sah folgendermaßen aus: Das Brachfeld wurde im Herbst gepflügt, und danach erfolgte die Aussaat des Wintergetreides. Nach der Ernte im Frühsommer des nächsten Jahres diente es als Viehweide bis zum Frühsommer des übernächsten Jahres und wurde nun zum Sommerfeld, das nach der Ernte des Sommergetreides im Hochsommer als Brachfeld wieder viehwirtschaftlich genutzt wurde.[12]

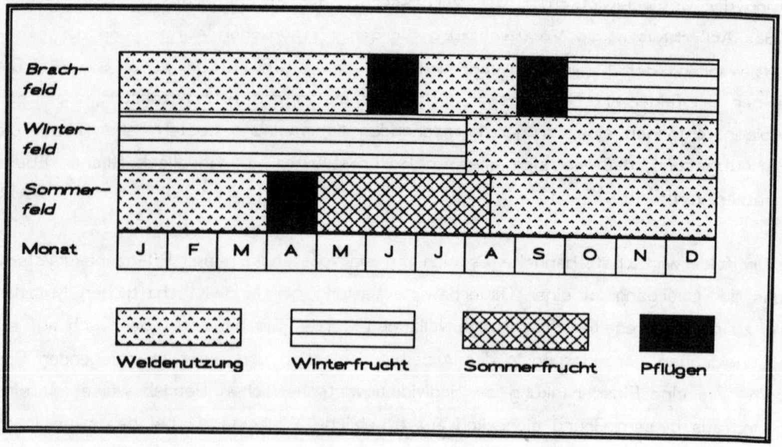

ABBILDUNG 9: Das System der Dreifelderwirtschaft (n. ABEL)[49]

In etwas weiterer Entfernung vom Dorf befand sich jenseits der Ackerfluren noch *Allmende*. Das waren gemeinschaftlich genutzte Weideflächen sowie Wälder, in denen Bau- und

12 Als Winterfrucht eignete sich besonders Roggen, gefolgt von Gerste und Weizen, wohingegen sich Hafer nur im Frühjahr/Sommer anbauen läßt (vgl. BENTZIEN: 1980, S. 22 und RÖSENER: 1985, S. 139/140).
Die vorherrschende Fruchtfolge war Roggen - Hafer - Brache, wobei anstelle von Roggen bzw. Hafer auch Gerste oder Weizen angebaut wurde (vgl. RÖSENER: 1985, S. 138).

Brennholz beschafft, Schweine geweidet und Beeren, Pilze etc. gesammelt werden konnten.

In der agrarhistorischen Forschungsliteratur werden nahezu übereinstimmend zwei Neuerungen der Dreifelderwirtschaft als positiv hervorgehoben:[50]

1. Sie steigerte die bäuerliche Arbeitseffektivität, da sie eine bessere Verteilung der landwirtschaftlichen Arbeiten über das Jahr bewirkte.

2. Das zwei-, zum Teil dreimalige[51] Pflügen des Brachfeldes sowie die natürliche Düngung der Brache und der brachliegenden Stoppelfelder durch den Viehauftrieb erhöhte die Bodenqualität und verhinderte eine zu starke Unkrautbildung.

Darüberhinaus werden noch folgende Vorzüge genannt:

1. Der geregelte Fruchtwechsel verringerte das Risiko von Mißernten und vermehrte bei sorgfältiger Anwendung die Getreideerträge.[52]

2. Die Gewannverfassung führte zu einer optimalen Ausnutzung der Ackerflächen, da kein Land für Zufahrtswege vergeudet wurde.[53]

3. Der Flurzwang hatte "die positive Folge, trägere Dorfgenossen zur disziplinierten Einhaltung der Arbeiten im Landwirtschaftsjahr zu zwingen" (BENTZIEN: 1980, S. 94).[54]

4. Die Nutzung der brachliegenden Felder als Stoppelweiden erweiterte die Futterbasis des Viehs.[55]

5. Der vermehrte Anbau von Hafer als Sommerfrucht förderte die Ausbreitung der Pferdeanspannung.[56]

Als erstes möchte ich auf den Begriff der *Arbeitseffektivität* oder *Arbeitseffizienz* eingehen, da es sich hierbei um eine völlig neue Möglichkeit der Ertragssteigerung im hochmittelalterlichen Pflanzenbausystem handelte, weshalb sie auch von den Agrarhistorikern zu Recht herausgestellt wird. Die Steigerung der Arbeitseffektivität bedeutet nichts anderes als die Steigerung des Wirkungsgrades der menschlichen Arbeitskraft. Diese kann, wie wir bisher gesehen haben, durch eine Verbesserung der Arbeitsgeräte und damit eine Erhöhung der Arbeitsproduktivität erreicht werden. Im Falle der Dreifelderwirtschaft wurde sie jedoch durch eine Verbesserung der *Arbeitsorganisation* erzielt.

Die Steigerung der bäuerlichen Effizienz beruhte auf dem geregelten Fruchtfolgesystem. Durch den Anbau von Winter- und Sommergetreide während eines Landwirtschaftsjahres wurden die notwendigen Arbeitsgänge wie Pflügen, Säen, Ernten und Dreschen aufgespalten und jeweils auf verschiedene Zeitperioden verlegt. Das erlaubte es den einzelnen Bauern bzw. Bauernfamilien insgesamt größere Flächen im Verlaufe eines Jahres zu bewirtschaften. Dieses System führte also zu einer Ertragssteigerung pro Arbeitskraft in einem Landwirtschaftsjahr, aber *nicht* zu einer Ertragssteigerung pro Flächeneinheit (= Erhöhung der Bodenproduktivität). Abgesehen von der möglichen Zeitersparnis durch die Konzentration der Felder und gegenseitiger nachbarlicher Hilfeleistungen, führte es auch *nicht* zu einer Steigerung der Arbeitsproduktivität, denn die absolute Steigerung der Erträge erforderte auch einen entsprechend höheren Arbeitseinsatz.

Welche Aussagen lassen sich nun insgesamt über die *Arbeits- und Bodenproduktivität* im Rahmen der Dreifelderwirtschaft im Vergleich mit der vor ihr praktizierten Feldgraswechselwirtschaft machen? *Wenn man einen längeren Zeitraum zugrundelegt*, führte die Dauerbewirtschaftung mit nur einjähriger Brachezeit auch zu einer *Steigerung der Erträge pro Flächeneinheit*, d. h. die Bodenproduktivität erhöhte sich, wenn auch nicht in den jeweils einzelnen Anbauperioden. Andererseits machte es die Dauerbewirtschaftung jedoch unumgänglich, daß die Bodenqualität, die sich bei der Feldgraswirtschaft durch die lange Brachezeit natürlicherweise wiederherstellte, mittels arbeitsintensiver Verfahren 'künstlich' aufrecht erhalten wurde. Hiezu diente das mehrmalige Pflügen des Brachfeldes sowie die regelmäßige Weidenutzung der brachliegenden Flächen, was aber allein wohl nicht ausreichend war. Neben dem Mergeln der Felder wurde es allgemein üblich, den Stallmist, der allerdings wegen der geringen Intensität der Tierhaltung nur in beschränktem Maß zur Verfügung stand, auf die Äcker zu bringen.[13] Diese zusätzlichen Arbeitsgänge, wobei das Pflügen sowie der Transport und die Einarbeitung der Düngemittel sehr arbeitsaufwendig waren, dienten nun weniger der Verbesserung der Bodenqualität und damit der Ertragssteigerung pro Flächeneinheit, sondern vielmehr dem Erhalt der Bodenqualität, d. h. sie wirkten einem Sinken der Erträge entgegen. ABELs Schätzungen zufolge betrugen die Getreideerträge im Früh- und im Hochmittelalter nur etwa ein Drittel der Aussaat, wobei er bei Roggen von einem durchschnittlichen Gesamtertrag von 5 bis 7 dt pro ha Ackerfläche

13 "Den Erträgen des Ackerbaues kamen reichlichere Düngergaben und das häufigere Mergeln der Felder zugute. Man bezeichnete Wege geradezu als "Dungwege" (Grimm, Weistümer, III, 589). Für eine Hofstelle stand das Wort 'auf seinem Mist': Hat der Fröner Vieh und Pflug, so soll er nur solange dienen, daß er "allewegent zu Naht da heime mit dem Vihe uf sinem Mist si" (Grimm, Weistümer, I, 366). Es kam auch vor, daß in Pacht- und Leihverträgen eine Düngerpflicht des Pächters aufgenommen wurde" (ABEL: 1971, S. 182). Vgl. hierzu auch BENTZIEN (1980, S. 63) und RÖSENER (1985, S. 140).

ausgeht.[57,14] Legt man diese Angaben zugrunde,[15] so läßt sich folgern, daß die Bodenproduktivität in der Dreifelderwirtschaft (wegen der kurzen Brachezeit und über einen längeren Zeitraum betrachtet) gegenüber der Feldgraswirtschaft zwar gestiegen, die Arbeitsproduktivität aber gesunken ist. Es handelt sich also strenggenommen um eine bps-Methode mit apr-Effekt (vgl. HYPOTHESE 3b/3c auf S. 52).

Ich will noch darauf hinweisen, daß die Dreifelderwirtschaft zwar charakterisierend für die landwirtschaftlichen Produktionsverhältnisse in Deutschland bis weit in die Neuzeit hinein war, daß aber daneben noch andere regionalspezifische Pflanzenbausysteme zu finden waren.[58] Auch die Dreifelderwirtschaft selbst wurde nicht überall in ihrer klassischen Form, d. h. im Rahmen der Gewannverfassung mit Flurzwang betrieben. Insbesondere in Landschaften, in denen eine geschlossene Gütervererbung einer Besitzzerstückelung entgegenwirkte, war es möglich, die individuellen, verhältnismäßig großen Ackerparzellen direkt vom Wege aus zu erreichen und diese weitgehend unabhängig von der Fruchtfolge und dem Arbeitsrhythmus der Nachbarn zu bewirtschaften.[59]

Neben Getreide, das eindeutig dominierend war, wurden natürlich noch andere Kulturpflanzen angebaut. In unmittelbarer Umgebung der Höfe befanden sich mehr oder weniger große Gärten, in denen Obst, Gemüse, aber auch Gewürze sowie Gespinst- und Färbereigewächse angepflanzt wurden.[60] Ein Teil dieser Pflanzen wurde zu Vermarktungszwecken

14 Die Roggenerträge lagen in der BRD im Jahre 1985 bei 42.8 dt/ha und die des Brotgetreides insgesamt bei 57.0 dt/ha (vgl. STATISTISCHES BUNDESAMT: 1986, S. 716). Die Aussaatmenge bei Roggen beträgt in Abhängigkeit von den Aussaatbedingungen zwischen 0.9 und 1.6 dt/ha (RUHR-STICKSTOFF AKTIENGESELLSCHAFT: 1988, S. 324), d. h. die Aussaat-Ertrags-Relation bei Roggen liegt heute zwischen 1 : 27 und 1 : 47.

15 RÖSENER (1985, S. 144) hält für das 9. Jahrhundert ein Verhältnis der Aussaat zum Gesamtgetreideertag von 1 : 2 für wahrscheinlich, d. h. im Rahmen der Dreifelderwirtschaft wäre eine 50%ige Ertragssteigerung erzielt worden. Diese führt RÖSENER auf die neue Form des Fruchtwechsels zurück (a.a.O., S. 132), was mir nicht einsichtig erscheint, da in diesem Fruchtfolgesystem nur Pflanzen mit gleichartigen Nährstoffansprüchen enthalten waren, die den Boden in gleicher Weise belasteten. Unterstellt man eine Feldgraswirtschaft mit ausreichend langer Brachezeit, so scheint es mir unwahrscheinlich, daß die Erträge im Rahmen dieses System deutlich hinter denen der Dreifelderwirtschaft zurückgelegen haben. Aus einzelnen Regionen Europas sind um 1300 allerdings auch schon bedeutend höhere Aussaat-Ertrags-Relationen bekannt (1 : 5 in Flandern). Hierbei mag jedoch eine Rolle gespielt haben, daß in diesen Regionen bereits eine sorgfältigere Saatgutselektion erfolgte oder auch die Pflege der Pflanzen mehr Aufmerksamkeit erhielt. So wird beispielsweise im 13. Jahrhundert zum ersten Mal das Jäten der jungen Saat als Frondienst erwähnt (vgl. BENTZIEN: 1980, S. 82).

auch auf abgetrennten Feldstücken außerhalb der Gewann angebaut, wobei unter diesen Sonderkulturen vor allem der Weinbau eine größere wirtschaftliche Bedeutung erlangte.[61]

5.3.2 Die landwirtschaftlichen Geräte und die Bedeutung der Pferdeanspannung

Ich will mich in diesem Abschnitt noch mit der Frage beschäftigen, welche agrartechnischen Innovationen und Veränderungen sich im Verlauf des Mittelalters durchsetzten und inwieweit diese zu einer Erhöhung des landwirtschaftlichen Produktionsniveaus beitrugen.

Ähnlich wie in der Dreifelderwirtschaft lassen sich zwar die Ansätze einiger technischer Neuerungen bereits im Frühmittelalter erkennen, aber sie besaßen in dieser Periode noch keinen größeren Verbreitungsgrad, und die landwirtschaftlichen Gerätschaften und Arbeiten unterschieden sich kaum von denen der Frühzeit. Der Hakenpflug war weiterhin verbreitet, besaß jetzt aber in der Regel eine Pflugschar aus Eisen sowie ein spezielles Vorschneidemesser. Der *Beetpflug*, der schon im Freien Germanien regional bekannt war,[62] ist bis zum 10. Jahrhundert archäologisch nicht mehr nachweisbar.[63] Im Hochmittelalter begann er jedoch, den Hakenpflug zu verdrängen, und er kann durchaus als die bedeutendste gerätetechnische Innovation dieser Zeit betrachtet werden.

Die großen Vorteile des Beetpfluges gegenüber dem Hakenpflug bestanden darin, daß er tiefer in den Boden eindringen konnte und ihn wendete. Hierdurch wurde zum einen die Arbeitsproduktivität erhöht, denn es war nur noch ein einmaliges Pflügen des Ackers erforderlich, während bei dem Hakenpflug zusätzlich ein Querpflügen, also ein zweiter Arbeitsgang angeschlossen werden mußte. Zum anderen hatte das Wenden der Erde auch einen positiven Effekt auf die Bodenqualität, da es für eine bessere Durchlüftung der Ackerkrume sorgte und die Unkrautbildung verringerte.[64] Eine weitere Neuerung am Beetpflug bestand in der Anbringung eines Radvorgestells, wodurch die Führung der Gespanne und das tiefere Pflügen erheblich erleichtert wurden. An eisernen Bestandteilen befanden sich am Beetpflug die Pflugschar und das Vorschneidemesser (Sech), die in ähnlicher Form, wenn auch in kleinerer Dimension, bereits beim Hakenpflug vorhanden waren.[65] Erst ab dem 14. Jahrhundert lassen sich dann auch zunehmend Beschläge und Ketten zur Befestigung des Jochs und des Radvorgestells finden.[66]

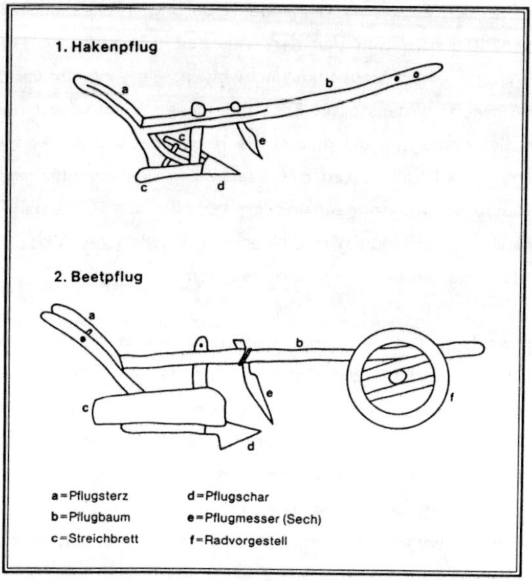

ABBILDUNG 10: Haken- und Beetpflug (s. RÖSENER)[67]

Die Senkung der Arbeitsproduktivität, die durch die Form der Dreifelderwirtschaft erzwungen worden war, ließ sich allein mit Hilfe des Beetpfluges annähernd wieder ausgleichen, und er vermochte sich aus diesem Grund in einer verhältnismäßig kurzen Zeitspanne auf gesellschaftlicher Ebene durchzusetzen. Daß der Beetpflug in den Vorperioden anscheinend noch nicht für 'tauglich' gehalten wurde, mag damit zusammenhängen, daß sein aps-Effekt die aufwendige Herstellung einer verbesserten Pflugschar aus Eisen noch nicht aufzuwiegen vermochte, und das sein bps-Effekt im Rahmen der Feldgraswirtschaft noch nicht zum Tragen kam. Der Hakenpflug verschwand allerdings im Hochmittelalter nicht vollkommen und wurde beispielsweise in einigen ostelbischen Gebieten noch bis in die Neuzeit hinein benutzt. Er behielt seine Funktion u. a. auch auf steinigen Gebirgs- und frisch gerodeten Waldböden, für deren Bearbeitung der Beetpflug ungeeignet war.[68]

Neben dem Pflug existierte nur die *Egge* als weiteres Bodenbearbeitungsgerät im Getreidebau. Trotz ihrer wichtigen Aufgaben (Zerkleinerung der Erdschollen, Verdichtung der Erde und Entfernen von Unkräutern) fand bei ihr keine Fortentwicklung statt, und selbst der Ersatz der hölzernen durch eiserne Zinken läßt sich erst für das 15./16. Jahrhundert belegen.[69]

Bei den Erntegeräten setzte sich eine entscheidende Neuerung interessanterweise zuerst im Bereich der Viehwirtschaft durch. Seit der Karolingerzeit läßt sich an Hand von bildlichen Darstellungen die Existenz einer *Mähsense* nachweisen, die eine notwendige Voraussetzung für eine Wiesenkultivierung darstellte. Erst mit dieser Sense (und noch nicht mit der Hausense) konnte so tief gemäht werden, daß die Regenerationsfähigkeit von Unkräutern genügend stark beeinträchtigt wurde, um das Wachstum der eigentlichen Wiesenflora zu ermöglichen.[70] Die Mähsense wurde nachweislich nur für die Grasmahd eingesetzt, wobei sich auch ihr Gebrauch in Verbindung mit einer richtiggehenden Wiesenbewirtschaftung erst im Hochmittelalter stärker durchzusetzen begann.[71]

Die technische Weiterentwicklung der *Grassense* war anscheinend erst im Spätmittelalter soweit abgeschlossen, daß sie auch für die Getreideernte 'tauglich' wurde, wobei BENTZIEN (1980, S. 116) schätzt, daß "sie eine gegenüber dem Sichelschnitt mindestens verdoppelte Arbeitsproduktivität erzielen half". Die Sensenmahd von Getreide läßt sich erst seit dem 14. Jahrhundert auf deutschem Gebiet beobachten, und zwar in erster Linie im Rheinland, aber der endgültige 'Sieg der Sense über die Sichel', die bis zum Ende des 19. Jahrhunderts das bestimmende Erntegerät blieb, fand erst in der Neuzeit statt.[72]

Daß auch der *Transport* mit der Forcierung des Marktverkehrs für die bäuerlichen Produzenten eine größere Bedeutung erlangte, braucht wohl kaum betont zu werden. Ab dem 12. Jahrhundert finden sich neben den bisher verbreiteten zweirädrigen größere vierrädrige Wagen oder Karren, was die Beförderung größerer Volumina gestattete und sich daher zeitsparend auswirkte.[73]

Erwähnenswert ist noch die Ausbreitung der *Getreidemühlen*, die seit dem Frühmittelalter so rasch vorangeschritten war, daß um 1300 in wasserreichen Gegenden praktisch in jedem Dorf eine Wassermühle vorhanden war.[74] Auch am Beispiel des Mühlenwesens wird deutlich, daß grundlegende produktionstechnische Veränderungen im Umfeld der Landwirtschaft, und bei der Getreidemühle handelte es sich sicherlich um das hochstehendste Produktionsmittel dieser Zeit, in erster Linie feudalherrschaftlichen Interessen entsprangen. Die Mühlenrechte gehörten mit zu den wichtigen Regalien der Grundherren, und der Mühlenbann, der die Bauern rechtlich verpflichtete, ihr Getreide in den herrschaftlichen Mühlen mahlen zu lassen, verschaffte den Grundherren eine weitere Einnahmequelle und verstärkte gleichzeitig die Ausbeutung und die arbeitsteilige Abhängigkeit der bäuerlichen Bevölkerung.[75]

Als ein weiteres wichtiges Merkmal der hochmittelalterlichen Landwirtschaft wird in der Literatur die zunehmende Bedeutung der *Pferdeanspannung* betont, gleichzeitig aber auch relativiert. Es muß "vor einer Überschätzung des Pferdes in seiner Bedeutung für die

Agrarwirtschaft des Hochmittelalters gewarnt werden. ... Das Pferd verdrängte seit dem Hochmittelalter in einigen Landstrichen wohl schon das Rind vom Acker, doch stellten die Rinder weiterhin insgesamt das Gros des Spannviehs. Jedenfalls kann keine Rede davon sein, daß ähnlich wie der Traktor im 20. Jahrhundert das Pferd im 12. und 13. Jahrhundert die Agrarwirtschaft revolutioniert hat, ..." (RÖSENER: 1985, S. 124). Dieses erscheint mir auch insofern plausibel, als den Vorteilen des Pferdes gegenüber dem Rind als Arbeitstier, seine größere Zugleistung und Schnelligkeit, doch einige erhebliche Nachteile gegenüberstehen. Pferde sind vergleichsweise unruhiger und von daher schwieriger zu führen, krankheitsanfälliger und wesentlich anspruchsvoller in bezug auf die Fütterung. Gerade unter dem letzten Aspekt halte ich es für unwahrscheinlich, daß es sich die Mehrheit der Bauernschaft tatsächlich leisten konnte, einen Teil des Hafers als Futtermittel zu verwenden, wie es bei der Haltung von Pferden notwendig wurde. Auch darf nicht vergessen werden, daß Rinder als Fleischlieferanten ungleich wichtiger waren als Pferde.[76]

Vergleicht man die technische Fortentwicklung des bäuerlichen Gerätebestandes mit der grundlegenden Umstrukturierung des gesamten landwirtschaftlichen Produktionssystems durch die Dreifelderwirtschaft, so kann ich nur ABEL zustimmen, der meint, daß die technischen Fortschritte des Landbaus gegenüber den Veränderungen durch die Dreifelderwirtschaft "verblassen".[77] Sicherlich waren insbesondere der Beetpflug oder der Einsatz des Pferdes wichtige Elemente in der hoch- und spätmittelalterlichen Landwirtschaft, aber ihre gesellschaftliche Bedeutung erlangten sie offensichtlich erst im Rahmen der Dreifelderwirtschaft.

5.3.3. Die Tierhaltung im Hochmittelalter

In der mittelalterlichen Entwicklung zeichnen sich auch erstmalig grundlegende Neuerungen ab, die auf eine Intensivierung der Tierhaltung abzielten. Mit der Grassense stand jetzt ein Gerät zur Verfügung, das eine regelmäßige Heugewinnung und eine planvolle Wiesenbewirtschaftung ermöglichte. Damit war die Grundlage für eine verbesserte Futtervorratswirtschaft zumindest für den Bereich der Wiederkäuerhaltung geschaffen. Zum ersten Mal erwähnt wird auch, daß menschliche Grundnahrungsmittel (Hafer und Gerste) als Futtermittel (für Pferde) verwendet werden.

Diese Entwicklung wurde vor allem durch folgende Faktoren induziert:

1. Mit der *Bevölkerungsexpansion* im Hochmittelalter mußte die Viehwirtschaft sehr stark eingeschränkt werden. Die Versorgung mit tierischen Nahrungsmitteln wurde zunehmend schlechter, und der cc_{nt} erreichte oder unterschritt die gesellschaftliche Bedürfnisgrenze, die kritische Obergrenze ko_{nt}.[78] Auch im ausgehenden Hochmittelalter hätte der

Viehbestand sicherlich noch ausgereicht, um den Eigenbedarf der bäuerlichen Bevölkerungsteile zu decken, aber der durch die Rentengrundherrschaft bedingte *Zwang zur Vermarktung* und die nachfragebedingten Preisrelationen für die verschiedenen agrarischen Erzeugnisse auf dem Markt wurden für das Produktionsverhalten der bäuerlichen Produzenten bestimmend.

Da die Bodenproduktivität in der Extensivtierhaltung im Vergleich zu der im Getreidebau im Zuge der Ausbreitung der Dreifelderwirtschaft sehr gering geworden war, hätte die Ausdehnung der Tierhaltung auf Kosten des Getreidebaus selbst bei steigenden Marktpreisen für Fleisch ein insgesamt wesentlich geringeres Geldeinkommen erbracht. Es blieb daher nur noch die Alternative, die Bodenproduktivität in der Tierhaltung selbst mittels arbeitsintensiver Methoden zu steigern.

Im übrigen war die individuelle Entscheidungsfreiheit in vielen Regionen durch den Flurzwang so stark beschnitten, daß die Bauern eine eigenständige Entscheidung gar nicht hätten treffen können. Die Tiere waren zwar Individualbesitz, aber der Weideumtrieb auf den brachliegenden Feldern und auf der Allmende waren gemeinschaftlich geregelt.

2. Schon in der Frühzeit hatten sich *spezifische Zonen der Viehhaltung* herauszukristallisieren begonnen,[79] eine Entwicklung die sich im Hochmittelalter noch deutlicher abzeichnete. Diese Zonen der Viehhaltung waren einmal die Marschen im Nordseeküstenraum, zum anderen die höheren Lagen in den Mittelgebirgen und Alpen,[80] Regionen also, die sich vor allem durch die *Haltung von Wiederkäuern* nutzen ließen. Diese spezielle Nutzungsform bildete sich in den genannten Landschaften allerdings nicht deshalb heraus, weil dort "die Natur den Graswuchs begünstigte" (ABEL: 1971, S. 181), sondern weil die Böden dort für den Pflanzenbau weniger geeignet oder sogar ungeeignet waren.

Zwar wurde auch in den Marschen und in den Gebirgszonen noch Ackerbau betrieben, aber er warf dort geringere Erträge ab als in den *Ackerbauzonen*, und der Zwang zur Erwirtschaftung von Rentenabgaben führte zu einer Konzentration auf die Erzeugung von tierischen Nahrungsmitteln. Hieraus läßt sich auch ein stärkeres Interesse dieser bäuerlichen Produzenten an ihren Tieren ableiten sowie eine erhöhte Bereitschaft, 'für ihre Tiere' zu arbeiten, was sich in der Aufnahme einer geregelten Heugewinnung und einer planmäßig betriebenen Wiesenbewirtschaftung widerspiegelt.[81]

Einen wichtigen Impuls gab dieser Entwicklung auch der gesellschaftliche Niedergang der Viehwirtschaft und das Wachstum der städtischen Bevölkerung im Verlauf des 12./13. Jahrhunderts. Dem sinkenden Angebot an tierischen Nahrungsmitteln stand eine kontinuierlich zunehmende Nachfrage in den Städten gegenüber, was die Marktpreise für tierische Produkte, die bisher "noch zu weit hinter den Getreidepreisen zurück(standen)" (ABEL: 1971, S. 181), in die Höhe treiben und die Tierhaltung lohnender machen mußte.[82]

3. Die Pflanzenproduktion, sowohl der Getreidebau als auch die Sonderkulturen, wurde von der Tierhaltung geradezu abhängig. Die Dauerbewirtschaftung erforderte Maßnahmen zum Erhalt der Bodenqualität und da die natürliche Düngung durch die Beweidung der Stoppelfelder nicht ausreichte, wurde auf den *wertvollen Stallmist* zurückgegriffen. Welche Bedeutung die tierischen Exkremente im Verlauf des Hochmittelalters gewannen, sieht man beispielsweise daran, daß für die Feldwege die Bezeichnung 'Dungwege' üblich wurde und eine nächtliche Stallhaltung zumindest des Zugviehs auch im Sommer erfolgte, und zwar allein zwecks Steigerung des Stallmistaufkommens.[83] Auch das planmäßige Pferchen von Schafen auf den brachliegenden Flächen ist unter diesem Aspekt zu betrachten. Es diente nicht, wie aus heutiger Sicht möglicherweise gefolgert werden könnte, einer rationelleren Weidenutzung, sondern der dungbedürftigen Dreifelderwirtschaft.[84]

   Als im Verlauf des 12./13. Jahrhunderts die Tierhaltung immer weiter reduziert wurde, entwickelte sich der Mangel an tierischen Düngemitteln auch folgerichtig zu einem ernsten Problem, auf das insbesondere RÖSENER (1985) ausdrücklich hinweist: Die Verschlechterung der allgemeinen Ernährungslage wurde ... auch dadurch verursacht, daß bei verringerter Viehhaltung weniger Dünger für die Felder bereitstand, die Getreideerträge stagnierten bzw. zurückgingen und sich so der Teufelskreis der Ernährungskrise schloß" (a.a.O. S. 52/53).

In diesem Zusammenhang will ich noch auf die Frage eingehen, weshalb sich eine Düngung der Felder mit Stallmist noch nicht in einer früheren Periode durchgesetzt hatte bzw. aus der römischen Landwirtschaft übernommen worden war. Es liegt auf der Hand zu argumentieren, daß bodenproduktivitätssteigernde Maßnahmen, die mit einer Verringerung der Arbeitsproduktivität einhergingen (Transport und Aufbringung des Stallmists), bis zum Hochmittelalter noch nicht notwendig wurden. Andererseits war aber in einzelnen Regionen das Mergeln der Felder oder eine Plaggendüngung schon seit langem bekannt.[85] Hierfür waren prinzipiell die gleichen Arbeitsgänge erforderlich wie bei der Verwendung von Stallmist, möglicherweise mußten sogar noch weitere Entfernungen zurückgelegt werden als bis zum heimischen Hof. Insbesondere die Plaggendüngung war sicherlich auch wesentlich arbeitsaufwendiger als die Düngung mit Stallmist, da der erste Arbeitsgang darin bestand, die nährstoffreiche oberste Schicht eines mit Gras oder Heidevegetation bestandenen Bodens abzuheben, um diese als 'Dünger' in den Acker einzuarbeiten. Mit arbeitsökonomischen Gründen läßt sich daher die Nicht-Verwendung von Stallmist kaum begründen, und es muß nach anderen soziokulturellen Interpretationsmöglichkeiten gesucht werden.

Wie ich bereits mehrfach dargestellt habe, war die Mensch-Tier-Beziehung in der damaligen Zeit noch sehr locker und das Interesse der bäuerlichen Produzenten war in erster Linie auf eine wenig arbeitsaufwendige (Be-)Nutzung der Tiere gerichtet und nicht auf die Tiere selbst. Ihre Ausscheidungen wurden in der Regel nicht aus den Ställen entfernt,[86] nicht nur, da die kulturelle Wertschätzung tierischer *Exkremente* negativ besetzt war, sondern auch, weil eine derartige Arbeit 'für die Tiere' jenseits der kulturellen Normen gelegen hätte. Eine positive Wertschätzung des tierischen *Dung*s setzte einen starken Zwang zum Erhalt bzw. zur Verbesserung der Bodenqualität für den Pflanzenbau voraus, und sie erforderte wahrscheinlich auch einen allmählichen Wandel in der Einstellung des 'Tiernutzers/Tierhalters' gegenüber seinen Tieren und seine zunehmende Bereitschaft für sie zu arbeiten.

Erwähnen will ich noch, daß ab dem 13./14. Jahrhundert die *Wanderschafhaltung* nachzuweisen ist, die sich auf der Basis von grundherrschaftlichen Schäfereien herausbildete.[87] Diese Entwicklung muß zum einen unter dem Aspekt einer optimaleren Bodennutzung betrachtet werden. Die Anspruchslosigkeit der Schafe hinsichtlich ihrer Futtergrundlage machte es möglich, auch sehr karge Böden mit nur spärlichem Pflanzenwuchs zu nutzen, die ansonsten gar nicht hätten bewirtschaftet werden können. Zum anderen deutet die Tatsache, daß sie sich in direkter Verbindung mit der Grundherrschaft entwickelte, darauf hin, daß es sich hier um eine Selektion seitens der Grundherren handelte, die in erster Linie von deren Ausbeutungsinteressen bestimmt wurde. Die späte Selektion dieser Form der Schafhaltung in einem gemischtwirtschaftlichen Agrarsystem mag damit zusammenhängen, daß sie von einzelnen bäuerlichen Produzenten verlangt hätte, ihre Seßhaftigkeit zumindest vorübergehend aufzugeben, ihre soziale Gemeinschaft zu verlassen und die Beschwernisse und wahrscheinlich auch Gefahren eines Umherziehens auf sich zu nehmen. Ein weiteres Hindernis stellten ab dem Mittelalter die feudalistischen Besitzstrukturen dar. Die Gutsherren besaßen neben ihren vielen anderen Rechten auch die sog. Triftgerechtigkeit, d. h. sie durften die brachliegenden Felder der Hörigen von ihren Schafherden beweiden lassen.[88] Demgegenüber wäre der Aktionsradius von bäuerlichen Wanderschäfereien insbesondere im Hochmittelalter stark limitiert gewesen, denn mit der Bodenverknappung wurden auch die bäuerlichen Nutzungsrechte am herrschaftlichen Eigenland spürbar eingeschränkt.[89]

Vergleicht man die sommerliche Almbewirtschaftung, die schon für die ältere vorrömische Eisenzeit nachgewiesen werden konnte,[90] mit der Wanderschafhaltung, so stellt man gewisse Ähnlichkeiten zwischen diesen beiden Tiernutzungssystemen fest. Die Beweidung der höher gelegenen Gebirgsregionen gestattete ebenfalls eine Nutzung von Grenzböden. Im

Gegensatz zu der Wanderschafhaltung erfolgte die saisonale Transhumanz aber zu festen Standorten, so daß die soziale Isolierung der die Herden betreuenden Menschen weniger ausgeprägt war und sich keine Konflikte mit den Grundherren ergeben konnten.[91]

Einige Aufschlüsse über die *Haltung von Schweinen* im Frühmittelalter erhält man aus den altgermanischen Volksrechten, wobei sich im Hochmittelalter in den Nutzungsformen dieses Haustieres gegenüber den Vorperioden wenig geändert hatte. In diesen gewohnheitsrechtlichen Bestimmungen[92] ist beispielsweise die Rede von Schweineställen,[93] so daß angenommen werden darf, daß die Behausung auch dieser Tierart üblich wurde. Aus dem Hinweis, daß Ferkel in Koben, Hürden oder auf dem Felde gehalten wurden,[94] könnte geschlossen werden, daß die Jungtiere nach dem Absetzen noch nicht gleich mit der Herde im Wald mitlaufen durften, sondern daß man sie unter etwas günstigeren Haltungsbedingungen erst größer werden ließ. Außerdem wird zwischen 'gewöhnlichen Ferkeln' und 'Mastferkeln' differenziert.[94] Letztere wurden wahrscheinlich, von der Herde isoliert, auf den Höfen gehalten, wo sie reichlichere Futterrationen und vor allem auch Küchenabfälle erhielten. Sehr interessant finde ich auch das Auftauchen der Bezeichnung 'Borgschwein'.[94] Hierbei handelt es sich um ein im Ferkelalter kastriertes männliches Schwein, d. h. es existiert zum ersten Mal ein Beleg dafür, daß in die Reproduktionstätigkeit von Tieren gezielt eingegriffen werden konnte. Allerdings ist zu vermuten, daß mit der Kastration von Schweinen keine tierzüchterischen Zielsetzungen verfolgt wurden, sondern daß sie die Angriffslust von Ebern herabsetzen und/oder deren Fleischqualität verbessern sollte, denn selbst im Verlauf des Hochmittelalters läßt sich bei Schweinen keinerlei züchterischer Einfluß erkennen. Sie blieben hochbeinig, und mit ihrem langgestreckten Kopf hatten sie weiterhin eine frappierende Ähnlichkeit mit ihren wilden Artgenossen.[95]

Die bisherige Darstellung mag zu der Annahme verleiten, daß sich zumindest in der Wiederkäuerhaltung ein Wandel vollzog und züchterische Einflüsse sichtbar wurden. Diese Annahme ist jedoch weitgehend falsch. In den meisten Regionen Deutschlands blieben die Rinder so klein wie in der Frühzeit, und nur in den Zonen der Viehhaltung (Nordseeküstengebiet und Gebirgsregionen) machte sich eine gewisse Größenzunahme bemerkbar.[96] Diese betrachtet BENTZIEN nicht als das Ergebnis einer züchterischen Selektion, sondern als Ergebnis einer günstigeren natürlichen Ernährungsgrundlage.[97] Ich will nicht bestreiten, daß die Verbesserung der Ernährungsbedingungen, allerdings nicht nur der naturgegebenen, die sich gegenüber der Frühzeit kaum verändert haben dürften, in erster Linie zu einer phänotypisch bedingten Größenzunahme der Tiere[98] geführt haben, auch nicht, daß von einer planvollen Tierzucht wie beispielsweise der römischen oder gar der heutigen noch nicht gesprochen werden kann. Mir erscheint es jedoch unwahrscheinlich, daß das Reproduktionsgeschehen in noch keiner Weise beeinflußt wurde.

Wenn ich im Rahmen der vorliegenden Arbeit von 'planvoller Tierzucht' oder 'geplanter Zuchtwahl' spreche, so scheine ich mich allein an den Kriterien der Steigerung des tierischen Leistungspotentials (Fleisch, Milch, Wolle etc.) zu orientieren, also an rein wirtschaftlichen Kriterien. Wie ich bereits dargestellt habe,[99] wäre eine solche Sichtweise zu eng, denn natürlich können einer planvoll betriebenen Tierzucht auch Zuchtziele zugrundeliegen, die *nach unserem Verstehen* nicht oder nicht eindeutig ökonomischer Natur sind. Wenn ich auf derartige Selektionskriterien bisher nicht eingegangen bin, so liegt das ausschließlich daran, daß die agrarhistorischen Untersuchungen in Deutschland bis zur Neuzeit keine irgendwie gearteten Zuchtziele entdecken konnten und ich der bäuerlichen Bevölkerung auf Grund der Forschungsergebnisse keine geplante Zuchtwahl unterstellen darf. Aber ich halte es für durchaus denkbar, daß insbesondere die Bauern in den Viehhaltungszonen intuitiv eine künstliche Selektion in Richtung auf eine Steigerung des tierischen Leistungspotentials betrieben haben. Ich will daher nicht ausschließen, daß sich in der Grössenzunahme der Rinder in den genannten Gebieten nicht doch die ersten Ansätze einer planvoll betriebenen Tierzucht manifestieren. Für diese Annahme spricht beispielsweise die Tatsache, daß der Wert der Vatertierhaltung schon im Frühmittelalter bekannt war und einem männlichen Tier nur eine festgelegte Anzahl weiblicher Tiere zugegeben werden sollte.[100] Von dieser Regelung war man allerdings in vielen Regionen wieder abgekommen, weil die Pflicht zur Vatertierhaltung auf den Grundherrn und/oder den Pfarrer überging und diese sich ihrer Pflicht nach Möglichkeit zu entziehen versuchten.[101] Ähnlich wie bei den Rindern verhielt es sich auch bei den kleinen Wiederkäuern,[102] und allein bei den Pferden lassen sich züchterische Einflüsse und eine auffällige Größenzunahme erkennen.[103] Diese betraf aber wahrscheinlich nur die Reit- und Turnierpferde der Adeligen, und die Ackerpferde blieben weiterhin sehr klein.[104]

Für diese Entwicklung oder besser Nicht-Entwicklung ausschlaggebend war meines Erachtens nach wie vor die mangelhafte Ernährungsgrundlage der Tiere, an der auch die aufkommende Wiesenbewirtschaftung wenig änderte. Vor allem in den Ackerbauregionen war die Heugewinnung für den winterlichen Futtervorrat bei weitem nicht ausreichend, und im Zuge der hochmittelalterlichen Bevölkerungsexpansion wurden Wald- und Wiesenflächen in steigendem Maße in Ackerland umgewandelt und die Weiderechte zum Schutz vor Überweidung immer stärker eingeschränkt.[105] Gleichzeitig wurden zwar die Tierbestände erheblich vermindert, aber die Futterbasis dürfte sich eher noch verschlechtert haben, da sicherlich die Tendenz bestand, so viele Tiere wie eben möglich zu behalten. Eine gegenläufige Entwicklung zeichnet sich in den Viehhaltungszonen ab. Hier bestand der Anreiz, den Viehbesatz zu erhöhen, da Fleisch, Milch, Butter und Käse immer gefragter wurden.[106] Das bedeutete, daß sich auch hier die Futterbasis für das einzelne Tier tendenziell verschlechterte, was aber, wie aus der Größenzunahme der Rinder in diesen Regionen gefolgert werden kann, durch eine intensivere Wiesenbewirtschaftung und eine Verbesserung der tierischen Ernährungsgrundlage aufgefangen werden konnte (vgl. HYPOTHESE 5 auf S. 66).

Zusammenfassend läßt sich für das Hochmittelalter festhalten, daß das Evolutionsgeschehen in der Tierhaltung von folgenden Faktoren bestimmt wurde:

1. Durch den Zwang zur Steigerung der Bodenproduktivität in der Tierhaltung wandelte sich der frühmittelalterliche 'Tiernutzer' allmählich zu einem *'Tierhalter'*, der die *Verantwortung für die Nahrungssicherung seiner Tiere* zu übernehmen begann und der zunehmend *bereit* war, *für seine Tiere zu arbeiten.* Diese Entwicklung läßt sich insbesondere für das Rind (und das Pferd) feststellen, jedoch noch nicht für das Schwein (vgl. HYPOTHESE 8 auf S. 70).

2. Mit der Herausbildung der Stadt-Land-Beziehung und durch den herrschaftsbedingten Zwang zur Vermarktung wurden pflanzliche und tierische Produkte in steigendem Umfang zu Marktprodukten, und das Produktionsverhalten der bäuerlichen Produzenten wurde zunehmend durch den Markt bestimmt.

3. Mit der Konzentration der Tierhaltung in spezifischen Viehhaltungszonen wurde die bäuerliche Bevölkerung in diesen Regionen von der Erzeugung tierischer Nahrungsmittel wirtschaftlich abhängig. Obwohl im Mittelalter von einer planvollen Tierzucht noch nicht gesprochen werden kann, waren insbesondere in den Viehhaltungszonen die Voraussetzungen für eine derartige Entwicklung geschaffen. Durch die weitgehende Trennung vom Ackerbau konnten und mußten sich die Bemühungen der bäuerlichen Produzenten dort auf die Tiere richten, und die agrarhistorischen Befunde deuten darauf hin, daß bei ihnen der Übergang vom 'Tiernutzer' zum 'Tierhalter' eher erfolgte als bei den Bauern in den Getreidebauzonen.[107] Ich möchte aber betonen, daß der Übergang von einem 'Tierhalter' zu einem *'Tierzüchter'* kulturell mindestens ebenso schwierig ist wie der von einem 'Tiernutzer' zu einem 'Tierhalter'. Er setzte ein großes *Interesse am individuellen Tier*, eine gute Beobachtungsgabe und ein *hohes Erfahrungswissen* voraus, das über die Generationen weitergegeben werden mußte, denn tierzüchterische Erfolge waren insbesondere in den Anfängen der Tierzucht ebensowenig unmittelbar erkennbar wie die Domestikationserfolge in den Anfängen der Tier(be-)haltung (*unsichtbarer bps-Effekt*)[108].

4. Im Zuge der Ausbreitung der dungbedürftigen Dreifelderwirtschaft wurde der Pflanzenbau geradezu abhängig von der Tierhaltung. Die tierischen Exkremente wurden in der kulturellen Wertschätzung zu Dung, und die landwirtschaftlichen Nutztiere gewannen einen zusätzlichen Wert als Dunglieferanten.

5.4. Modell und historische Realität

5.4.1. Der demographische Einfluß auf die landwirtschaftlichen Produktionsverhältnisse

5.4.1.1. Die Dominanz der Viehwirtschaft im Frühmittelalter

Um die Mitte des 1. Jahrtausends n. Chr. lebten im Gebiet der heutigen Bundesrepublik Deutschland schätzungsweise 600000 bis 700000 Menschen.[109] Zwar gab es große regionale Unterschiede hinsichtlich der *Siedlungsdichte*,[110] aber insgesamt war sie mit 2.8 Einwohnern pro km^2 noch sehr gering.[16] Für das Frühmittelalter ist dann eine deutliche Bevölkerungsvermehrung zu verzeichnen, die auch eine Ausdehnung der landwirtschaftlichen Nutzflächen nach sich zog. Das Ausmaß dieser Landausbaubewegung sollte jedoch nicht überschätzt werden, in diese Zeit "fallen nur die Anfänge der Rodungen und Landverwandlungen" (ABEL: 1971, S. 94). Das bedeutet, landwirtschaftlich nutzbare Areale standen, von regionalen Ausnahmen abgesehen, noch weitgehend unbegrenzt zur Verfügung. Ein weiteres Indiz für diese Annahme ist der Hinweis, daß "die frühmittelalterliche Siedlungsweise noch stark fluktuierend (war)" (RÖSENER: 1985, S. 22), was unter den Bedingungen einer Bodenverknappung kaum der Fall hätte sein können. Hieraus läßt sich folgern, daß die 'carrying capacity' hinsichtlich der Nahrungsmittelressourcen (CCN) noch ausreichend war und die *Bevölkerungsdichte* im Frühmittelalter als 'mittel' ($cc_n > ko_n$), möglicherweise sogar noch als 'gering' ($cc_n > ki_n$) eingestuft werden kann.

Entsprechend den modelltheoretischen Überlegungen (vgl. HYPOTHESE 1a und 2a auf S. 46 bzw. S. 48) war dieses auch die Voraussetzung für die große wirtschaftliche Bedeutung, die die Tierhaltung in der frühmittelalterlichen Landwirtschaft besaß.[111] Die dominante Stellung der Tierhaltung gegenüber dem Pflanzenbau kommt u. a. in den germanischen Volksrechten[112] deutlich zum Ausdruck, vor allem in der fränkischen Lex salica. Hierin finden sich vergeichsweise wenige Aussagen über den Ackerbau, aber sehr detaillierte Regelungen hinsichtlich der Tierhaltung.[113] Insbesondere den Viehdiebstählen sind ganze Abschnitte gewidmet, und für sie waren erhebliche Geldbußen festgelegt. Bemerkenswerterweise galt als Einheit der Bußordnung aber nicht das einzelne Tier, sondern nur die Herde,[114] ein Umstand, der sich meines Erachtens so interpretieren läßt, daß in dieser Epoche zum einen die Haltung von Einzeltieren wenig üblich war[115] und daß zum anderen das Einzeltier als solches keine große Wertschätzung fand.

Auffallend ist, daß im salfränkischen Recht der Diebstahl von Schweinen exakt untergliedert war und eine richtiggehende 'Schweineterminologie' existierte.[116] Die große Bedeutung,

16 Die Siedlungsdichte in der heutigen BRD beträgt mit ca. 246 Einwohnern pro km nahezu das Hundertfache (vgl. STATISTISCHES BUNDESAMT: 1987, S. 617).

die demnach die Schweinehaltung im Frühmittelalter erlangt haben muß, läßt sich vielleicht so erklären, daß die großräumigen Wiederverwaldungen, die sich an den Wüstungsprozeß gegen Ende der Frühzeit anschlossen,[117] dieser Haustierspezies eine bessere Ernährungsgrundlage boten als den Wiederkäuern.

Sehr aufschlußreich ist auch der Hinweis, daß die Felder von Zäunen umstanden waren sowie die genaue Definition einer Reihe von Zaunfreveln.[118] Auf Grund dessen läßt sich annehmen, daß die Tiere im Frühmittelalter noch wenig kontrolliert wurden und die Feldfrüchte deshalb vor den Haustieren geschützt werden mußten. Diese Maßnahmen lassen sicherlich die Interpretation zu, daß es der bäuerlichen Bevölkerung im Frühmittelalter arbeitsökonomisch sinnvoller schien, Zäune um einen Teil der Acker- und Gartenflächen zu errichten, anstatt die Tiere stärker zu beaufsichtigen oder sie gar in Einfriedungen zu halten.[17] Ich halte es aber für möglich, daß für diese Vorgehensweise andere Gründe ausschlaggebend waren.

In den Anfängen der landwirtschaftlichen Produktionsweise war die Mensch-Pflanzen-Beziehung sehr viel intensiver als die Mensch-Tier-Beziehung. Pflanzen ließen sich nicht mehr wie beim Sammeln einfach nutzen, sondern sie mußten unter großem Arbeitsaufwand angebaut werden und wurden daher von Anbeginn an gegen Tierfraß geschützt.[119] Demgegenüber waren die Haustiere für ihre Ernährung und Reproduktion weitgehend selbst 'verantwortlich' und konnten mit verhältnismäßig geringem Arbeitsaufwand (Kontrolle und Schutz vor Wildtieren) einfach genutzt werden. Im landwirtschaftlichen Evolutionsgeschehen mochte es daher erst einmal naheliegender sein, die Pflanzen vor den Tieren zu schützen. Zum einen wurde diese Maßnahme schon lange praktiziert und war daher kulturell bekannt, zum anderen hätte die Bewegungsfreiheit der Tiere möglicherweise so stark eingeschränkt werden müssen,[17] daß ihre eigenständige Nahrungsversorgung und damit ihr Überleben gefährdet gewesen wäre.

Die reine Extensivtierhaltung hatte bis zum Frühmittelalter zweifelsohne schon eine Reihe von Einschränkungen erfahren. Die klimatischen Verhältnisse hatten eine winterliche Aufstallung und eine Futtervorratswirtschaft notwendig werden lassen. Außerdem verlangte die Gewöhnung des Spannviehs an den Pflugdienst eine intensivere Beschäftigung mit diesen Tieren und die Einschränkung ihrer Weidemöglichkeit während der Zeit des Pflügens eine größere Aufmerksamkeit bezüglich ihrer Nahrungsversorgung. Auch die Haltung von

17 Möglicherweise wurden einzelne Tiere auch angebunden und mußten sich in der Umgebung des Strickes ihr Futter suchen. Die Form der Anbindehaltung (Tüdern) scheint zumindest in der vorrömischen Eisenzeit in dem keltischen Oppidum Manching gebräuchlich gewesen zu sein, wie in den archäologischen Knochenfunden aus zahlreichen verheilten Schienbeinfrakturen bei Schweinen geschlossen wird (vgl. DRIESCH: 1983, S. 41/42).

Schweinen erforderte einen gewissen Arbeitsaufwand. Da Schweine im Gegensatz zu Wiederkäuern zu einem raschen Verwildern neigen, mußten sie stärker beaufsichtigt und nachts in Gehege getrieben werden.[120] Aus den Volksrechten läßt sich weiterhin entnehmen,[116] daß die Aufzucht und Mast von Ferkeln eine spezielle Beachtung fand. Grundsätzlich wurden jedoch auch die Schweine auf der Basis des Waldweidetriebs so extensiv wie möglich gehalten, und die frühmittelalterlichen Bauern blieben vorwiegend 'Tiernutzer', die die Nahrungsversorgung ihrer Tiere nur da übernommen hatten, wo ihnen die natürlichen Bedingungen keine andere Wahl gelassen hatten oder wo ihnen dieses, wie im Falle der Mast von einigen Ferkeln, unmittelbar einsichtig erschien.

5.4.1.2. Die große Landausbaubewegung und der Niedergang der Viehwirtschaft im Hochmittelalter

Nach einer vorübergehenden Stagnation des Bevölkerungswachstums und des Landausbaus, bedingt durch die Kämpfe um die Nachfolge Karls d. Gr. sowie fortwährende Kriege gegen andere Völkergruppen (Normannen, Ungarn und Araber), in deren Folge auch Hungersnöte und Seuchen ausbrachen,[121] kam es ab dem 11. Jahrhundert zu einer enormen Bevölkerungsexpansion. Gegen Ende des 13. Jahrhunderts lebten in Deutschland, jetzt bezogen auf die Grenzen von 1933, ca. 14 Millionen Menschen, was einer Siedlungsdichte von etwa 25 Einwohnern pro km^2 entspricht.[122]

Für diesen gewaltigen Anstieg der Bevölkerungszahl, den die Agrarhistoriker nicht erklären können, bietet meines Erachtens die HEINSOHNsche 'These von der Dominanz des ökonomischen Kalküls bei der Fortplanzung'[123] eine mögliche Erklärung.Durch das Feudalsystem, das auf der Ausbeutung der bäuerlichen Arbeitskraft basierte, wurde es für die ländlichen Bevölkerungsschichten wirtschaftlich rational, möglichst viele Kinder zu haben. Insbesondere mit dem Übergang zur Rentengrundherrschaft bot eine große Nachkommenschaft die Möglichkeit, auch größere Flächen zu bewirtschaften und trug so dazu bei, den Druck der Feudallasten für die älteren Familienmitglieder zu vermindern, bzw. ermöglichte sogar die Produktion von Überschüssen. Der Anreiz, über den Eigenbedarf und die Abgaben hinaus Überschüsse zu erwirtschaften, war in der mittelalterlichen Gesellschaft durchaus gegeben, denn auf diese Weise ließ sich ein gewisser Grad an Unabhängigkeit und eventuell ein sozialer Aufstieg erreichen.

Die hochmittelalterliche Entwicklung war auch mit einer massiven Ausweitung der besiedelten Areale verbunden. Im Zuge der Neulandgewinnung wurden die dichten Wälder weitgehend urbar gemacht, Sumpf- und Moorgebiete trockengelegt und an der Nordseeküste zum Schutz vor Meeresüberflutungen zahlreiche Dämme angelegt.[124] Ab dem 12. Jahrhundert begann darüber hinaus die 'deutsche Ostkolonisation', d. h. die planmäßige Erschliessung der ostelbischen Gebiete.[125] Diese lag nicht allein im Interesse der bäuerlichen Unterschichten, die aus den zunehmend dichter besiedelten Gegenden des Westens in die noch wenig besetzten Regionen des Ostens[126] drängten, sondern auch im Interesse der weltlichen und geistlichen Grundherrn, die auf diese Weise ihren Herrschaftsbereich vergrößern konnten. Die Kolonisierung erfolgte im allgemeinen unter der Leitung von sog. Lokatoren. Diese warben im Auftrag der Gundherrn siedlungswillige Bauern an, planten und überwachten die Rodungsmaßnahmen und bestimmten die Verteilung des Bodens. Als Gegenleistung wurden sie mit Sonderrechten ausgestattet, erhielten größere Landzuweisungen und mußten geringere Abgaben entrichten als die anderen Siedler.[127] Aber auch diese waren gegenüber ihren Landsleuten im Westen privilegiert, "da die grundherrschaftliche Bindung relativ locker war, die Bauern über gute Besitzrechte am Land verfügten und die Feudallasten vergleichsweise gering waren" (RÖSENER: 1985, S. 49). Dem Grundsatz, daß 'Stadtluft frei macht',[128] entsprach deshalb für das Land die Devise, daß 'Rodung frei macht'.[129]

Trotz der großräumigen Landerschließungsmaßnahmen wurde die Nahrungsversorgung der Gesamtbevölkerung unzureichend, und vor allem in den westlichen Teilen des Landes wurden die viehwirtschaftlich genutzten Flächen zunehmend in Ackerland umgewandelt. Von den Viehhaltungszonen abgesehen, mußte sowohl die Wiederkäuer- als auch die Schweinehaltung drastisch reduziert werden. Insbesondere für die letztgenannte Haustierspezies standen kaum noch Waldweiden zur Verfügung. Über die Waldflächen, die noch vorhanden waren, besaßen in der Regel die Grundherren das Herrschaftsrecht (Bodenregal). Während dieses bei der geringen Bevölkerungszahl im Frühmittelalter faktisch kaum beansprucht wurde, finden sich seit dem 12. Jahrhundert strenge Vorschriften, durch die die Nutzung der Waldbestände reglementiert und das Weiderecht für Schweine eingeschränkt wurden.[130] Die Mästung der Schweine, die im Frühmittelalter nur bei wenigen Tieren erfolgte, beginnt sich im Hochmittelalter stärker durchzusetzen, und zwar in Verbindung mit einer Stallfütterung auf der Grundlage von Mühlen- und Bäckereiabfällen.[131]

Für die das Hochmittelalter charakterisierende Relation zwischen pflanzlicher und tierischer Nahrungsmittelerzeugung hat ABEL die sehr treffende Bezeichnung 'Vergetreidung' geprägt.[132] Dieser Begriff macht recht deutlich, welche Wichtigkeit die *pflanzliche Grundnahrungsmittelproduktion* für eine Agrargesellschaft *bei hoher Bevölkerungsdichte* besitzt, wenn die Eigenversorgung der Bevölkerung noch im Vordergrund der volkswirtschaftlichen Dynamik steht und der Markt in bezug auf agrarische Erzeugnisse noch keiner größeren exogenen Beeinflussung (z. B. Getreideimporte) ausgesetzt ist (vgl. HYPOTHESE 3a auf S. 52).

5.4.1.3. Die Frage der Überbevölkerung und die Reextensivierung der Landwirtschaft im Spätmittelalter

Die spätmittelalterliche Entwicklung ist von einem erheblichen Bevölkerungsrückgang gekennzeichnet, der einen Wüstungsprozeß zur Folge hatte, in dem "jede vierte Siedlung, die bis zum Ende des hochmittelalterlichen Landesausbaues nachgewiesen werden konnte, bis zum Ausgang des Mittelalters wieder verschwand" (ABEL: 1978, S. 89). Als Ursachen für den Bevölkerungsschwund, der mindestens ein Drittel bezogen auf die Gesamtbevölkerung betragen haben soll,[133] bieten sich die verheerenden Hungerkrisen seit dem Beginn des 14. Jahrhunderts an und vor allem die Pestepidemien, die seit 1350 zu katastrophalen Bevölkerungsverlusten führten.[134]

Die Pestepidemien stellten zwar 'exogene Faktoren' in bezug auf die demographische Entwicklung dar,[135] aber ausgehend von den Ernährungskrisen, die den Bevölkerungsrückgang einleiteten, stellt sich sicherlich die von ABEL (1971, S. 198) formulierte Frage: "War Deutschland überbevölkert?", eine Frage, die ich noch folgendermaßen präzisieren möchte: War die Gesamttragfähigkeit des ökologischen Systems bei dem gegebenen agrikulturellen Produktionsniveau unzureichend geworden bzw. hatte der cc_n-Koeffizient im Hochmittelalter die kritische Obergrenze ko_n oder sogar die kritische Grenze 1_n unterschritten?

Einiges spricht für eine solche Annahme. "In vielen Regionen Europas war es bis zum Beginn des 14. Jahrhunderts zu einer so starken Bevölkerungsvermehrung gekommen, daß die natürlichen Ressourcen überlastet waren und das 'Ökosystem' aus den Fugen zu geraten drohte. Der wachsende Druck der expandierenden Bevölkerung auf den knapper werdenden Böden dehnte den Ackerbau auch auf weniger geeignete Flächen aus, führte zu Abholzung und Bodenerosionen und verminderte die Bodenproduktivität, so daß die Ernährung immer schwieriger wurde und es in Jahren schlechter Ernten immer häufiger zu Hungersnöten kam" (RÖSENER: 1985, S. 40/41). Auch "(führte) die Entwaldung[136] weiter Landstriche ... in manchen Gegenden zu einer beträchtlichen Senkung des Grundwasserspiegels, so daß Wassermangel in trockenen Sommern Mißernten hervorbrachte" (RÖSENER :1985, S. 52). Ferner gingen die Getreideerträge zurück, da es insbesondere in den Ackerbauzonen an tierischem Dung noch stärker mangelte als zuvor, und zu berücksichtigen ist auch, daß in diesen Regionen die 'Pufferwirkung' der Tierhaltung bei Mißernten zu fehlen begann. Die Ernährungslage wurde zusätzlich durch die allgemein niedrige Aussaat-Ertrags-Relation im Getreidebau verschärft. Da eine normale Ernte nur etwa das Dreifache der Aussaat erbrachte, folgten einer Mißernte häufig mehrere Hungerjahre, denn die akute Notsituation brachte die Landbevölkerung dazu, einen mehr oder weniger großen Anteil des für die nächste Anbauperiode benötigten Saatgutes direkt zu verzehren.[137]

ABEL bezweifelt, daß aus den Ernährungskrisen, die aus witterungsbedingten Mißernten entstanden und sporadisch auch schon vor dem 14. Jahrhundert aufgetreten sind, auf eine Überbevölkerung im hochmittelalterlichen Deutschland geschlossen werden kann. Nicht die "schlichte Mensch-Land-Relation" sei hierfür entscheidend gewesen, sondern "die allzu enge Relation zwischen Aufwand (Saatguteinsatz, K.L.) und Ertrag" (ABEL: 1971, S. 199/200). Bei dieser Argumentation macht ABEL den Fehler, daß er die Mensch-Land-Relation nicht als eine Nahrungsressourcen-Bevölkerungs-Relation betrachtet, die in direkter Weise von dem gegebenen gesellschaftsspezifischen Produktionsniveau abhängig ist, und die "allzu enge Relation Aufwand und Ertrag" war eines der Merkmale des hochmittelalterlichen Produktionsniveaus.[138] Demzufolge muß auch die "schlichte Mensch-Land-Relation" als eines der entscheidenden Probleme dieser Zeit angesehen werden, das in den geschilderten ökologischen Krisenerscheinungen seinen Ausdruck fand und meines Erachtens als Zeichen für eine zumindest drohende Überbevölkerung gewertet werden muß.

Weitaus schwieriger zu beurteilen ist die Frage der Überbevölkerung in bezug auf die innergesellschaftliche Verteilungsgerechtigkeit. Im landwirtschaftlichen Primärsektor wurde zwar der überwiegende Teil des gesellschaftlichen Reichtums produziert,[139] aber dieser mußte gegen unverhältnismäßig geringe Gegenleistungen an andere Gesellschaftsschichten abgetreten werden. Im Hochmittelalter entstand eine zunehmend breitere bürgerliche Mittelschicht, die über die Feudalherren oder als Träger von Rechtstiteln[140] an der Ausbeutung der bäuerlichen Produzenten mitbeteiligt war und darüberhinaus auch die städtischen Unterschichten auszubeuten begann. Letztere profitierten sicherlich nicht von der bäuerlichen Bevölkerung, aber auch diese Schichten mußten miternährt werden. Insofern hat ABEL sicherlich recht, wenn er schreibt, daß die landwirtschaftlichen Betriebe die Fundamente der hochmittelalterlichen Gesellschaft darstellten und daß die Frage der Überbevölkerung nur sinnvoll beantwortet werden kann, wenn sie auf den gesellschaftlichen Sozialaufbau der damaligen Zeit bezogen wird.[141] Unter dem Aspekt der herrschaftsbedingten Verteilungsungerechtigkeit läßt sich auch meiner Ansicht nach nicht eindeutig klären, ob die hochmittelalterliche Gesellschaft als 'überbevölkert' betrachtet werden kann (ein Aspekt im übrigen, unter dem sich die Frage der Überbevölkerung in der heutigen Zeit ebensowenig eindeutig klären läßt). Angesichts der negativen ökologischen Folgen erscheint es mir jedoch offensichtlich, daß am Ausgang des Hochmittelalters zumindest die kritische Obergrenze unterschritten wurde, d. h. daß die Bevölkerungsdichte in Deutschland gegen Ende des 13. Jahrhunderts als 'hoch' eingestuft werden kann und daß für viele der unmittelbaren Nahrungsproduzenten die drohende Erschöpfung der Nahrungsressourcen immer offensichtlicher wurde.

Bezüglich der demographischen Entwicklung bleibt jetzt noch zu fragen, ob die existenzielle Gefährdung der Bevölkerung zu einer allmählichen Veränderung des menschlichen Reproduktionsverhaltens im Spätmittelalter führte. ABEL (1978, S. 102) schließt nicht aus, daß auch eine "sinkende Geburtlichkeit am Rückgang der Bevölkerung Anteil hatte", und GRUPE (1986, S. 32) stellt fest: "All das, was mit nüchternen Zahlen eine Bevölkerungsbewegung in einem immmerhin 1000 Jahre dauernden Zeitabschnitt skizziert, ..., läßt sich recht gut in einem biologischen Kontext plausibel machen. Im Hinblick auf die Pest des 14. Jahrhunderts aber, welche die Bevölkerung für mehr als drei Generationen niedrig hielt, obgleich die Krankheit seit 1400 endemisch geworden war, ist der Punkt erreicht, an dem physiologische Reproduktionsmechanismen kein Erklärungsmodell mehr liefern können. Die *Möglichkeit* zum Wachstum war gegeben, doch offenkundig fehlte der *Wille dazu*." Die These, daß ab dem 15. Jahrhundert ein verändertes menschliches Reproduktionsverhalten zu einer Bevölkerungsstabilisierung in Deutschland führte, wird insbesondere von HEINSOHN ET AL. (1979) vertreten. Sie gründen ihre These auf der Beobachtung[142], daß seit dem Beginn des 15. Jahrhunderts Abtreibung, Verhütung und heimliche Kindestötung, was bislang auch von kirchlicher Seite aus stillschweigend geduldet wurde, verfolgt und steng bestraft wurde. Das von Staat und Kirche organisierte Auslöschen des Nachwuchsverhütungswissens gipfelte ihrer Ansicht nach in den Hexenprozessen: "Wir betrachten deshalb die Hexenverfolgung ... als die Austreibung zweckrationalen Verhaltens aus der Fortpflanzung, als die weitgehende Verschüttung jenes biologisch und physikalisch-chemischen Wissens, welche Schwangerschaften zu verhüten, Föten abzutreiben und Neugeborene einem sanften Tod anheimzugeben erlaubte" (a.a.O.: S. 54). In dieser staatlich-kirchlich inszenierten Bevölkerungsvermehrungspolitik, die den feudalherrschaftlichen Interessen an einer Erhöhung des Arbeitskräftepotentials entsprang, sehen sie auch die Ursache für die erneute Bevölkerungsexpansion des 16. und frühen 17. Jahrhunderts,[143] wobei die Einwohnerzahl in Deutschland vor Beginn des Dreißigjährigen Krieges von ABEL auf wieder 15 bis 16 Millionen Menschen geschätzt wird.[144]

Betrachtet man die demographische Entwicklung, so scheint im Spätmittelalter keine Notwendigkeit für eine Reduzierung der Kinderzahl bestanden zu haben. Durch den Bevölkerungsrückgang wurde die CCN wieder indirekt erhöht, und landwirtschaftliche Nutzflächen standen wieder zur freien Verfügung. Hierbei ist jedoch zu beachten, daß sich Bevölkerungsstabilisierungsmethoden schon während der Ernährungskrisen im Hochmittelalter herausgebildet und als 'tauglich' durchgesetzt hatten. Da diese von einer psychostrukturellen Verhaltensänderung begleitet waren, konnten sie nicht kurzfristig wieder aufgegeben werden. Hinzu kommt, daß sich an der drückenden Lage der Mehrheit der bäuerlichen Bevölkerung auch im Spätmittelalter wenig änderte und viele kleinbäuerliche Familien es vorzogen, ihre Höfe aufzugeben und in die Städte abzuwandern.[145]

Der durch den Bevölkerungsrückgang eingeleitete Wüstungsprozeß führte zu einer bemerkenswerten Reextensivierung der Landwirtschaft im Spätmittelalter. Zwar wurde die Dreifelderwirtschaft beibehalten, aber von den Dörfern entfernter liegende Außenfelder wurden wieder im Sinne der ungeregelten Feldgraswirtschaft genutzt. Qualitativ schlechte Ackerflächen konnten sogar ganz aufgegeben werden, verbuschten oder verwaldeten und wurden wieder dem Vieh überlassen.[146] Die Extensivtierhaltung gewann ihre frühere Bedeutung zurück, und der Fleischverbrauch im Spätmittelalter war ungemein hoch, "vermutlich über 100 kg je Kopf und Jahr der Bevölkerung in den Kerngebieten Deutschlands" (ABEL: 1971, S. 318).[18]

Neben dieser Extensivierung der Landwirtschaft zeigten sich aber vor allem in der näheren Umgebung von Städten "eine Zunahme landwirtschaftlicher Aktivitäten auf gegebener Fläche, also Intensivierungen" (ABEL: 1971, S. 316). Diese betrafen in erster Linie die Sonderkulturen (Gemüse, Obst, Wein etc.), aber auch den viehwirtschaftlichen Bereich. Sowohl in den südlichen Teilen Deutschlands als auch im friesischen Gebiet entwickelte sich eine zunehmende Spezialisierung der Viehbetriebe. Neben Fleisch wurden zunehmend Milch, Butter und Käse für die städtischen Verbraucher produziert, d. h. dort finden sich die Anfänge einer intensiveren Milchtierhaltung (vgl. HYPOTHESE 7 auf S. 69).[147]

Die Reextensivierung der Landwirtschaft und der hohe Fleischverbrauch im Spätmittelalter scheinen darauf hinzudeuten, daß die Nahrungsgrundlage insbesondere für die ländliche Bevölkerung wieder gesichert war. Daß dies realiter nicht der Fall war, ist in erster Linie auf die sog. spätmittelalterliche Agrarkrise zurückzuführen. Ab der Mitte des 14. Jahrhunderts kam es zu einem langfristigen Preisverfall für Getreide, wodurch die landwirtschaftlichen Einkommen drastisch vermindert wurden und sich die Tendenz der Grundherren, ihre Einkommensverluste über eine Erhöhung der Rentenabgaben ausgleichen zu wollen, noch verstärkte.[148]

5.4.2. Der Einfluß der gesellschaftlichen Hierarchisierung auf die landwirtschaftlichen Produktionsverhältnisse

Betrachtet man den historischen Ablauf, so läßt sich meines Erachtens konstatieren, daß die demographische Entwicklung nur in Verbindung mit der Feudalstruktur entscheidend für die Herausbildung der landwirtschaftlichen Produktionsverhältnisse im hochmittelalterlichen Deutschland war. Zwar entstand durch das enorme Bevölkerungswachstum ein gesellschaftlicher Zwang, die 'carrying capacity' hinsichtlich der Nahrungsmittelressourcen steigern zu müssen, aber in Anbetracht der Tatsache, daß sich andere Mitglieder der Gesellschaft einen großen Teil der landwirtschaftlichen Überschüsse aneigneten, erscheint es mir kaum vorstellbar, daß die bäuerlichen Produzenten von sich aus ihre 'Arbeitseffektivität'

18 Der Fleischverbrauch in der BRD liegt nicht höher. Er wird für den Beginn der 80er Jahre mit 97.7 kg pro Kopf und Jahr angegeben (vgl. FAO: 1984, S. 87).

derart gesteigert, ihre individual-wirtschaftliche Betriebsweise freiwillig eingeschränkt und vor allem ihre arbeitsorganisatorische 'Disziplinierung'[149] selbst herbeigeführt hätten. Die Dreifelderwirtschaft wurde im kulturellen Selektionsgeschehen offensichtlich für 'tauglich' befunden, aber diese *Entscheidung* wurde von den gesellschaftlichen Machthabern getroffen und durchgesetzt. Für eine *Selektion von oben* spricht auch die außerordentlich kurze Dauer von nur wenigen Jahrhunderten, in der sich die Umwälzung des gesamten Agrarsystems vollzog, wobei man hiermit das Evolutionsgeschehen in der Vorperiode vergleichen muß, in der während mehrerer Jahrtausende keine wesentlichen Veränderungen der landwirtschaftlichen Produktionsverhältnisse zu verzeichnen waren.

Wenn nun von einigen Agrarhistorikern, anscheinend 'wertfrei', die bessere Verteilung der landwirtschaftlichen Arbeiten als ein großer 'Vorteil', 'Vorzug' oder 'Fortschritt'[150] der Dreifelderwirtschaft hervorgehoben wird, so offenbart sich hierin für mich der 'Arbeitsmythos' unserer heutigen Zeit. Gesellschaftlicher Fortschritt und die Erhöhung der Arbeitseffektivität (und nicht der Arbeitsproduktivität) werden schlechterdings gleichgesetzt, und es wird nicht hinterfragt, zu wessen Nutzen sich diese Entwicklung vollzog. Die größere Arbeitseffizienz kann bestenfalls als eine Voraussetzung für die erfolgreiche Ertragssteigerung im Rahmen der Dreifelderwirtschaft gesehen werden, aber wenn man *aus Sicht der hörigen Bauern*, der Mehrheit der damaligen Bevölkerung, argumentiert, kann sie kaum als ein 'Vorteil' oder 'Fortschritt' gewertet werden.

Unter ähnlichen Aspekten ist auch die Intensivierung des Marktverkehrs zu beurteilen. Der rasche 'Aufstieg' Deutschlands von einer 'unterentwickelten' Tauschwirtschaft zu einer, wenngleich noch nicht vollentfalteten, Markt- und Geldwirtschaft beruhte sicherlich nicht auf der bäuerlichen Entscheidungsgewalt. Mußte die große Masse der 'pauperes' im frühmittelalterlichen Fronhofsystem noch direkt für die kleine Schicht der 'potentes' arbeiten und ihr Naturalabgaben aus den eigenen Erträgen liefern, so wurde die bäuerliche Bevölkerung im Verlauf des Hochmittelalters über die Rentenabgaben gezwungen, *für den Markt* zu arbeiten. Die Mehrheit der bäuerlichen Bevölkerung sah sich gar nicht vor die Entscheidung gestellt, das 'Freizeitmaximierungsprinzip' beispielsweise zugunsten einer stärkeren Konsumorientierung einschränken zu müssen oder die Erzeugung von Nahrungsmittelüberschüssen für den Markt bei ihnen ungünstig erscheinenden Preisen sogar einstellen zu können. Ihre Marktteilnahme wurde gewaltsam herbeigeführt, und ihre 'Freizeit' wurde durch das 'Ausbeutungsmaximierungsprinzip' der Grundherrn auf ein Minimum reduziert. Insbesondere im Spätmittelalter, als landwirtschaftliche Nutzflächen wieder ausreichend vorhanden waren, reichte selbst ein Höchstmaß an Arbeitsleistung häufig nicht mehr aus, um die Eigenversorgung zu gewährleisten, und vielen bäuerlichen Familien blieb, um überleben zu können, nur noch die Flucht in die Städte oder der Kampf gegen die Feudalherrschaft.

5.4.3. Der Einfluß der gesellschaftlichen Arbeitsteilung und des Marktverkehrs auf die landwirtschaftlichen Produktionsverhältnisse

Wenn auch im Hochmittelalter eine deutliche Zunahme der eisernen Teile an den landwirtschaftlichen Geräten zu beobachten war und einige Neuerungen im gerätetechnischen Bereich erfolgten, so bestanden die Arbeitsgeräte doch noch überwiegend aus Holz und konnten von den Bauern größtenteils selbst angefertigt werden. Die Tatsache, daß die Egge erst in der Neuzeit eiserne Zinken erhielt, daß der Einsatz der Mähsense bei der Getreideernte erst sehr spät einen gesamtgesellschaftlichen Verbreitungsgrad erlangte und daß nur die notwendigsten Bestandteile der Arbeitsgeräte aus Eisen waren,[151] spricht dafür, daß die Mehrheit der Bauernschaft auf technische Verbesserungen, die über den notwendigsten Bedarf (insbesondere Pflugschar, Sech, Sichel) hinausgingen und nicht selbst vorgenommen werden konnten, verzichtete und in dieser Hinsicht auch weitgehend unabhängig von der gesellschaflichen Arbeitsteilung und vom Marktverkehr blieb. In dieser Weise läßt sich auch BENTZIENs Aussage verstehen, daß "im Vergleich zum städtischen Zunfthandwerk ... die feudal-abhängige Bauernschaft des Mittelalters zweifellos auf einem niedrigeren technisch-kulturellen Niveau (stand)" BENTZIEN: 1980, S. 101/102).

Andererseits wurde in der hochmittelalterlichen Landwirtschaft ein neues agrikulturelles Produktionsniveau erreicht, wofür die produktionstechnischen Fortschritte bis zum Hochmittelalter schon konstitutiv waren, denn auf der Basis der endneolithischen Produktionsweise hätte die Dreifelderwirtschaft sicherlich nicht unmittelbar entstehen können. Neben der gesellschaftlichen Wissensakkumulation über Pflugtechniken, Getreidesorten, Fruchtfolgesysteme, Düngemethoden etc. spielte für die Erhöhung des Produktionsniveaus auch die Ausbreitung der Eisentechnologie eine wesentliche Rolle, aber erst die konzentrierte Zusammenführung dieser Elemente durch die feudale Herrschaftsgewalt ermöglichte die enorme Steigerung der Getreideerträge im Hochmittelalter.

Obwohl die bäuerlichen Familienwirtschaften in bezug auf die gesellschaftliche Arbeitsteilung weitgehend autark blieben, wurden sie durch den Zwang zur Erwirtschaftung von Rentenabgaben doch in einem hohen Grade vom Marktverkehr abhängig und mußten ihr Produktionsverhalten an der Nachfrage insbesondere der städtischen Konsumentenschichten ausrichten. Während die bäuerlichen Produzenten in der Phase der Bevölkerungsexpansion keine Schwierigkeiten hatten, ihre Erzeugnisse zu angemessenen Preisen zu verkaufen, und von daher subjektiv wahrscheinlich keine Abhängigkeit vom 'Markt' empfanden, gerieten sie im Verlauf des Spätmittelalters in eine schwere 'Krise des Getreidebaus'.[152]

Der Beginn dieser *Absatzkrise*, in der die Preise für Getreide weit unter die Hälfte ihrer ursprünglichen Höhe sanken, wurde durch einige gute Ernten um das Jahr 1375 ausgelöst und zog sich bis an den Ausgang des Spätmittelalters hin. Unterbrochen wurde sie von einigen Teuerungsjahren, in denen Mißernten die Getreidepreise zwar vorübergehend in die Höhe schnellen ließen, was aber den durch den Ernteausfall bedingten Einkommensverlust der Bauern auch nicht auszugleichen vermochte.[153] Schon im Spätmittelalter wird also eines der großen Probleme unserer heutigen 'freien' Marktwirtschaften deutlich, das *Problem der 'Überproduktionskrisen'*. Hiervon besonders betroffen waren die Bauern in den Ackerbauzonen, die sich im Rahmen der Dreifelderwirtschaft auf die Erzeugung von Getreide spezialisiert hatten und auch wegen des Flurzwangs nicht in der Lage waren, ihre Produktion ohne weiteres umzustellen. Da die Preise für tierische Erzeugnisse vergleichsweise stabil blieben, bestand zwar die Tendenz, den intensiven Ackerbau zugunsten einer extensiven Viehwirtschaft aufzugeben,[154] aber die Aufstockung des Tierbestandes in den Getreidebauregionen ließ sich sicherlich nicht kurzfristig bewerkstelligen, und von der gestiegenen Nachfrage nach tierischen Produkten profitierten erst einmal die bäuerlichen Produzenten in den Viehhaltungszonen.

Die Brot-Fleisch-Preisrelation für das spätmittelalterliche Deutschland wird von ABEL mit durchschnittlich 1 : 4 angegeben,[155] d. h. Fleisch war im Vergleich zu Getreide sehr teuer geworden, und es mußten *'kaufkräftige Nachfrager'* existieren, die sich den Konsum von tierischen Nahrungsmitteln leisten konnten. Diese waren im Spätmittelalter auch vorhanden, denn die Preise für gewerbliche Erzeugnisse erreichten im ausgehenden 14. und im Verlauf des 15. Jahrhunderts zum Teil eine Höhe, "die schon von den Chronisten als ein groteskes Mißverhältnis zu den Preisen der Agrarprodukte empfunden wurden" (ABEL: 1971, S. 309), und die Löhne stiegen auf ein so hohes Niveau, daß man auch im spätmittelalterlichen Deutschland (wie in England) "von einem 'goldenen Zeitalter des Lohnarbeiters'" (ABEL: 1971, S. 310) sprechen kann. Das deutliche Einkommensgefälle, das sich zwischen der Stadt- und Landbevölkerung herausbildete, forcierte letztlich auch die Abwanderungsbewegung in die Städte und verstärkte den durch den Bevölerungsrückgang kverursachten Wüstungsprozeß in den ländlichen Regionen.[156] Im Vergleich zu der Vor- und Frühzeit sehen wir uns zu Beginn der Neuzeit im deutschen Raum zwar einer stärker arbeitsteilig organisierten, komplexeren Gesellschaft gegenüber, die zweifelsfrei auch in produktionstechnischer Hinsicht 'fortgeschritten' ist, daß diese 'Entwicklung' jedoch zum Wohle der Mehrheit der Gesellschaftsmitglieder geführt hat, ist zu bezweifeln: das 'Überleben' vieler Menschen wird durch die herrschenden Macht- und Ausbeutungsverhältnisse bestimmt, was jedoch im Rahmen der sich durchsetzenden Marktstrukturen teilweise verschleiert wird.

6. SCHLUSSBETRACHTUNG

Die landwirtschaftliche Nahrungsmittelproduktion wurde ursprünglich allein unter dem Aspekt der Ernährungssicherung betrieben, und dementsprechend lagen ihr andere ökonomische Motivationen der bäuerlichen Produzenten zugrunde als in den heutigen Industrieländern. Es galt, das Überleben mit einem möglichst geringen Arbeitsaufwand zu sichern, und nicht, möglichst hohe Erträge mit dem Einsatz aller zur Verfügung stehenden Mittel, einschließlich der eigenen Arbeitskraft, zu erzielen. Die in Deutschland bis weit in die Neuzeit hinein bestehende extensive Form der Tierhaltung besaß gegenüber dem Pflanzenbau den großen Vorteil, daß sie nur eines geringen Arbeitseinsatzes bedurfte, sie hatte aber, wie jede Form der Tierhaltung, den Nachteil, daß sie auf einer gegebenen Fläche durchschnittlich guter Bodenqualität wesentlich geringere Erträge lieferte als der Pflanzenbau. Der arbeitsökonomische Vorteil der Extensivtierhaltung geht bei intensiveren Tierhaltungssystemen verloren, und es scheint das Bestreben der frühzeitlichen Tierhalter gewesen zu sein, ihn solange wie möglich zu bewahren.

Grundlegende produktionstechnische Fortschritte lassen sich bis zum Hochmittelalter allein im pflanzenbaulichen Bereich erkennen, wobei sich bei geringer bis mittlerer Bevölkerungsdichte ($cc_n > ko_n$) in erster Linie arbeitsproduktivitätssteigernde Methoden, wie der Einsatz der tierischen Zugleistung beim Pflügen und die Anwendung effektiverer Arbeitsgeräte, auf gesellschaftlicher Ebene durchzusetzen vermochten. Entsprechend dem Ernährungs- und Freizeitpräferenzsystem war die Extensivtierhaltung im frühzeitlichen und frühmittelalterlichen 'Deutschland' unter den Bedingungen eines fehlenden Bevölkerungsdruckes sehr ausgedehnt, und sie war gegenüber dem Pflanzenbau wirtschaftlich wahrscheinlich vorherrschend.

Ein massives Bevölkerungswachstum im hochmittelalterlichen Deutschland führte zu einer maximalen Ausweitung der pflanzlichen Nahrungsmittelproduktion auf Kosten der Tierhaltung. Die Haltung von Wiederkäuern konzentrierte sich zunehmend n Gebieten, die für den iPflanzenbau wenig geeignet waren. In den Ackerbauzonen wurde die Tierhaltung, ausgenommen die von Zugrindern, drastisch eingeschränkt, obwohl die landwirtschaftlichen Nutztiere als Dunglieferanten für den Pflanzenbau eine große Bedeutung bekommen hatten. Der starke Bevölkerungsdruck führte im Verlauf des Hochmittelalters zu einer Umstrukturierung des gesamten Agrarsystems, bei der die Steigerung der Bodenproduktivität im Getreidebau die wesentliche Zielsetzung war. Der Übergang zur Dreifelderwirtschaft darf allerdings nicht allein unter dem Aspekt der Nahrungssicherung betrachtet werden. Die Steigerung der Getreideerträge war für die bäuerlichen Produzenten mit arbeitsökonomischen Nachteilen und einer Einschränkung ihrer individual-wirtschaftlichen Betriebsweise verbunden. Die Durchsetzung der Dreifelderwirtschaft als 'taugliches' Agrarsystem läßt sich nur auf dem Hintergrund der feudalistischen Herrschaftsverhältnisse verstehen, und ihre Selektion erfolgte 'von oben'.

Obwohl tierische Nahrungsmittel im Hochmittelalter knapp wurden und sich die tierische Nahrungsmittelproduktion nur noch mittels bodenproduktivitätssteigernder Maßnahmen erhöhen ließ, sind auch in dieser Periode nur die Ansätze einer intensiveren Tierhaltung festzustellen. Seit dem Beginn der Tierhaltung im Neolithikum zeichneten sich alle Haustierspezies im heutigen deutschen Raum durch eine extreme Kleinwüchsigkeit aus, die sich auf eine Adaptation der Tiere an die schlechten Ernährungsbedingungen vor allem während der kalten Jahreszeit zurückführen läßt. Zwar erzwangen Klimaverschlechterungen schon im 2. Jahrtausend v. Chr. eine winterliche Aufstallung und eine Futtervorratswirtschaft, aber Futter wurde nur in minimalem Umfang beschafft, und die Nahrungsversorgung der Tiere blieb mangelhaft. Eine regelmäßige Heugewinnung im Rahmen einer gezielten Wiesenbewirtschaftung begann sich erst ab dem Hochmittelalter in stärkerem Maße durchzusetzen, und sie erlaubte auch nur eine verbesserte Fütterung von Wiederkäuern (und Pferden). Eine Größenzunahme von Rindern läßt sich allerdings nur in den Viehhaltungszonen beobachten, so daß gefolgert werden muß, daß sich an den Ernährungsbedingungen der Tiere in den Ackerbauzonen nur wenig änderte. Verglichen mit den Wiederkäuern verschlechterte sich die Futterbasis von Schweinen im Hochmittelalter beträchtlich. Nach der Abholzung großer Waldbestände mußte die Waldweidemast dieser Haustierspezies erheblich eingeschränkt werden. Außer Mühlen- und Bäckereiabfällen waren keine alternativen Futtermittel vorhanden, und die Verfütterung von menschlichen Grundnahrungsmitteln wäre mit so hohen Veredelungsverlusten verbunden gewesen, wie sie für die hochmittelalterliche Gesellschaft, in der sich Ernährungskrisen zu häufen begannen, nicht tragbar waren.

Da eine ausreichende Ernährung der landwirtschaftlichen Nutztiere die Voraussetzung für den Erfolg von züchterischen Maßnahmen zur Steigerung des tierischen Leistungspotentials bildet, ist es nicht erstaunlich, daß sich auch im ausgehenden Spätmittelalter in Deutschland noch keine planvolle Tierzucht entwickelt hatte. Die Gründe hierfür sind jedoch sehr komplexer Natur:

1. Solange landwirtschaftliche Nutzflächen noch weitgehend unbegrenzt zur Verfügung stehen und ein ausreichend hoher Tierbestand durch eine extensive Weidewirtschaft aufrechterhalten werden kann, besteht in einer landwirtschaftlichen Subistenzökonomie keine Veranlassung, zu einer (arbeits-)intensiveren Form der Tierhaltung überzugehen. Hierin ist auch ein entscheidender Grund für die Nicht-Übernahme des hochstehenden römischen Tierhaltungssystems durch die Germanen zu sehen.

2. Bei hoher Bevölkerungsdichte ($cc_n \leq ko_n$) entwickelt sich eine Bodenkonkurrenz zwischen Pflanzenbau und Tierhaltung, und durch den Zwang zur Steigerung der 'Gesamttragfähigkeit' hinsichtlich der Nahrungsmittelressourcen muß die Tierhaltung zugunsten des Pflanzenbaus reduziert und zunehmend auf Marginalböden betrieben werden. Eine Steigerung der tierischen Nahrungsmittelproduktion verlangt unter diesen Bedingungen die teilweise Aufgabe der extensiven Weidewirtschaft und den Übergang zu einer Futtermittelproduktion, da diese auf einer gegebenen Fläche höhere Futtererträge liefert als die naturgegebenen Weidegründe. Da selbst eine geregelte Heugewinnung im Rahmen einer Wiesenbewirtschaftung die Arbeitsproduktivität im Bereich der Tierhaltung spürbar senkt, erfolgt die Selektion derartiger Methoden erst, wenn die ernährungspräferenzielle Bedürfnisgrenze hinsichtlich der tierischen Nahrungsmittel unterschritten wird. In Deutschland wurde die Intensivierung der Tierhaltung auch durch den grundherrschaftlichen Zwang zur Erwirtschaftung von Rentenabgaben verstärkt, und es läßt sich nicht ausschließen, daß sich ohne den Zwang zur Vermarktung und die Existenz einer 'kaufkräftigen' Konsumentenschicht die produktionstechnischen Fortschritte in der Tierhaltung noch weiter verzögert hätten.

3. Das Evolutionsgeschehen in der Tierhaltung läßt sich nicht nur aus dem ökonomischen Kalkül der bäuerlichen Produzenten ableiten. Ein wesentliches Moment stellt auch die Qualität der Mensch-Tier-Beziehung dar. Während der bäuerliche Produzent in der Vor- und Frühzeit noch als 'Tiernutzer' angesprochen werden kann, der nur in Ausnahmefällen die Verantwortung für das Überleben seiner Tiere übernommen hatte, beginnt sich ab dem Hochmittelalter sein allmählicher Wandel zu einem 'Tierhalter' abzuzeichnen, der zunehmend bereit ist, die Verantwortung für die Nahrungssicherung seiner Tiere zu übernehmen und für seine Tiere zu arbeiten. Dieser Einstellungswandel ist meines Erachtens eine wesentliche Voraussetzung für die Weiterentwicklung des 'Tierhalters' zu einem 'Tierzüchter', Letzterer muß nicht nur bereit sein, für seine Tiere zu sorgen, sondern er muß auch dem individuellen Tier eine starke Beachtung schenken. Wie sich an der agrarhistorischen Entwicklung Deutschlands aufzeigen läßt, kam dieser Wandel in der Mensch-Nutztier-Beziehung erst in einer Periode zustande, als ein wachsender Bevölkerungsdruck eine Steigerung der Bodenproduktivität auch im Bereich der Tierhaltung notwendig machte. Diese Entwicklung schließt allerdings nicht aus, daß einzelne Bauern über bessere tierhalterische Fähigkeiten verfügten als andere. Da Menschen unterschiedliche Interessen besitzen und die individuellen Wissenspools unterschiedlich strukturiert sind, ist sogar davon auszugehen, daß zwischen den 'Tiernutzern/Tierhaltern' große qualitative Unterschiede bestanden, die sich auch in den 'tierhalterischen' Erfolgen bzw. Nichterfolgen der bäuerlichen Produzenten widerspiegelten.

Wieweit aus der agrargeschichtlichen Entwicklung Deutschlands tatsächlich gelernt werden kann, möchte ich am Schluß meiner Arbeit noch am Beispiel der kleinbäuerlichen 'Subsistenztierhaltung' in der Nordwestprovinz Kameruns darstellen. Die Nahrungsversorgung der Bevölkerung ist in dieser Region zwar noch ausreichend, aber die landwirtschaftlichen Nutzflächen sind knapp, und die pflanzenbaulich nutzbaren Bodenflächen dienen ausschließlich der Produktion menschlicher Grundnahrungsmittel und des Exportproduktes Kaffee. Die Tierhaltung ist in den kleinbäuerlichen Betrieben von untergeordneter Bedeutung, und sie wird mit einem Minimum an Arbeitsaufwand betrieben. In der Trockenzeit bleiben die Tiere vollkommen unbeaufsichtigt, und sie können sich in der Umgebung der Häuser und auf den brachliegenden Feldern ihr Futter suchen. Während der Pflanzzeit in der regenreichen Jahresperiode müssen sie allerdings kontrolliert werden, da die Tierbesitzer für Flurschäden, die ihre Tiere auf den Feldern von Nachbarn anrichten, mit Bußgeldern bestraft werden. Schweine werden deshalb in kleine Gehege gesperrt und mit den spärlichen Küchenabfällen am Leben erhalten, oder sie werden, wie die kleinen Wiederkäuer, angebunden und müssen sich wie diese von Gras und Kräutern ernähren. Entsprechend ihrer mangelhaften Ernährungsgrundlage sind die regionalen Haustierspezies auch sehr kleinwüchsig und häufig in einem schlechten Gesundheitszustand.

Auf den ersten Blick scheinen sich hier eine Reihe von Möglichkeiten anzubieten, um die tierische Nahrungsmittelproduktion in dieser Region zu steigern, aber in der Realität sind diese Möglichkeiten sehr begrenzt. Unter arbeitsökonomischen Gesichtspunkten läßt sich keine optimalere Haltungsform vorstellen, und eine Steigerung des tierischen Leistungspotentials hat eine grundlegende Verbesserung der Futterbasis zur Voraussetzung. Auch die veterinärmedizinische Betreuung dieser Tiere hatte, wie ich feststellen mußte, keine nachhaltigen Effekte. Wie beim Menschen sind auch beim Tier 'Ernährung' und 'Gesundheit' eng miteinander verbunden, und die häufig auftretenden Lungen- und Darmerkrankungen waren in erster Linie auf die erhöhte Infektionsanfälligkeit der mangelhaft ernährten Tiere zurückzuführen.

Der Versuch eines kamerunisch-amerikanischen Entwicklungshilfeprojektes, die tierische Nahrungsmittelproduktion im Einzugsbereich der Provinzhauptstadt mittels importierter Hochleistungsrassen zu steigern, hatte überweiegend nur negative Auswirkungen. Dieses ließ sich insbesondere bei der Aufzucht von Ferkeln beobachten. Die kleinbäuerlichen 'Tiernutzer' waren zwar bereit, in diese 'wertvollen' Tiere Zeit und auch Geld zu investieren, aber in der Regel mit geringem Erfolg. Da Schweine prinzipiell die gleichen Nährstoffe benötigen wie Menschen, erwies sich vor allem die Futterbeschaffung als problematisch, und eine Fütterung der ausländischen Hochleistungsrassen auf Haushaltsebene war wenig sinnvoll, da sie auf dieser Basis noch schlechter gedeihen als die Lokalrassen. Zwar kann der Energiebedarf möglicherweise noch über Küchenabfälle und menschliche Grundnahrungsmittel wie Mais, Yams oder Cassava gedeckt werden, die notwendigen Proteine sind darin jedoch nicht in ausreichender Menge enthalten. Das einzige hochwertige Abfallprodukt, das in der Nordwestprovinz zur Verfügung stand, war Reiskleie, die aber auf Grund der starken Nachfrage sehr teuer war und fast zur Hälfte des Preises von Mais verkauft wurde.

Ganz abgesehen von der Tatsache, daß die Aufzucht der Ferkel für die Bauern mit finanziellen Verlusten verbunden war, trug sie auch nicht zur Verbesserung der familiären Ernährungssituation bei, im Gegenteil. Da in die Ernährung der Tiere Geld investiert worden war, bestand auch ein direkter Zwang zur Vermarktung, und das Fleisch wurde nicht selbst konsumiert. Wieweit eine Steigerung des Einkommens der ausschließlich männlichen Tierhalter den übrigen Familienangehörigen und einer Verbesserung der familiären Ernährungssituation zugute gekommen wäre, bleibt darüberhinaus fraglich.

Um die Ernährungssituation der ärmeren Landbevölkerung, insbesondere der Frauen und Kinder, tatsächlich verbessern zu können, sollten tierische Veredelungsverluste nach Möglichkeit vermieden und die tierische Nahrungsmittelproduktion unter marktwirtschaftlichen Aspekten nicht zusätzlich angeregt werden, d. h. die 'Subsistenztierhaltung' sollte prinzipiell erhalten bleiben und stabilisiert werden. Neben den arbeitsökonomischen Vorzügen besitzt sie auch den großen Vorteil, daß Tiere nicht zu Nahrungskonkurrenten des Menschen werden, und sie erlaubt auf diese Weise eine optimale Ausnutzung der zur Verfügung stehenden Nahrungsressourcen. Daß die 'Subsistenztierhaltung' nicht nur verbesserungsfähig, sondern mehr noch, 'verbesserungswürdig' ist, ist mir am Beispiel von Herrn Richard MOFOR, einem Kleinbauern aus der Nordwestprovinz, bewußt geworden. Herr Mofor besaß nicht mehr als drei bis vier Ziegen, die sich in einem außerordentlich guten Allgemeinzustand befanden und auch deutlich größer als die Ziegen anderer Bauern waren. Der 'tierhalterische' Erfolg dieses Mannes gründete auf dem großen Interesse, das er seinen Tieren entgegenbrachte, und auf der Erfahrung, die er sich im Umgang mit ihnen erworben hatte. Er band seine Tiere an guten Futterplätzen an, wechselte die Futterstellen zwei- bis dreimal täglich, und trächtige Tiere sowie Muttertiere erhielten zusätzlich eine kleine Maisration. Die Beobachtung, daß Jungtiere häufig an Lungenentzündungen eingehen, hatten ihn dazu veranlaßt, Muttertiere in der Nähe des Hauses anzubinden, so daß die Jungen vor heftigen Regenschauern Schutz suchen konnten. Und in der Tat hatte er kaum Tierverluste zu beklagen - auch ohne veterinärmedizinische Betreuung.

Sicherlich handelte es sich bei Herrn Mofor bereits um einen 'Tierhalter' in dem von mir gebrauchten Sinn und nicht mehr um einen traditionellen 'Tiernutzer'. Aber ich glaube, daß seine Methoden der Tierhaltung für viele andere kameruner Kleinbauern ebenso 'kulturell erlernbar' sind und daß sich nur auf eine derartige Weise das tierische Leistungspotential in dieser Region wirksam steigern und die Ernährungssituation der kleinbäuerlichen Familien tatsächlich verbessern läßt.

7. ANMERKUNGEN

7.1. Anmerkungen zu Kapitel 1 und 2

1 vgl. u. a. NUSCHELER (1982, S. 337)

2 vgl. BOESSNECK (1983, S. 5)

3 vgl. ISAAC (1970, S. 3)

4 "Zwei große Kränkungen ihrer naiven Eigenliebe hat die Menschheit im Laufe der Zeit von der Wissenschaft erdulden müssen. Die erste, als sie erfuhr, daß unsere Erde nicht der Mittelpunkt des Weltalls ist, ... Die zweite dann, als die biologische Forschung das angebliche Schöpfungsvorrecht des Menschen zunichte machte, ihn auf die Abstammung aus dem Tierreich und die Unvertilgbarkeit seiner animalischen Natur verwies" (FREUD: 1969, S. 283).

5 vgl. GOULD (1984, S. 8) und insbes. DARWIN (1963, S. 177/178)

6 "... und da wir für den Ursprung des Menschen als Anhänger der Entwicklungslehre natürlich eine Entwicklung aus niederen Formen annehmen müssen, ..." (HAHN: 1905, S. 12).

7 vgl. HAHN (1909, S. 9)

8 "Der Gedanke der wirtschaftlichen Benutzung, jetzt für unser Gefühl die Hauptsache der ganzen Haustierzucht, ist eben nicht das ursprüngliche Motiv" (HAHN: 1896, S. 28).

9 "Ich denke mir daher die Gewinnung des Rindes, des ersten wirtschaftlichen Haustieres, ganz anders" (HAHN: 1896, S. 34).

10 Die Agrarreligionen stehen deutlich im Zentrum von HAHNs Arbeiten. Obwohl seine Argumentationen sicherlich häufig nicht zwingend sind, lassen sie sich doch nicht ohne weiteres von der Hand weisen. Noch heute finden seine Hypothesen bei anerkannten Agrarhistorikern und Wirtschaftsgeographen starke Beachtung oder zumindest Erwähnung (vgl. u. a. KRZYMOWSKI: 1961, ISAAC: 1970, HARRIS: 1977, WAGNER: 1977, RINDOS: 1984).

11 "Man hielt also Rinder in großen Gehegen als der Göttin geweihte Bestände" (HAHN: 1909, S. 139).

12 "Die Heiligkeit des Ochsen, die die des Rindes noch übertrifft, habe ich schon ein paarmal erwähnt. Sie geht eben zusammen mit der Heiligkeit des Pfluges über einen ungeheuren Länderraum, ..." (HAHN: 1909, S. 140).

13 "Es handelt sich darum, daß dem Pfluge und seiner Furche direkt die befruchtende Tätigkeit zugeschrieben wird. Die Erde ist als gebärend gedacht, das ist ja eine allgemein gültige Vorstellung von der Mutter Erde, aber erst der Pflug, der ihren Schoß öffnet, macht sie fruchtbar. ... wird nun das Pflügen mit der entsprechenden Tätigkeit des Mannes verglichen ..." (HAHN: 1905, S. 150/151).

14 vgl. RINDOS (1984, S. 15)

15 "...which suggests rather uniformly that the diet of hunting and gathering populations (outside the Arctic) may be calorically quite adequate, and at the same time richer in food variety, vitamins, minerals, and above all protein, than that of agriculturalists" (COHEN: 1977, S. 27).

16 "But, as has been observed by an increasing number of anthropologists and nutritionists, agriculture not only tends to cut down on the proportion of typically favored meat in the diet, but also involves concentration on foods, especially seeds and tubers, which are usually particularly *low* priority foods in terms of preference ..." (COHEN: 1977, S. 36).

17 "These recent studies suggest also that hunting and gathering involves activities widely preferred to those of agriculture ..." (COHEN: 1977, S. 27).

18 "...many activities related to hunting and gathering are apparently commonly perceived as less arduous and more prestigious than is agricultural labor ..." (COHEN: 1977, S. 35).

19 "...all of which suggest, however, that agricultural labor inputs are at least equal to and in most cases significantly higher than the labor of vegetable gathering attributed to the hunting and gathering groups discussed" (COHEN: 1977, S. 32).

20 "...that our traditional formulae are inverted; that the amount of work per capita may actually increase with the evolution of our technology rather than the reverse" (COHEN: 1977, S. 33/34).

21 "The natural biotic community from which the Bushmen obtain their food is buffered against 'crop' failure in two senses. First, the very variety of the resources available guarantees that some foods will be available if others fail, or in seasons when others are not available; the complexity of the ecosystem buffers it against disaster. Second, the native wild plants and animals on which the Bushmen subsist are already preselected for their ability to survive whatever climatic extremes may occur in their particular environment. It should thus be clear that agriculture which both simplifies the ecological community and introduces foreign species will tend to undermine the stability of resources and introduce periodic ecological crises" (COHEN: 1977, S. 29/30).

22 "...whereas hunting is clearly calorically the least efficient portion of the hunting-gathering economy" (COHEN: 1977, S. 33).

23 "...hunting and gathering labor is dispersed in time, but highly correlated with consumption rewards, whereas agricultural labor involves very high concentrations of labor in short spans of time long before any returns are achieved" (COHEN: 1977, S. 35).

24 "One of the advantages traditionally attributed to agriculture is the opportunity it supposedly affords for a population to settle down and become sedentary, thereby presumably reducing labor costs and biological stresses on the human population. ... probably reduction in the strains inherent in continuous mobility, particularly the burden on

mothers carrying children in arms or *in utero*. ... presumably cuts labor costs associated with transport and minimizes risks of bodily injury associated with movement. ... permits the accumulation of capital goods which may both enrich life and help reduce the labor costs associated with the food quest" (COHEN: 1977, S. 36).

25 "The various techniques that constitute agriculture have one property in common; they provide only one economic benefit: the ability to grow and harvest more food from a unit of space in a unit of time" (COHEN: 1977, S. 39).

26 vgl. BOSERUP (1965 und 1981)

27 vgl. vorl. Kap., S. 14; Fußnote 1

28 Das jährliche Bevölkerungswachstum wird im Pleistozän auf 0.01 bis 0.03% und im Neolithikum auf 0.1 % geschätzt (vgl. COHEN: 1977, S. 52/53).

29 Diese These COHENs wird durch die Tatsache gestützt, daß verschiedene mit der Landwirtschaft verbundene Gerätschaften schon lange vor dem Neolithikum bekannt waren (vgl. KRAYBILL: 1977).

30 "It is my intention as much as possible to avoid complicating the discussion with a consideration of animal domestication, ..." (COHEN: 1977, S. 60).

31 "Thus the description of the origin of agriculture presented here should not be taken as an 'evolutionary determinism'. Evolution is not deterministic but opportunistic" (RINDOS: 1984, S. 100).

32 "Cultural teleology is not applicable to the biological problems we confront in trying to explain the origin of agriculture. ... The long-term effects of plant breeding or of other forms of environmental manipulation are essentially impossible to predict. Actions taken within dynamic evolutionary systems cannot be reliably predicted. Any change in the environment presents new opportunities for evolutionary change; ..." (RINDOS: 1984, S. 86/87).

33 "Culture in its most general sense functions as a behavioral means by which animals escape genetic predeterminism" (RINDOS: 1984, S. 53).

34 "Dieses Prinzip der Erhaltung oder das Überleben des Tüchtigsten nannte ich natürliche Zuchtwahl. Es führt zur Verbesserung jeden Geschöpfes gegenüber seinen organischen und anorganischen Lebensbedingungen und so in den meisten Fällen zu einem 'Fortschritt der Organisation'" (DARWIN: 1963, S. 184).

35 "..., cultural selectionism stresses the similarity between biological and cultural evolution in terms of the *process involved* (natural selection). No law governs cultural change other than the differential cultural fitness that specific behaviors may induce" (RINDOS: 1984, S. 75). 36 "Culture must be viewed as a system of inheritance seperate and distinct from the genetic system ... Culture is not transmitted *in toto* and individuals may possess only a portion of the total available cultural information" (RINDOS: 1984, S. 54).

37 "*Coevolution* is an evolutionary process in which the establishment of a symbiotic relationship between organisms, increasing the fitness of all involved, brings about changes in the traits of the organisms" (RINDOS: 1984, S. 99).

38 "Three major modes of domestication may be distinguished: incidental, specialized, and agricultural" (RINDOS: 1984, S. 138).

39 "To make these distinctions is not to claim that 'stages' exist in the development of all agricultural systems" (RINDOS: 1984, S. 152).

40 vgl. RINDOS (1984, Kap. 4: The Evolution of Domestication)

41 "To deny intentionality, of course, is not to deny consciousness. I am not claiming that people are incapable of reflection but only that reflection and consciousness are incapable of causing the initiation of cultural changes such as agriculture. ... It seems eminently reasonable that, beside the origin of agriculture as a historical process based on a materialistic phenomenon, there was also an origin for the consciousness of agriculture. But the latter is the recognition of an already existing mode of behavior" (RINDOS: 1984, S. 98/99).

42 vgl. RINDOS (1984, S. 34)

43 vgl. NACHTSHEIM/STENGEL (1977, S. 14)

44 vgl. auch ISAAC (1970, S. 20) und HERRE/RÖHRS (1973, S. 10)

45 vgl. DARWIN (1963)

46 vgl. u. a. ZEUNER (1967, S. 58), HERRE/RÖHRS (1973, S. 87/88), HERRE (1980, S. 7), BOESSNECK (1983, S. 15), DRIESCH (1983, S. 29)

47 "Haustiere hingegen erweisen sich im allgemeinen als erblich zahm" (HERRE: 1980, S. 10).

48 "Es kann aber nicht gesagt werden, daß verwilderte Haustiere sich wieder völlig verhalten wie Wildtiere. So lassen sich verwilderte Hunde, Katzen, Ziegen ungewöhnlich schnell zähmen; ... Die Frage, ob sich verwilderte Haustiere wieder zu Wildtieren entwickeln, muß eindeutig verneint werden" (HERRE/RÖHRS: 1973, S. 186).

49 vgl. HEMMER (1983, S. 152)

50 Die Angaben über den mutmaßlichen Zeitverlauf der Domestikation stammen von BOESSNECK (1983, S. 6) und NACHTSHEIM/STENGEL (1977, S. 45), die Angaben über die Zeitabschnitte von ZEUNER (1967, Überblick) und ENNEN/JANSSEN (1977, S. 20/21).

51 vgl. BOESSNECK (1983, S. 6)

52 vgl. vorl. Kap., S. 12

53 vgl. DRIESCH (1983, S. 26)

54 vgl. u. a. ZEUNER (1967, S. 37ff), HERRE/RÖHRS (1973, S. 9/10), REED (1974, S. 4), NACHTSHEIM/STENGEL (1977, S. 14), MÜLLER-KARPE (1983, S. 1)

55 vgl. HADORN/WEHNER (1978, S. 180)

56 vgl. ZEUNER (1967, S. 42)

57 vgl. vorl. Kap., S. 19

58 Hierüber existieren zwar unterschiedliche Auffassungen, aber die Mehrheit der Domestikationsforscher tendiert dazu, die Kultivierung von Pflanzen als den früheren Prozeß zu betrachten. Vgl. hierzu auch ISAAC (1970, S. 11).

59 vgl. ZEUNER (1967, S. 39/40)

60 vgl. vorl. Kap., S. 20/21

61 vgl. auch BOESSNECK (1983, S. 5)

62 vgl. vorl. Kap., S. 19/20

63 "It is not known which West African people domesticated the guinea fowl, but the subject is of considerable interest as the guinea fowl is probably the only species of livestock that has been domesticated in Africa" (WILLIAMSON/PAYNE: 1978, S. 648).

7.2. Anmerkungen zu Kapitel 3

1 vgl. Kap. 2, S. 16

2 vgl. Kap. 2, S. 17ff

3 Aufschluß hierüber könnten eventuell auch Untersuchungen über 'Bevölkerungsstabilisierungsmethoden' in bäuerlichen Gemeinschaften der Dritten Welt liefern, wobei aber anzunehmen ist, daß viele solcher Methoden mit dem Vordringen der modernen Medizin mittlerweile verlorengegangen sind.

4 vgl. Kap. 2, S. 19

5 vgl. DARWIN (1963, S. 100)

6 Demgegenüber sorgt die *natürliche Selektion* dafür, daß aus der Variationsbreite der Individuen einer Spezies die 'tauglichsten', d. h. also die optimalen Individuen ausgelesen werden, wobei unterstellt werden kann, daß sich diese individuelle Optimierung bei gleichbleibenden Umweltverhältnissen auf die gesamte Spezies erstreckt.

7 vgl. Kap. 2, S. 19

8 vgl. Kap. 1, S. 7

9 vgl. Kap. 2, S. 26/27

10 vgl. Kap. 2, S. 26

11 vgl. Kap. 2, S. 15

12 In dieser Hinsicht ist die reine Extensivtierhaltung auch *allen* anderen Tierhaltungssystemen überlegen. Aus diesem Grunde wird in bevölkerungsarmen Siedlungsgebieten heute noch, wenngleich auch mit leistungsfähigeren Rassen, die Extensivtierhaltung beibehalten oder ausgedehnt, wie dieses z. B. in Australien oder in vielen lateinamerikanischen Ländern bezüglich der Rinderhaltung (vgl. FEDER: 1984) der Fall ist.

13 vgl. vorl. Kap., S. 38/39

14 Im Rahmen dieses Modells müßte dieser Bereich konsequenterweise als 'subkritisch' bezeichnet werden. Ich habe jedoch den Ausdruck *überkritisch* gewählt, da er dieses Stadium im allgemeinen Sprachgebrauch begrifflich besser faßt.

15 vgl. KÖNIG (1967, S. 466/467) und HAUSER (1974, S. 146ff)

16 vgl. Kap. 1, S. 8/9

17 vgl. vorl. Kap., S. 37/38

18 Im gesamtgesellschaftlichen Wissenspool seien folgende aps-Methoden (APS) und bps-Methoden mit aps-Effekt (BPS) enthalten:

$APS_i = APS_1, APS_2, APS_3, ..., APS_n$ und

$BPS_j = BPS_1, BPS_2, BPS_3, ..., BPS_m$

Hinsichtlich ihres aps-Effektes gelte:

$APS_3 > APS_8 > BPS_4 > BPS_{m-1} > ... > APS_2$

Im Zuge des Selektionsprozesses wird demnach zuerst APS_3 ausgewählt, dann APS_8, dann BPS_4, usw., wobei zu berücksichtigen ist, daß das Spektrum der Methoden ($APS_i + BPS_j$) und ihre Rangfolge einer ständigen Veränderung unterliegen.

19 vgl. vorl. Kap., S. 37 ; Fußnote 5

20 vgl. vorl. Kap., S. 50

21 vgl. vorl. Kap., S. 50/51

22 vgl. Kap. 2, S. 15

23 Hierbei werden Freizeit- und Ernährungspräferenz teilweise miteinander kollidieren, da bestimmte Nahrungsmittel gerne konsumiert werden, deren Beschaffung einen höheren oder weniger erfolgssicheren 'Arbeitsaufwand' erfordert. Dieses ist jedoch in einer landwirtschaftlichen Subsistenzökonomie beispielsweise bei der Kultivierung von Gemüse, die arbeitsintensiver ist als der Getreideanbau, ähnlich.

24 Selbst wenn es stimmt, daß diese Pflanzenarten "low priority foods in terms of preference" sind (vgl. Anmerkungen zu Kap. 1/2, Nr. 16), so werden sie im Ernährungsmuster enthalten sein, da in diesem Stadium die Ernährungspräferenz allmählich aufgegeben werden muß.

25 Hierbei unterstelle ich, daß das Ertragspotential des Bodens durch eine anschließende 'Aussaat' wiederhergestellt wird, andernfalls würde, wie auch im Fall einer Überausbeutung, ein bpr-Effekt eintreten.

26 Hierüber erlaubt die Zootierhaltung eine gewisse Aussage. Selbst mit den heutigen zielgerichteten, wissenschaftlich betriebenen Verfahren gelingt es noch nicht, alle Tierspezies unter den Bedingungen der Gefangenschaft zu einer Fortpflanzung zu bewegen.

27 Wenn ich davon ausgehe, daß der Pflanzenbau der Tierhaltung historisch vorausging, so bestimmt sich die ko_{nt} am ernährungspräferenziellen Minimalbedarf an tierischen Nahrungsmitteln. Wenn ich dagegen unterstelle, daß die Tierhaltung dem Pflanzenbau historisch vorausging, so bestimmt sich der Bedarf an tierischen Nahrungsmitteln aus dem Gesamtnahrungsbedarf und der Verfügbarkeit an pflanzlichen Nahrungsmitteln. In diesem Fall stünde auch die kalorigene Komponente der tierischen Nahrungsmittel im Vordergrund, d. h. die Tierhaltung diente der Sicherung des Überlebens.

28 vgl. Kap. 2, S. 21/22

29 vgl. vorl. Kap., S. 59

30 In den modernen Intensivtierhaltungssystemen sind auch Wiederkäuer zu direkten Nahrungskonkurrenten des Menschen geworden, da in großem Umfang Futtermittel eingesetzt werden, die auch der menschlichen Ernährung dienen können (z. B. Mais, Tapioka- und Sojamehl).

7.3. Anmerkungen zu Kapitel 4

1 vgl. JANKUHN (1969, S. 19/20)

2 vgl. JANKUHN (1969, S. 29/30)

3 "Die neue neolithische Wirtschaftsform bildete zugleich die Voraussetzung für eine erhebliche Bevölkerungsexpansion, wie sie vor allem für das Früh- und Mittelneolithikum festzustellen ist, ..." (ENNEN/JANSSEN: 1979, S. 20).

4 vgl. JANKUHN (1969, S. 35)

5 vgl. JANKUHN (1969, S. 24) und ENNEN/JANSSEN (1979, S. 24)

6 vgl. ENNEN/JANSSEN (1979, S. 24)

7 vgl. ENNEN/JANSSEN (1979, S. 27)

8 vgl. JANKUHN (1969, S. 36) und ENNEN/JANSSEN (1979, S. 26)

9 vgl. JANKUHN (1969, S. 36) und ENNEN/JANSSEN (1979, S. 31/32)

10 vgl. Kap. 2, S. 12

11 vgl. JANKUHN (1969, S. 36)

12 So wurde beispielsweise im hochmittelalterlichen Deutschland die Hacke auch zu Rodungsarbeiten eingesetzt (vgl. RÖSENER: 1985, S. 44).

13 vgl. JANKUHN (1969, S. 37) und ENNEN/JANSSEN (1979, S. 32)

14 vgl. KRZYMOWSKI (1961, S. 44), JANKUHN (1969, S. 26 u. 31/32) und ENNEN/JANSSEN (1979, S. 29)

15 vgl. JANKUHN (1969, S. 38/39)

16 "Daß beim Schwein die Zahl der Jungtiere im Knochenmaterial teilweise sehr stark vorherrscht, bei den Wiederkäuern aber zum Teil mehr als 50% der feststellbaren Schlachttiere ausgewachsen waren, spricht dafür, daß bei Rind und Schaf auch andere Nutzleistungen als Fleisch angestrebt wurden" (JANKUHN: 1969, S. 39). Diese Schlußfolgerung ist nicht unbedingt zwingend. Schweine sind wesentlich früher geschlechtsreif als Wiederkäuer und haben eine größere Nachkommenschaft. Von daher ist im Vergleich zu Wiederkäuern eine kleinere Zahl an Muttertieren erforderlich, um eine ausreichend hohe Reproduktionsrate zu gewährleisten. Aber auch DRIESCH (1983, S. 29) weist auf die Bedeutung der Alterszusammensetzung von Knochenfunden als Indikator für eine erweiterte Nutzungsmöglichkeit von Haustieren hin. Mit der Einfuhr einer speziellen Wollschafrasse in Europa wechselte das Verhältnis von Jung- zu Altschafen im archäologischen Knochenmaterial von 1:1 im Neolithikum zum Verhältnis 2:3 in der Bronzezeit.

17 vgl. ENNEN/JANSSEN (1979, S. 35/36)

18 vgl. ENNEN/JANSSEN (1979, S. 26)

19 vgl. JANKUHN (1969, S. 39)

20 vgl. JANKUHN (1969, S. 41-44) und ENNEN/JANSSEN (1979, S. 38)

21 vgl. JANKUHN (1969, S. 44/45 und 1971, S. 20) und ENNEN/JANSSEN (1979, S. 37/38)

22 vgl. JANKUHN (1969, S. 47 und 1971, S. 20)

23 vgl. JANKUHN (1969, S. 53 u. S. 58) und ENNEN/JANSSEN (1979, S. 41 u. S. 53)

24 vgl. ENNEN/JANSSEN (1979, S. 41)

25 vgl. ENNEN/JANSSEN (1979, S. 47)

26 vgl. JANKUHN (1969, S. 71)

27 vgl. JANKUHN (1969, S. 65/66)

28 vgl. JANKUHN (1969, S. 61 u. S. 71) 29 vgl. JANKUHN (1969, S. 71) und ENNEN / JANSSEN (1979, S. 47) 30 vgl. JANKUHN (1969, S. 69 u. S. 77) und ENNEN/JANSSEN (1979, S. 49, S. 55 u. S. 61/62)

31 vgl. JANKUHN (1969, S. 88) 32 Die von JANKUHN (1969, S. 76) erwähnte transkaspische Schafrasse gehört zum Typ des asiatischen Mufflons. Schon dessen Wildform zeichnete sich durch ein dichtes winterliches Wollkleid aus (vgl. ZEUNER: 1967, S. 147).

33 vgl. JANKUHN (1969, S. 76) und JANKUHN (1971, S. 26/27)

34 vgl. ENNEN/JANSSEN (1979, S. 50)

35 vgl. ENNEN/JANSSEN (1979, S. 61)

36 vgl. JANKUHN (1969, S. 113)

37 vgl. auch ENNEN/JANSSEN (1979, S. 39)

38 vgl. JANKUHN (1969, S. 82) und ENNEN/JANSSEN (1979, S. 40)

39 vgl. JANKUHN (1969, S. 82/83)

40 vgl. JANKUHN (1969, S. 83ff)

41 vgl. JANKUHN (1969, S. 89) und JANKUHN (1971, S. 30)

42 vgl. vorl. Kap., S. 74

43 vgl. JANKUHN (1969, S. 82-85)

44 vgl. JANKUHN (1969, S. 94ff) und JANKUHN (1971, S. 30)

45 vgl. JANKUHN (1969, S. 50 u. S. 52) und ENNEN/JANSSEN (1979, S. 40/41)

46 vgl. JANKUHN (1969, S. 103-108) und ENNEN/JANSSEN (1979, S. 49)

47 vgl. JANKUHN (1969, S. 52)

48 Der baltische Kulturkreis im Nordosten Mitteleuropas hatte einen vergleichsweise geringen Einfluß.

49 vgl. JANKUHN (1969, S. 52) und ENNEN/JANSSEN (1979, S. 64)

50 "Die letzten Jahrhunderte der vorrömischen Metallzeit sind im südlichen Mitteleuropa durch die Entstehung und Entwicklung stadtartiger Siedlungen, der Oppida, gekennzeichnet. ...; für die soziale Gliederung ergeben sie (die Untersuchungen, K.L.) vorläufig vor allem die Erkenntnis einer starken berufsständischen Gliederung der Bewohnerschaft" (JANKUHN: 1969, S. 112).

51 vgl. JANKUHN (1969, S. 110-114) und ENNEN/JANSSEN (1979, S. 53-57, S. 62 u. S. 65-69)

52 vgl. JANKUHN (1969, S. 97)

53 vgl. JANKUHN (1969, S. 102)

54 vgl. JANKUHN (1969, S. 97ff)

55 vgl. JANKUHN (1969, S. 99)

56 vgl. JANKUHN (1969, S. 105)

57 vgl. ENNEN/JANSSEN (1979, S. 45)

58 vgl. GUNDEL/KRÜGER (1966, Überblick) und JANKUHN (1969, S. 130)

59 vgl. ENNEN/JANSSEN (1979, S. 72)

60 vgl. AUBIN (1971, S. 42)

61 vgl. JANKUHN (1969, S. 121) und AUBIN (1971, S. 44 u. S. 46)

62 vgl. AUBIN (1971, S. 43)

63 vgl. AUBIN (1971, S. 48/49)

64 vgl. AUBIN (1971, S. 44/45)

65 vgl. AUBIN (1971, S. 47)

66 "...; ihre Romanisierung (die Romanisierung der Kelten und Germanen, K.L.) ist schon in der frühen Kaiserzeit soweit gediehen, daß sie sich im archäologischen Material nicht erkennen lassen" (JANKUHN: 1969, S. 124).
"In welche wirtschaftlichen und sozialen Verhältnisse die Kelten und vor allem die noch weniger entwickelten Germanen auf Reichsboden gelangten, ist nicht so oft genau zu sagen, wie wir es wünschten. ... Die Namen sind in den Inschriften schon meist romanisiert. Es ist eine Seltenheit. wenn selbst ein Bataver einen erkennbaren germanischen Namen trägt" (AUBIN: 1971, S. 47).

67 vgl. HAUGER (1921, S. 19/20)

68 vgl. MAGERSTEDT (1859), HAUGER (1921) und ENNEN/JANSSEN (1979, S. 72/73)

69 vgl. JANKUHN (1969, S. 124ff) und ENNEN/JANSSEN (1979, S. 76-82)

70 vgl. JANKUHN (1969, S. 125) und ENNEN/JANSSEN (1979, S. 80)

71 vgl. ENNEN/JANSSEN (1979, S. 80 u. S. 85/86)

72 vgl. ENNEN/JANSSEN (1979, S. 76)

73 vgl. JANKUHN (1969, S. 126) und ENNEN/JANSSEN (1979, S. 78)

74 vgl. JANKUHN (1969, S. 128) und ENNEN/JANSSEN (1979, S. 79)

75 vgl. ENNEN/JANSSEN (1979, S. 81/82)

76 vgl. ENNEN/JANSSEN (1979, S. 82)

77 vgl. JANKUHN (1969, S. 127) und ENNEN/JANSSEN (1979, S. 85)

78 vgl. JANKUHN (1969, S. 127) und ENNEN/JANSSEN (1979, S. 83/84)

79 vgl. JANKUHN (1969, S. 127) und ENNEN/JANSSEN (1979, S. 103)

80 vgl. JANKUHN (1969, S. 127) und ENNEN/JANSSEN (1979, S. 85)

81 vgl. DRIESCH (1983, S. 32 u. S. 36)

82 Einen sehr detaillierten Einblick in die römische Tierhaltung mit zahlreichen Quellenangaben bietet die Arbeit von A. F. MAGERSTEDT aus dem Jahre 1859.

83 vgl. JANKUHN (1969, S. 127)

84 vgl. JANKUHN (1969, S. 75/76)

85 "In der Zeit von etwa Christi Geburt bis um 500 n. Chr. nimmt der Anbau von Nutzpflanzen im Vergleich zur Viehhaltung nur eine untergeordnete Bedeutung ein" (ENNEN/JANSSEN: 1979, S. 101).

86 vgl. JANKUHN (1969, S. 142) und ENNEN/JANSSEN (1979, S. 96)

87 vgl. JANKUHN (1969, S. 142) und ENNEN/JANSSEN (1979, S. 98)

88 vgl. JANKUHN (1969, S. 148) und ENNEN/JANSSEN (1979, S. 100)

89 "Die sich für Mitteleuropa aus aufgenommenen Fluren ergebenden Größen liegen meist unter 80 Hektar; 30% dieser Fluren sind kleiner als 5 Hektar, 19,2 % liegen zwischen 5 und 10 Hektar, 21 % zwischen 10 und 20 Hektar, etwa 25 % liegen über 20 Hektar" (JANKUHN: 1969, S. 151).

90 "Die Formen der einzelnen Äcker sind unterschiedlich. Neben unregelmäßigen viereckigen und polygonalen Formen stehen regelmäßige quadratische oder rechteckige Äcker. Außerdem zeichnen sich lange streifenförmige Fluren ab" (JANKUHN: 1969, S. 150).

91 "Die Größe der einzelnen Ackerparzellen ist ebenfalls sehr unterschiedlich, ... Sie schwanken zwischen 200 und 7000 Quadratmetern. Die mittlere Parzellengröße schwankt zwischen 982 und 2438 Quadratmetern auf verschiedenen Fluren" (JANKUHN: 1969, S. 152).

92 vgl. JANKUHN (1969, S. 149/150)

93 vgl. JANKUHN (1969, S. 150)

94 vgl. JANKUHN (1969, S. 152)

95 vgl. JANKUHN (1969, S. 156)

96 vgl. JANKUHN (1969, S. 156), ENNEN/JANSSEN (1979, S. 96), RÖSENER (1985, S. 120) und BENTZIEN (1980, S. 24)

97 vgl. JANKUHN (1969, S. 127), ENNEN/JANSSEN (1979, S. 83) und RÖSENER (1985, S. 120)
Daß auch bei den Römern der Hakenpflug noch gebräuchlich war, ist nicht erstaunlich, da dieser an die Böden und Klimabedingungen des Mittelmeerraums besser angepaßt ist. Er reißt die Erde nur auf und wendet sie nicht wie der Beetpflug, so daß eine zu starke Austrocknung des Bodens und eine beschleunigte Erosion verhindert werden. Vgl. hierzu RÖSENER (1985, S. 122).

98 vgl. BENTZIEN (1980, S. 24)

99 vgl. JANKUHN (1969, S. 156) und ENNEN/JANSSEN (1979, S. 101)

100 vgl. JANKUHN (1969, S. 156)

101 vgl. KRZYMOWSKI (1961, S. 55) und RÖSENER (1985, S. 130)

102 vgl. JANKUHN (1969, S. 157), ENNEN/JANSSEN (1979, S. 101) sowie vorl. Kap., S. 83; Fußnote 3

103 "Wenn der Dung in so großem Umfang auf den Siedlungplätzen selbst liegen blieb, wird man vermuten dürfen, daß er zur Bodenmelioration in der Marsch nicht verwendet wurde. Doch mag das auf den sandigen Böden der nährstoffarmen Altmoräne anders gewesen sein" (JANKUHN: 1969, S. 157).

104 vgl. JANKUHN (1969, S. 142)

105 vgl. JANKUHN (1969, S. 156) und BENTZIEN (1980, S. 39/40)

106 vgl. JANKUHN (1969, S. 157)

107 vgl. ENNEN/JANSSEN (1979, S. 96)

108 vgl. JANKUHN (1969, S. 144) und ENNEN/JANSSEN (1979, S. 102)

109 vgl. JANKUHN (1969, S. 149)

110 vgl. JANKUHN (1969, S. 146)

111 vgl. JANKUHN (1969, S. 146)

112 vgl. JANKUHN (1969, S. 146)

113 vgl. DRIESCH (1983, S. 32)

114 vgl. JANKUHN (1969, S. 138)
Wieweit man die germanischen Siedlungsgebilde schon als Dörfer bezeichnen kann und um welche Art von Dörfern es sich handelte, ist in der Literatur umstritten. Vgl. hierzu ABEL (1971, S. 85/86).

115 vgl. JANKUHN (1969, S. 136/137) und ENNEN/JANSSEN (1979, S. 95/96)

116 vgl. JANKUHN (1969, S. 138)

117 vgl. JANKUHN (1969, S. 161)

118 vgl. JANKUHN (1969, S. 163) und ENNEN/JANSSEN (1979, S. 91)

119 vgl. JANKUHN (1969, S. 164/165 u. S. 183)

120 vgl. JANKUHN (1969, S. 166-170)

121 vgl. JANKUHN (1971, S. 71) und ENNEN/JANSSEN (1979, S. 96)

122 vgl. JANKUHN (1971, S. 74)

123 "Doch diese Herrenschicht kann noch um die Jahrtausendmitte und danach nur geringen Umfang gehabt haben. Die große Masse der Bauernhöfe, die später diese Schicht mit trug, war damals auch in dem besonderen Sinne noch autark, daß sie mit Feld- und Viehbesatz auf die Bedürfnisse der Bauernfamilien, nicht auch schon auf eine regelmäßige Versorgung von Herren zugeschnitten war" (ABEL: 1971, S. 98).

124 vgl. JANKUHN (1969, S. 171) und JANKUHN (1971, S. 72)

125 vgl. JANKUHN (1969, S. 172) und JANKUHN (1971, S. 73)

126 vgl. JANKUHN (1969, S. 172/173)

127 vgl. JANKUHN (1969, S. 165)

128 vgl. JANKUHN (1971, S. 74)

129 vgl. JANKUHN (1969, S. 181)

130 vgl. vorl. Kap., S. 80

131 vgl. auch JANKUHN (1969, S. 159)

132 vgl. JANKUHN (1969, S. 159) und ENNEN/JANSSEN (1979, S. 99)

133 vgl. JANKUHN (1969, S. 159) und JANKUHN (1971, S. 68)

134 vgl. JANKUHN (1969, S. 129), AUBIN (1971, S. 51) und ENNEN/JANSSEN (1979, S. 74)

135 vgl. JANKUHN (1969, S. 129) und AUBIN (1971, S. 50)

136 vgl. ABEL (1971, S. 84)

137 vgl. HEINSOHN ET AL. (1979, S. 40)

138 vgl. vorl. Kap., S. 87

139 vgl. vorl. Kap., S. 83 u. S. 88

140 vgl. Kap. 3, S. 57/58

141 vgl. AUBIN (1971, S. 41)

142 vgl. WURM (1986, S. 102ff)

143 vgl. vorl. Kap., S. 86

144 vgl. vorl. Kap., S. 74

145 vgl. Kap. 3, S. 40; Fußnote 9

146 vgl. Kap. 3, S. 46 u. S. 48

147 vgl. Kap. 3, S. 50/51
Wenn der cc_{nt}-Koeffizient seine kritische Obergrenze ko_{nt} unterschreitet, ist damit die Qualifizierung der Bevölkerungsdichte als 'gering' oder 'mittel' noch nicht in Frage gestellt, sondern erst dann, wenn der cc_n-Koeffizient, der sich auf alle Nahrungsressourcen bezieht, die kritische Obergrenze ko_n unterschreitet. Zwar kann eine Einstufung der absoluten Bevölkerungszahl als 'gering', 'mittel' oder 'hoch' nur an Hand von lebensnotwendigen Ressourcen vorgenommen werden, aber auch die cc-Koeffizienten von nicht essentiellen Ressourcen oder, wie im vorliegenden Fall, von Teilen essentieller Ressourcen erlauben eine Aussage über die kulturellen Selektionsmechanismen.

148 vgl. Kap. 3, S. 57/58

149 vgl. vorl. Kap., S. 74

150 vgl. vorl. Kap., S. 78/79

151 vgl. vorl. Kap., S. 74

152 vgl. MARX (1969, S. 64ff)

153 vgl. vorl. Kap., S. 74

154 vgl. vorl. Kap., S. 75

155 Die mögliche *Steigerung der Erträge pro Arbeitskraft* führt zwar zu keiner Steigerung der Bodenproduktivität und damit zu keiner Erhöhung der CCN, aber sie erlaubt eine *Steigerung des Ausnutzungsgrades der* potentiell vorhandenen *CCN, solange die natürlichen Ressourcen noch nicht erschöpft sind.* Das kann zur Folge haben, daß im Zuge einer fortschreitenden gesellschaftlichen Arbeitsteilung immer größere Menschengruppen von der landwirtschaftlichen Tätigkeit freigestellt werden, das kann aber auch zur Folge haben, daß eine größere Nachkommenschaft aufgezogen wird. Da die Selektion von arbeitsproduktivitätssteigernden Methoden auch bei geringer oder mittlerer Bevölkerungsdichte erfolgt, könnte der produktionstechnische Fortschritt, den die Ausbreitung der Eisentechnologie in der europäischen Landwirtschaft bewirkte, in diesem Fall auch die Ursache und nicht die Folge der Bevölkerungsexpansion im frühzeitlichen Europa.

156 vgl. Anmerkungen zu vorl. Kap., Nr. 50

157 vgl. vorl. Kap., S. 78

158 s. DRIESCH (1983, S. 35)

159 Der Versuch, eine fremde Rinderrasse einzukreuzen, ließ sich bereits einmal in der vorrömischen Metallzeit nachweisen (vgl. vorl. Kap., S. 75) und ergibt sich außerdem praktisch von selbst, wenn die Tiere zusammen gehalten werden.

160 vgl. Kap. 3, S. 67

7.4. Anmerkungen zu Kapitel 5

1 Nach dem Ende des weströmischen Reiches waren die Franken aus den germanischen Stammeskriegen als Sieger hervorgegangen. Bereits ihr Heerkönig Chlodwig (482 - 511) hatte den alten Stammesadel entmachtet bzw. zum Teil ermorden lassen und damit die Stellung des Königs als Alleinherrscher aufgebaut (vgl. GUNDEL/KRÜGER: 1966, S. 111 und BOSL: 1971, S. 140).
Mit der Taufe König Chlodwigs um 496 waren die Franken schon frühzeitig zum Christentum übergetreten (vgl. SCHNEIDER: 1982, S. 12) und hatten sich so die Unterstützung der katholischen Kirche gesichert. Die enge Verbindung zwischen fränkischem Königtum und Kirche fand ihren sichtbaren Ausdruck in der Kaiserkrönung Karls d. Gr. durch den Papst im Jahre 800. Damit wurde das karolingische Königtum auch zu einem Amt, dessen Legitimation unmittelbar aus dem Auftrag Gottes abgeleitet werden konnte (vgl. GUNDEL/KRÜGER: 1966, S. 117) und BOSL: 1971, S. 166/167).

2 Interessanterweise kämpfte Chlodwigs Vater Childerich als sog. Reichsgermane (vgl. AUBIN: 1971, S. 106) noch im Heer der Römer (vgl. ENNEN/JANSSEN: 1979, S. 106), was den römischen Einfluß bei den Franken und ihre frühe Christianisierung mit erklären mag.

3 vgl. Kap. 4, S. 82/83

4 vgl. Kap. 4, S. 90

5 vgl. BOSL (1971, S. 155)

6 Das fränkische Geschlecht der Karolinger herrschte von der Mitte des 8. bis Anfang des 10. Jahrhunderts.

7 vgl. auch ABEL (1971, S. 98) und ENNEN/JANSSEN (1979, S. 136)

8 vgl. ENNEN/JANSSEN (1979, S. 136) und RÖSENER (1985, S. 25)

9 vgl. ABEL (1971, S. 101), BOSL (1971, S. 160/161), ENNEN/JANSSEN (1979, S. 135/136) und RÖSENER (1985, S. 218)

10 vgl. BOSL (1971, S. 160)

11 vgl. ENNEN/JANSSEN (1979, S. 135)

12 "..., und die Bauern brachten auch noch Arbeitstiere und Geräte mit. Das zeigt sich bereits bei dem Inventar solcher Höfe, das in einem auffallenden Mißverhältnis zu den bewirtschafteten Flächen steht. ... Daneben werden Zugochsen genannt, aber ihre Zahl ... deckte wohl ... nicht den innerbetrieblichen Zugtierbedarf. Noch mehr fällt auf, daß in keinem der Höfe, ..., Pflüge, Eggen und Walzen genannt werden. Solche Geräte, die einer Anspannung bedurften, stellten die Bauern, und mit ihnen, so muß angenommen werden, auch einen Teil der Zugtiere" (ABEL: 1971, S. 101). 13 vgl. ABEL (1971, S. 102) und RÖSENER (1985, S. 220)

14 vgl. RÖSENER (1985, S. 215)

15 vgl. SPRANDEL (1971, S. 132)

16 vgl. SPRANDEL (1971, S. 120ff u. S. 132)

17 vgl. ABEL (1971, S. 186), BOSL (1971, S. 258), ENNEN/JANSSEN (1979, S. 171 u. S. 173ff) und RÖSENER (1985, S. 37)

18 vgl. RÖSENER (1985, S. 271)

19 vgl. ABEL (1971, S. 189 u. S. 497ff)

20 vgl. RÖSENER (1985, S. 63)

21 vgl. BOSL (1971, S. 262/263) und RÖSENER (1985, S. 38)

22 Bei den Ministerialen handelte es sich um die Mitglieder der gehobenen Schicht der leibeigenen 'familia', die als höhere Verwaltungs- und Gerichtsbedienstete tätig waren. Diese Quasi-Beamtenschaft hatte im Verlauf des Hochmittelalters einen so großen politischen Einfluß gewonnen, daß sie in den Kreis der adeligen Gesellschaftsschichten aufgenommen werden mußte (vgl. BOSL: 1971, S. 165 u. S. 235-242).

23 "Noch schwieriger ist es, in die *Lasten* des Landbaues einzudringen. ... Sucht man sie katalogartig zu gliedern, so können zumindest unterschieden werden: die Leistungen an den Leibherrn (Kopfzinsen), die sich auf die persönliche Unfreiheit des Hörigen gründen; die Grundzinsen, die mit der Überlassung des Bodens begründet wurden; die

Zehntabgaben, die ursprünglich der Befriedigung kirchlicher Bedürfnisse dienten, doch vielfach schon den Empfänger gewechselt hatten; die Gerichts- oder Vogteiabgaben, die dem Gerichtsherrn oder Vogt als Hüter des Friedens und Träger der Gerichtsgewalt zustanden; die landesherrlichen Steuern, Kreditzinsen und die in Banngewalten (Mühlen-, Back-, Braubann) und Vorkaufsrechten der Grundherren versteckten Leistungen der Bauern" (ABEL: 1971, S. 196).

24 In diesem Zusammenhang ist erwähnenswert, daß die feudalherrschaftlichen Einkommensverluste und die damit verbundene Gefahr der sozialen Deklassierung zu der Herausbildung des sog. Raubrittertums im Spätmittelalter führte. Auch diese Folgen hatte vor allem die bäuerliche Bevölkerung zu tragen, da ihre Felder und Dörfer durch die Raub- und Brandschatzaktionen häufig verwüstet wurden (vgl. RÖSNER:1985, S. 265)

25 vgl. ABEL (1971, S. 196/197 u. S. 200/201) und RÖSENER (1985, S. 240-254 u. S. 262/263)

26 vgl. ABEL (1971, S. 330/331) und RÖSENER (1985, S. 212ff)

27 vgl. RÖSENER (1985, S. 198-214; Soziale Schichtung der bäuerlichen Bevölkerung)

28 vgl. RÖSENER (1985, S. 200)

29 "Auf den größten Widerstand der Bauern stießen aber offenkundig die Frondienste, die für das Funktionieren der alten Fronhofswirtschaft nachweislich von zentraler Bedeutung waren. Überall begegnen wir Grundherren, die darüber klagen, daß die Frondienste widerwillig und schlecht ausgeführt werden und die Bauern wenig Neigung zeigen, sie in der gewünschten Qualität zu erbringen" (RÖSENER: 1985, S. 247).

30 vgl. ENNEN/JANSSEN (1979, S. 132) und RÖSENER (1985, S. 59)

31 vgl. auch ABEL (1971, S. 85/86) und ENNEN/JANSSEN (1979, S. 125)

32 Neben Schustern, Sattlern, Webern, Böttchern etc., die wie auch die *Bauernhandwerker* Gebrauchsgüter herstellten, arbeiteten u. a. Gold- und Schwertschmiede, Steinmetze und Baumeister für den gehobenen Bedarf der Oberschicht. Vielen von diesen Handwerkern wurde eine kleine Bauernstelle zugewiesen, und sie mußten sich als nebenberufliche Landwirte selbst versorgen (vgl. SPRANDEL: 1971, S. 122/123).

33 vgl. ABEL (1971, S. 107) und SPRANDEL (1971, S. 132)
Allerdings muß hier eine Einschränkung vorgenommen werden. Vor allem im Nord- und Ostseeküstengebiet entstanden im ausgehenden Frühmittelalter eine Reihe von Handelsplätzen, in denen sich auch zahlreiche Handwerker niederließen. Diese waren selbständig und produzierten vermarktbare Güter, da sie primär nicht mehr landwirtschaftlich tätig waren (vgl. ENNEN/JANSSEN: 1979, S. 132).

34 vgl. RÖSENER (1985, S. 59)

35 "Mit der Zunahme des bäuerlichen Siedlungsstromes wurden auch zahlreiche Dorfsiedlungen ohne Herrensitz gegründet, ... Sie (die Siedler, K.L.) wurden angelockt durch die Aussicht auf umfangreiches Hufenland, auf ein größeres Maß an bäuerlicher Freiheit, weniger Feudalabgaben und Wegfall beschwerlicher Frondienste" (RÖSENER: 1985, S. 49).

36 vgl. SPRANDEL (1981, S. 203/204)

37 vgl. SPRANDEL (1971, S. 204 u. S. 211/212)

38 vgl. BOSL (1971, S. 246) und RÖSENER (1985, S. 35)

39 vgl. RÖSENER (1985, S. 231-236)

40 vgl. ABEL (1971, S. 327/328) und RÖSENER (1985, S. 267)

41 Im Spätmittelalter wurden zur Förderung des städtischen Gewerbes in einzelnen Regionen sogar Bestimmungen erlassen, die die Ansiedlung von Dorfhandwerkern, mit Ausnahme von Schmieden und Leinwebern, verboten (vgl. SPRANDEL: 1971, S. 339). Auf die Tatsache, daß es aber auch eine gewerbliche Produktion in den ländlichen Regionen gab, wurde bereits hingewiesen (vgl. S. 106, Fußnote 6).

42 "Sie (die Nachrichten, K.L.) zeigten, daß, wenn auch in einigen Landschaften und in einigen Rechtskreisen die Bauern die Gewinner der 'Agrarkonjunktur' des Hochmittelalters waren, im Regelfall die deutsche Bauernwirtschaft hoch belastet, vielleicht gar überbelastet war. ... Die Gesellschaft belastete die Fundamente, auf denen sie aufbaute, in einem Maße, daß weitere Belastungen, wie sie die nächste Periode (das Spätmittelalter, K.L.) brachte, nicht mehr getragen werden konnten" (ABEL: 1971, S. 201).

43 "Die Analyse der bäuerlichen Sozialstruktur in ausgewählten Regionen hat ferner gezeigt, daß wir im ausgehenden 13. und beginnenden 14. Jahrhundert in den meisten Dörfern auf eine dünne bäuerliche Oberschicht stoßen, die innerhalb der dörflichen Gesellschaft eine Führungsstellung einnimmt. ... Ihren Reichtum suchen sie planmäßig durch den Verkauf landwirtschaftlicher Überschüsse auf den städtischen Märkten zu vermehren. Ihre Gelderlöse investieren sie wiederum in ihre Betriebe oder geben sie als Kredite an weniger erfolgreiche Nachbarn; ... Unter der dünnen bäuerlichen Oberschicht befindet sich eine mittlere Schicht, die über eine bescheidene, aber zum Unterhalt des Familienhaushalts ausreichende Besitz- und Einkommensbasis verfügt. Sie umfaßt um 1300 häufig 25-30 v. H. der bäuerlichen Bevölkerung, in einigen Gegenden mehr als die Hälfte. ... Die breite Masse der bäuerlichen Unterschicht, die um 1300 in vielen Landschaften bereits über die Hälfte der Landbevölkerung ausmacht, setzt sich aus Kleinbauern, Kleinstelleninhabern, Tagelöhnern und Gesindekräften zusammen. ... Ihre bescheidenen Garten- und Landparzellen reichen zum Lebensunterhalt allein selten aus, so daß sie auf zusätzliche Einkünfte aus landwirtschaftlicher Lohnarbeit oder aus handwerklicher Betätigung angewiesen sind" (RÖSENER: 1985, S. 213/214).

44 vgl. BENTZIEN (1980, S. 61)

45 vgl. ABEL (1971, S. 97), ENNEN/JANSSEN (1979, S. 133), BENTZIEN (1980, S. 61) und RÖSENER (1985, S. 57/58 u. S. 130)

46 vgl. ABEL (1971, S. 96/97)

47 vgl. ABEL (1971, S, 95/96)

48 vgl. RÖSENER (1985, S. 55)

49 vgl. ABEL (1971, S. 96)

50 vgl. ABEL (1971, S. 96), ENNEN/JANSSEN (1979, S. 133), BENTZIEN (1980, S. 22) und RÖSENER (1985, S. 132)

51 vgl. BENTZIEN (1980, S. 65)

52 vgl. BENTZIEN (1980, S. 22) und RÖSENER (1985, S. 132)

53 vgl. RÖSENER (1985, S. 57)

54 Ich möchte hierzu anmerken, daß es sich bei Ulrich BENTZIEN um einen kritischen, marxistisch orientierten Agrarhistoriker aus der DDR handelt und daß meines Erachtens in der marxistischen Theorie ein ähnlicher Arbeitsethos und Glaube an den gesellschaftlichen 'Fortschritt durch Arbeit und Technik' angelegt ist wie in der bürgerlich-kapitalistischen Theorie.

55 vgl. RÖSENER (1985, S. 132)

56 vgl. BENTZIEN (1980, S. 22) und RÖSENER (1985, S. 132)

57 vgl. ABEL (1962, S. 13 u. S. 95 und 1971, S. 104 u. S.200)

58 Aus Nordwestdeutschland ist beispielsweise der sog. *ewige Roggenbau* bekannt, ein Einfeldsystem, das auf einer sehr intensiven Form der Plaggendüngung beruhte (vgl. ABEL: 1971, S. 191 und RÖSENER: 1985, S. 140/141). Im Ostseeküstengebiet existierte u. a. eine Vierfelderwirtschaft mit einem zusätzlichen Gerste- oder Haferfeld mit Leguminosenanteilen (vgl. ABEL: 1971, S. 191).

59 vgl. BENTZIEN (1980, S. 62/63)

60 vgl. RÖSENER (1985, S. 141/142)

61 vgl. ABEL (1971, S. 193) und RÖSENER (1985, S. 142/143)

62 vgl. Kap. 4, S. 87

63 vgl. BENTZIEN (1980, S. 30) und RÖSENER (1985, S. 120)

64 "Der Beetpflug bearbeitete den Boden schon beim ersten Durchgang so nachhaltig, daß ein nachfolgendes Querpflügen, wie es bei der Benutzung von Haken üblich war, nicht mehr erforderlich war. Dies ersparte dem Bauern Arbeit und Zeit und erhöhte zugleich die Arbeitsproduktivität. ... Durch die vollständige Wendung des Bodens wurde

beim Beetpflug nicht nur eine zweckmäßige Bekämpfung des Unkrautwuchses, sondern zugleich auch eine gute Humusbildung, ferner durch die Bodenlockerung eine bessere Durchlüftung der Ackerkrume erzielt" (RÖSENER: 1985, S. 121/122).

65 "Auffällig ist bei allen Scharfunden die gegenüber den frühmittelalterlichen Stücken bedeutend gewachsene Dimension. - Hinzu kommen einige Funde von Sechen; das Sech ... schneidet die Scholle senkrecht an, bevor sie von der Schar horizontal abgeschnitten und vom Streichbrett gewendet bzw. seitlich versetzt wird" (BENTZIEN: 1980, S. 65).

66 vgl. BENTZIEN (1980, S. 89)

67 s. RÖSENER (1985, S. 121)

68 vgl. BENTZIEN (1980, S. 106/107) und RÖSENER (1985, S. 122)

69 vgl. BENTZIEN (1980, S 71/72 u. S. 112/113) und RÖSENER (1985, S. 126)

70 vgl. BENTZIEN (1980, S. 76)

71 vgl. BENTZIEN (1980, S. 40 u. S. 82/83)
"Trotzdem blieb aber der Anteil der Wiesen in den Dorfgemarkungen das ganze Mittelalter hindurch gering. ... LAMPRECHT sah den Grund für die auffällig geringe Ausbreitung des Wiesenbaues im Mittelalter in dem großen Arbeitsaufwand, den die Wiesen verursachten. Es mußten Zäune hergestellt und Pflegearbeiten durchgeführt werden. In trockenen Gebieten waren Bewässerungen, in feuchten Lagen Entwässerungen erforderlich. Dazu bedurfte es vielleicht noch einer ersten Graseinsaat, die zwar, wie alle soeben erwähnten Arbeiten, dem mittelalterlichen Bauern nicht fremd war, aber nur selten ausgeführt wurde. Der Arbeitsaufwand war wohl zu hoch, ..., und es standen im Verhältnis zum Getreide die Preise animalischer Erzeugnisse auch noch zu niedrig, ..." (ABEL: 1962, S. 37).

72 vgl. BENTZIEN (1980, S. 116ff) und RÖSENER (1985, S. 127)

73 vgl. RÖSENER (1985, S. 125)

74 vgl. ABEL (1971, S. 182)
Als ein entscheidender epochaler Fortschritt setzte sich dann ab dem 12./13. Jahrhundert auch die Nutzung der Windkraft durch (vgl. BENTZIEN: 1980, S. 79).

75 vgl. ABEL (1971, S. 196), BENTZIEN (1980, S. 55/56) und RÖSENER (1980, S. 108)

76 vgl. ABEL (1971, S. 182), BENTZIEN (1980, S. 86) und RÖSENER (1985, S. 124)
Den Futterbedarf eines Pferdes schätzt ABEL (1962, S. 95) für die damalige Zeit auf jährlich 2 dt Hafer bzw. Gerste.

77 vgl. ABEL (1971, S. 181)

78 vgl. Kap. 3, S. 50

79 vgl. Kap. 4, S. 74

80 vgl. ABEL (1971, S. 181 u. S. 193) und RÖSENER (1985, S. 146 u. S. 149)

81 vgl. hierzu Anmerkungen zu vorl. Kap., Nr. 71

82 vgl. ABEL (1962, S. 57)

83 vgl. vorl. Kap., S. 114

84 vgl. BENTZIEN (1980, S. 87)

85 vgl. Kap. 4, S. 88

86 Im Nordseeküstengebiet wurde Stallmist zum Aufhöhen der Wurten verwendet (vgl. JANKUHN: 1969, S. 157).

87 vgl. BENTZIEN (1980, S. 87/88) und RÖSENER (1985, S. 149)

88 vgl. JACOBEIT (1961, S. 104)

89 vgl. ABEL (1971, S. 169/170) und RÖSENER (1985, S. 53)

90 vgl. Kap. 4, S. 74

91 Neben der jahreszeitlich befristeten Form der Almbewirtschaftung existierten in höheren Gebirgslagen auch dauerhaft bewirtschaftete Viehhöfe, die sog. Schwaigen (vgl. RÖSENER: 1985, S. 146/147).

92 vgl. AUBIN/ZORN (1971, S. 80)

93 vgl. ABEL (1971, S. 89)

94 vgl. ABEL (1971, S. 88)

95 vgl. BENTZIEN (1980, S. 124) und RÖSENER (1985, S. 147)

96 vgl. BENTZIEN (1980, S. 87) und RÖSENER (1985, S. 147)

97 vgl. BENTZIEN (1980, S. 87)

98 vgl. Kap. 2, S. 21/22

99 vgl. Kap. 2, S. 26/27 und Kap. 3, S. 66; Fußnote 35

100 "In der Zeit der Volksrechte hatte die Regel gegolten, daß für eine bestimmte Anzahl weiblicher Tiere stets ein männliches vorhanden sein sollte, etwa für 12 Stuten ein Hengst, für 12 Kühe ein Stier, für 6 Sauen ein Eber" (ABEL: 1971, S. 194).

101 "Bestimmter zeichnet sich nur das Ergebnis ab, daß die Pflicht zur Vatertierhaltung verwirrt und bestritten war und ganz allgemein als lästiges Übel empfunden wurde, dem man sich nach Möglichkeit zu entziehen suchte. Das wirkte sich nicht günstig auf die Tiere und ihre Nachkommenschaft aus" (ABEL: 1971, S. 194/195). Vgl. auch RÖSENER (1985, S. 147).

102 vgl. ABEL (1971, S. 194) und BENTZIEN (1980, S. 87)

103 vgl. BENTZIEN (1980, S. 86/87)

104 vgl. ABEL (1971, S. 194)

105 vgl. ABEL (1971, S. 193) und RÖSENER (1985, S. 53 u. S. 149)

106 vgl. RÖSENER (1985, S. 146/147)

107 vgl. vorl. Kap., S. 123/24

108 vgl. Kap. 3, S. 59

109 vgl. ABEL (1971, S. 84)

110 vgl. ABEL (1971, S. 85)

111 vgl. ABEL (1971, S. 88/89), BENTZIEN (1980, S. 47) und RÖSENER (1985, S. 22 u. S. 113/114)

112 vgl. vorl. Kap., S. 122

113 vgl. ABEL (1971, S. 87/88), ENNEN/JANSSEN (1979, S. 123) und RÖSENER (1985, S. 113)

114 vgl. ABEL (1971, S. 89)

115 "Eine Herde umfaßte nach der salfränkischen Ordnung bei den Pferden 7 bis 12 Tiere, bei den Rindern 12 bis 25. Bei den Schweinen stieg die Kopfzahl bis zu 50, bei den Schafen bis zu 60 an. Man darf annehmen, daß Herden in solcher Größe eine recht gewöhnliche Erscheinung waren" (ABEL: 1971, S. 89).

116 "Die Schweinediebstähle sind weiter untergliedert nach folgenden Tieren: saugende Ferkel aus einem ersten, zweiten und dritten Gehege; Ferkel, die in Koben, in der Hürde und auf dem Felde gehalten werden; gewöhnliche Ferkel, Mastferkel, Läufer, Mutterschweine, Leitsauen, Borgschweine, Eber. Für alle diese Tiere stand dem salfränkischen Dialekt ein besonderer Ausdruck zu Gebote. Eine wahre 'Schweineterminologie' war da entstanden, ..." (ABEL: 1971, S. 88).

117 vgl. Kap. 4, S. 90/91

118 "Es ist die Rede von Zäunen, die um die Felder standen (Lex Sal. 10,9: ...). Sie defi-

nieren auch genau eine Reihe von Zaunfreveln, z. B. Abbrechen von Zaunpfählen, Zerhauen von Flechtruten, Diebstahl, Verbrennen und Durchbohren von Zäunen, ..." (ABEL: 1971, S. 87).

119 vgl. Kap. 2, S. 26

120 "Die Schweine, die zu stattlichen Herden versammelt wurden, trieb man in die Eichen- und Buchenwälder und band ihnen wohl auch Schellen um, um sie beisammenzuhalten oder wieder aufzufinden. Denn ohne den klingenden Nachweis ihrer Spuren verloren sich die Tiere noch leicht im dichten Holz und verwandelten sich, wie noch aus viel späteren Nachrichten zu entnehmen ist, in ein oder zwei Generationen vollkommen wieder in wilde Schweine. Zur Nacht trieb man sie in Hütten oder umzäunte Plätze" (ABEL: 1971, S. 89).

121 vgl. GUNDEL/KRÜGER (1966, S. 120 u. S. 123ff) und ABEL (1971, S. 169)

122 vgl. ABEL (1971, S. 177 und 1978, S. 50) und RÖSENER (1985, S. 41)

123 vgl. Kap. 3, S. 53

124 vgl. RÖSENER (1985, S. 44)

125 vgl. ABEL (1971, S. 175)
Demgegenüber betonen ENNEN/JANSSEN (1979, S. 167), daß "man nicht mehr von Ostkolonisation sprechen (sollte). ... Der Nutzeffekt der Bewegung floß von Anfang an nicht ins Ausgangsland der Siedler zurück, wie bei jeder sonstigen Kolonisation. ... Diese deutsche Ostbewegung ...".

126 "Die Ostbewegung stieß jedoch nicht in ein politisches, wirtschaftliches und soziales Vakuum vor, und auch das kulturelle Niveau der einheimischen Slawen war, wie die archäologische Forschung inzwischen nachgewiesen hat, bedeutend höher, als man früher angenommen hat" (RÖSENER: 1985, S. 48).

127 vgl. ABEL (1971, S. 174/175) und RÖSENER (1985, S. 48/49)

128 vgl. vorl. Kap., S. 109/110

129 vgl. RÖSENER (1985, S. 35)

130 vgl. ABEL (1971, S. 169) und RÖSENER (1985, S. 114)

131 vgl. RÖSENER (1985, S. 109)

132 vgl. ABEL (1971, S. 179)

133 vgl. ABEL (1971, S. 50)

134 vgl. ABEL (1978, S.46-49 u. S. 51ff), ENNEN/JANSSEN (1979, S. 187) und RÖSENER (1985, S. 257)

135 vgl. ABEL (1978, S. 50)
Obwohl der Ausbruch von Pestepidemien im Gegensatz zu vielen anderen Infektionskrankheiten nicht in einen direkten kausalen Zusammenhang mit der menschlichen Ernährung gebracht werden kann, mag die Schwere der spätmittelalterlichen Seuchenzüge durch die Fehl- oder Mangelernährung der Bevölkerung mitbedingt worden sein (vgl. GRUPE: 1986, S. 31/32).

136 Der Raubbau des Waldes im Hochmittelalter läßt sich nicht allein auf die expandierende Bevölkerung zurückführen, sondern auch auf den steigenden Holzbedarf der Bergwerke, Verhüttungsanlagen, Salinen etc. (vgl. HILLEBRECHT: 1986, S. 275).

137 vgl. ABEL (1971, S. 200)

138 Die enge Aussaat-Ertrags-Relation hätte sich vor allem durch pflanzenzüchterische Maßnahmen erweitern lassen, wobei eine sorgfältige Saatgutselektion im Mittelalter anscheinend in der Regel noch nicht durchgeführt wurde. Das Saatgut war noch nicht sehr rein (vgl. BENTZIEN: 1980, S. 82) und die Größe der Getreidekörner noch sehr gering (WILLERDING: 1986, S. 247).
Betrachtet man die Evolution von bodenproduktivitätssteigernden Maßnahmen im Pflanzenbau, so scheint diese gewisse Parallelen zur Tierhaltung aufzuweisen. Bevor eine planvolle Pflanzenzucht Erfolg haben konnte, mußten erst einmal Methoden zu Verbesserung der Ernährungsgrundlage von Pflanzen kulturell erlernt werden, so vor allem der gezielte Einsatz von Düngemitteln, aber beispielsweise auch Maßnahmen hinsichtlich der Pflege von Pflanzen, wie das Jäten (vgl. vorl. Kap., S. 115; Fußnote 15).

139 "In jenen Zeiten, als das Sozialprodukt noch zu drei Vierteln und mehr aus Erzeugnissen der Landwirtschaft bestand und die Produkte der Landwirtschaft sich noch zur Hälfte und darüberhinaus aus Erzeugnissen des Getreidebaus zusammensetzten, ..." (ABEL: 1971, S. 311).

140 vgl. vorl. Kap., S. 106

141 vgl. ABEL (1971, S. 201)

142 Diese These läßt sich nur schwer durch faktisches Zahlenmaterial absichern, da über das Mittelalter keine exakten Daten vorliegen und "es auf seiten der Wissenschaften noch keinen Konsens gibt, der es erlauben würde, mit 'harten Daten' zu arbeiten" (GRUPE: 1986, S. 26).

143 vgl. HEINSOHN ET AL. (1979, S. 52ff)

144 vgl. ABEL (1971, S. 386)

145 vgl. vorl. Kap., S. 106

146 vgl. ABEL (1971, S. 316/317)

147 vgl. ABEL (1971, S. 318) und RÖSENER (1985, S. 146/147)

148 In den ostelbischen Gebieten wurden in diesem Zeitraum die Grundlagen für die ostdeutsche Gutsherrschaft der Neuzeit geschaffen. Im Gegensatz zu den westlichen Teilen Deutschlands wurde dort die persönliche Freizügigkeit der Bauern zum Teil wieder aufgehoben, und die Bauern mußten erneut umfangreiche Frondienste leisten (vgl. ENNEN/JANSSEN: 1979, S. 194 und RÖSENER: 1985, S. 270/271).

149 vgl. vorl. Kap., S. 111 u. S. 113

150 vgl. ABEL (1971, S. 96), RÖSENER (1985, S. 132) und ENNEN/JANSSEN (1979, S. 133)

151 vgl. vorl. Kap., S. 116-118
Ich will nicht ausschließen, daß die späte Selektion der Getreidesense auch durch die Art der gesellschaftlichen Arbeitsteilung mitbedingt gewesen ist. Während Frauen bei der Getreideernte mit der Sichel einen großen Teil der Arbeitslast mittrugen, war die Sensenmahd allein Aufgabe des Mannes (vgl. BENTZIEN: 1980, S. 73 u. S. 118/119).

152 vgl. ABEL (1971, S. 314/315)

153 vgl. ABEL (1971, S. 308 u. S. 312)

154 vgl. vorl. Kap., S. 131

155 vgl. ABEL (1980, S. 40/41)

156 "Überdies hatte der Bauer die Möglichkeit, seine Lage mit der Lage des Städters zu vergleichen. Er sah, daß der kleine Handwerker sich einen Aufwand gestatten konnte, den kaum sein Herr, geschweige denn er selbst sich erlauben durfte. ... Ihm war auch bekannt, daß in der Stadt die Rechtslage klarer, die Arbeit leichter, das Leben gesicherter war als in den Dörfern und Weilern. So wanderte er in die Stadt. Die Einbürgerungslisten vieler Städte bezeugen dies. Sie zeigen auch, daß die Städte dieses ständigen Zuzugs vom Lande bedurften, um nicht das (demographische) Schicksal der Dörfer zu teilen" (ABEL: 1978, S. 98).

In den ostasiatischen Ländern wurden in neuerer Zeit auch die Grundlagen für die [illegible] Genossenschaftswesens [illegible] wieder aufgenommen und die [illegible] (vgl. ENNEN[illegible], 19[illegible], S. 134 und RÖSCHNER, 1985, S. [illegible]).

vgl. vorl. Kap., S. 111 u. 115.

vgl. ABEL, 19[illegible], S. 86, RÖSCHNER (1985), S. 132 und ENNEN[illegible]

vgl. vorl. Kap., S. [illegible]

Ich will nicht ausschließen, daß die [illegible] der Betriebe [illegible] auch [illegible] der gesellschaftlichen Arbeitsteilung [illegible]. Während [illegible] Betriebe [illegible] mit der [illegible] Teil [illegible] Vgl. BENTZIEN, 1980, S. [illegible]

vgl. ABEL (1967), S. [illegible]

vgl. ABEL, 19[illegible], S. 305 u. S. [illegible]

vgl. vorl. Kap., S. 131

vgl. ABEL (1980), S. [illegible]

Über dies [illegible] die [illegible] zu vergleichen [illegible] (ABEL, 1976, S. 93)

8. ANHANG

8.1. Zahlenbeispiel 1 (s. S. 41)

Der Ertrag eines nicht gedüngten Feldes betrage 100 Getreideeinheiten (**GE**), für dessen Erzeugung insgesamt 10 Arbeitsstunden (**h**) benötigt werden. Nach Düngung des Feldes, wozu 5 Arbeitsstunden (**h**) gebraucht werden, steige der Ertrag auf 180 Getreideeinheiten (**GE**). Demzufolge ist die Arbeitsproduktivität nach Anwendung dieser bps-Maßnahme (AP_{m+}) höher als vor ihrer Anwendung (AP_{m-}):

$$AP_{m+} = \frac{180\ GE}{(10+5)\ h} = 12\ GE/h \ > \ AP_{m-} = \frac{100\ GE}{10\ h} = 10\ GE/h$$

In diesem Fall handelt es sich also um eine bps-Methode mit aps-Effekt, die als 'taugliche' Methode jederzeit Anwendung finden könnte.
Nehmen wir aber an, daß nach der Düngung des Feldes der Ertrag nur auf 120 Getreideeinheiten (**GE**) stiege, dann wäre in dem Fall die Arbeitsproduktivität nach Anwendung der bps-Maßnahme kleiner als vor ihrer Anwendung, und es handelte sich um eine bps-Methode mit apr-Effekt, die nur selektiert würde, wenn ein Zwang zur Steigerung der Bodenproduktivität gegeben wäre:

$$AP_{m+} = \frac{120\ GE}{(10+5)\ h} = 8\ GE/h \ < \ AP_{m-} = 10\ GE/h$$

8.2. Zahlenbeispiel 2 (s. S. 47)

An Hand eines Zahlenbeispiels will ich veranschaulichen, daß diese Vorgehensweise arbeitsökonomisch sinnvoll ist. Ich unterstelle eine Gesellschaft mit geringer Bevölkerungsdichte, in der die Extensivtierhaltung auf das gesellschaftsspezifische Maximum ausgedehnt und der Pflanzenbau auf das gesellschaftsspezifische Minimum reduziert sein soll. Außerdem unterstelle ich, daß die Arbeitsproduktivität in der Tierhaltung (AP_t) das *100fache* der Arbeitsproduktivität im Pflanzenbau (AP_p) beträgt, aber die Bodenproduktivität im Pflanzenbau (BP_p) das *10fache* der Bodenproduktivität in der Tierhaltung (BP_t), wobei ich eine Getreideeinheit (**GE**) und eine Fleischeinheit (**FE**) wertmäßig, d. h. hinsichtlich ihres Vermögens den menschlichen Nahrungsbedarf zu decken, äquivalent setze (vgl. Kap. 3, S. 37; Fußnote 5). In dieser Gesellschaft sollen insgesamt 1500 Nahrungsmitteleinheiten (**NE**) auf 105 Hektar (**ha**) durchschnittlich *guter Bodenflächen* erzeugt werden, und es sollen folgende Produktionsbedingungen gelten:

	TIERHALTUNG	PFLANZENBAU
ARBEITS-PRODUKTIVITÄT	$AP_t = \frac{1000\ FE}{1\ h} = \mathbf{1000\ FE/h}$	$AP_p = \frac{500\ GE}{50\ h} = \mathbf{10\ GE/h}$
BODEN-PRODUKTIVITÄT	$BP_t = \frac{1000\ FE}{100\ ha} = \mathbf{10\ FE/ha}$	$BP_p = \frac{500\ GE}{5\ ha} = \mathbf{100\ GE/ha}$

Für die Arbeitsproduktivität bezogen auf die Gesamtnahrungsmittelproduktion (**AP_n**) gilt demnach:

$$AP_n = \frac{1000\ FE + 500\ GE}{1\ h + 50\ h} = \frac{1500\ NE}{51\ h} \approx \boxed{29.4\ NE/h}$$

Es werden jetzt 150 Nahrungsmitteleinheiten (**NE**) zusätzlich benötigt, und zwar 100 Fleischeinheiten (**FE**) und 50 Getreideeinheiten (**GE**), d. h. das ursprüngliche Ernährungsmuster soll erhalten bleiben. Diese 150 Nahrungsmitteleinheiten können aber nur noch auf qualitativ *schlechten Böden* produziert werden, wobei der Ertrag pro Flächeneinheit bei gleichem Arbeitseinsatz um 50 % sinken soll, das heißt, daß durch diesen bpr-Effekt auch die Arbeitsproduktivität auf den qualitativ schlechten Böden (**AP^-**) um 50 % gesenkt wird. Es gilt also:

$$AP_t^- = 500\ FE/h \qquad \text{bzw.} \qquad AP_p^- = \frac{250\ GE}{50\ h} = 5\ GE/h$$

Fall a: Tierhaltung und Pflanzenbau zur Erzeugung der zusätzlichen 150 NE werden auf den qualitativ schlechten Böden betrieben.

In diesem Fall gilt für die Arbeitsproduktivität, bezogen auf die Gesamtnahrungsmittelproduktion (**AP_n**):.

$$AP_n = \frac{1500\ NE + 100\ FE + 50\ GE}{51\ h + 0.2\ h + 10\ h} = \frac{1650\ NE}{61.2\ h} \approx \mathbf{27\ NE/h}$$

Fall b: Nur die Tierhaltung wird auf den qualitativ schlechten und der Pflanzenbau wird auf den besseren Böden betrieben.

Die Arbeitsproduktivität im Pflanzenbau (**AP_p**) bleibt erhalten, und es gilt:

$$AP_p = \frac{550\ GE}{55\ h} = 10\ GE/h$$

Für die Erzeugung der 50 Getreideeinheiten werden 0.5 ha der qualitativ guten Böden benötigt, die dann für die Tierhaltung nicht mehr zur Verfügung stehen. Da auf 0.5 ha dieser Bodenflächen 5 Fleischeinheiten erzeugt wurden, müssen auf den qualitativ schlechten Böden also insgesamt 105 Fleischeinheiten erzeugt werden, und es gilt für die Arbeitsproduktivität in der Tierhaltung auf den guten (**AP_t**) und schlechten Böden (**AP_t^-**):

$$AP_t = \frac{995\ FE}{0.995\ h} = 1000\ FE/h \quad \text{und} \quad AP_t^- = \frac{105\ FE}{0.21\ h} = 500\ FE/h$$

Die **Arbeitsproduktivität**, bezogen auf die Gesamtnahrungsmittelproduktion (**AP_n**), ist **im Fall b** gegenüber der Ausgangssituation nahezu unverändert und liegt damit **höher als im Fall a:**

$$AP_n = \frac{550\ GE + 995\ FE + 105\ FE}{55\ h + 0.995\ h + 0.21\ h} = \frac{1650\ NE}{56.205\ h} \approx \mathbf{29.4\ NE/h}$$

8.3. **Zahlenbeispiel 3** (s. S. 47)

Die gleichen ursprünglichen Produktionsverhältnisse vorausgesetzt, stehen für die Produktion von 150 zusätzlichen Nahrungsmitteleinheiten (**NE**) nur noch *schwer kultivierbare Böden durchschnittlich guter Qualität* zur Verfügung, wobei die Kultivierungsarbeit 100 Stunden (**h**) pro Hektar (**ha**) betragen soll. Die Kultivierungsarbeit ist zwar nur ein einmaliger Akt, sie ist aber sehr anstrengend, und durch sie wird die Arbeitsproduktivität kurzfristig drastisch gesenkt. Aus diesem Grund wird sie auch nach Möglichkeit vermieden.

Fall a: Tierhaltung und Pflanzenbau zur Erzeugung der zusätzlichen 150 NE werden auf den schwer kultivierbaren, aber qualitativ guten Böden betrieben.
Für die Erzeugung der zusätzlichen 100 Fleischeinheiten (**FE**) werden 10 ha und für die zusätzlichen 50 Getreideeinheiten (**GE**) werden 0.5 ha dieser Böden benötigt, was einem zusätzlichen Arbeitsaufwand für die Kultivierung von 10 x 100 h für die Tierhaltung und 0.5 x 100 h für den Pflanzenbau entspricht. Die Arbeitsproduktivität auf den schwer kultivierbaren Böden (**AP_t^-** bzw. **AP_p^-**) beträgt daher in der Kultivierungsperiode:

$$AP_t^- = \frac{100\ FE}{1000\ h + 0.1\ h} \approx 0.1\ FE/h \quad \text{und} \quad AP_p^- = \frac{50\ GE}{50\ h + 5\ h} \approx 0.9\ GE/h$$

Für die Arbeitsproduktivität, bezogen auf die Gesamtnahrungsmittelproduktion (**AP_n**), folgt:

$$AP_n = \frac{1500\ NE + 100\ FE + 50\ GE}{51\ h + 1000.1\ h + 55\ h} = \frac{1650\ NE}{1106.1\ h} \approx \mathbf{1.5\ NE/h}$$

Fall b: Auf den schwer kultivierbaren Böden wird nur Pflanzenbau betrieben, und die Tierhaltung wird nicht ausgedehnt, d. h. die Ernährungspräferenz bezüglich der Fleischkost muß ein Stück weit, und zwar um 100 FE aufgegeben werden.
Für die zusätzlichen 150 GE werden 1.5 ha der schwer kultivierbaren Böden benö-

tigt, was einen zusätzlichen Arbeitsaufwand von 1.5 x 100 h erfordert, wobei die Arbeitsproduktivität (**AP_p^-**) natürlich der im Fall a errechneten entspricht:

$$AP_p^- = \frac{150\ GE}{150\ h + 15\ h} \approx 0.9\ GE/h$$

Die **Arbeitsproduktivität**, bezogen auf die Gesamtnahrungsmittelproduktion (**AP_n**), liegt damit **im Fall b** schon deutlich **höher als im Fall a**, und es ist anzunehmen, daß diese Alternative trotz Einschränkung der Ernährungspräferenz vorgezogen würde:

$$AP_n = \frac{1500\ NE\ +\ 150\ GE}{51\ h\ +\ 165\ h} = \frac{1650\ NE}{216\ h} \approx \mathbf{7.6\ NE/h}$$

Fall c: Der Pflanzenbau wird auf den bereits genutzten Flächen auf Kosten der Tierhaltung ausgedehnt, d. h. der Landausbau wird zurückgestellt und stattdessen die Ernährungspräferenz bezüglich der Fleischkost noch weiter aufgegeben.
Für die zusätzlichen 150 GE werden 1.5 ha der bisher viehwirtschaftlich genutzten Flächen benötigt, d. h. es können jetzt 15 FE weniger erzeugt werden, die deshalb pflanzenbaulich produziert werden müssen, was wiederum eine Einschränkung der Tierhaltung zur Folge hat. Die neue Relation zwischen Pflanzenbau und Tierhaltung läßt sich folgendermaßen bestimmen:

$$100\ NE/ha \times \mathbf{y}\ ha + 10\ NE/ha \times (105\ ha - \mathbf{y}\ ha) = 1650\ NE \Longrightarrow \mathbf{y} = \mathbf{6.\bar{6}}$$

Von den zur Verfügung stehenden 105 ha qualitativ guter Böden werden also ca. 6.67 ha pflanzenbaulich und damit 98.33 ha viehwirtschaftlich genutzt, um die benötigten 1650 NE herzustellen. Für die Arbeitsproduktivität, bezogen auf die Gesamtnahrungsmittelproduktion (**AP_n**), ergibt sich demzufolge:

$$AP_n = \frac{667\ GE\ +\ 983\ FE}{66.7\ h\ +\ 0.983\ h} = \frac{1650\ NE}{67.683\ h} \approx \mathbf{24.4\ NE/h}$$

Auf Grund der verhältnismäßig geringen Einschränkung der Ernährungspräferenz (117 FE) im Vergleich zu dem großen arbeitsökonomischen Vorteil kann davon ausgegangen werden, daß diese Alternative als erste ergriffen und die Kultivierungsarbeit erst bei weiterer Bodenverknappung in Angriff genommen wird.

8.4. Zahlenbeispiel 4 (s. S. 95)

a. Unter günstigen Klimabedingungen und ohne winterliche Futtervorratswirtschaft können auf 100 Hektar (**ha**) Weideflächen in einem Jahr 1000 Fleischeinheiten (**FE**) mit einem Arbeitsaufwand von einer Stunde (**h**) erzeugt werden. Für die Arbeitsproduktivität (**AP**) gilt also:

$$AP = 1000\ FE/h$$

b. Unter ungünstigen Klimabedingungen und ohne winterliche Futtervorratswirtschaft würde der Ertrag pro 100 ha bei gleichbleibendem Arbeitsaufwand auf 10 FE fallen. Es gälte demnach:

$$AP = 10\ FE/h$$

c. Unter ungünstigen Klimabedingungen und mit winterlicher Futtervorratswirtschaft können mit einem zusätzlichen Arbeitsaufwand von 49 h für die Beschaffung des Futtervorrats wiederum 1000 FE auf 100 ha Land erzeugt werden. In diesem Fall gilt für die Arbeitsproduktivität:

$$AP = \frac{1000\ FE}{50\ h} = 20\ FE/h$$

Die Arbeitsproduktivität ist im Fall c deutlich unter die Arbeitsproduktivität im Fall a gesunken, wobei dieser apr-Effekt für die bäuerlichen Produzenten unmittelbar erkennbar ist. Sie läge jedoch noch erheblich über der Arbeitsproduktivität im Fall b, aber dieser arbeitsproduktivitätssteigernde Effekt entzieht sich der menschlichen Bewußtheit u. a. deshalb, weil die kritische Obergrenze ko_{nt} schon lange vor Erreichen einer so geringen Ertragsrate wie im Fall b unterschritten und Futter für den Winter beschafft wird.

9. LITERATURVERZEICHNIS

ABEL, W.: Geschichte der Landwirtschaft vom frühen Mittelalter bis zum 19. Jahrhundert (Deutsche Agrargeschichte Band II); Stuttgart 1962

ABEL, W.: in AUBIN, H. u. W. ZORN: Handbuch der Deutschen Wirtschafts- und Sozialgeschichte (Band 1); Stuttgart 1971

ABEL, W.: Agrarkrisen und Agrarkonjunktur - Eine Geschichte der Land- und Ernährungswirtschaft seit dem hohen Mittelalter; Hamburg, Berlin 1978

ABEL, W.: Strukturen und Krisen der spätmittelalterlichen Wirtschaft; Suttgart,New York 1980

AUBIN, H.: in AUBIN, H. u. W. ZORN: Handbuch der Deutschen Wirtschafts- und Sozialgeschichte (Band 1); Stuttgart 1971

BENTZIEN, U.: Bauernarbeit im Feudalismus - Landwirtschaftliche Arbeitsgeräte und -verfahren in Deutschland von der Mitte des ersten Jahrtausends u. Z. bis um 1800; Berlin 1980

BLANCKENBURG, P. von: Welternährung - Gegenwartsprobleme und Strategien für die Zukunft; München 1986

BOESSNECK, J.: Die Domestikation und ihre Folgen; in MÜLLER-KARPE, H.: Zur frühen Mensch-Tier-Symbiose; München 1983

BOSERUP, E.: The Conditions of Agricultural Growth - The Economics of Agrarian Change under Population Pressure; London 1965

BOSERUP, E.: Population and Technology; Oxford 1981

BOSL, K.: in AUBIN, H. u. W. ZORN: Handbuch der Deutschen Wirtschafts- und Sozialgeschichte (Band 1); Stuttgart 1971

CHILDE, V. G.: Man makes himself; New York 1963

COHEN, M. N.: The Food Crisis in Prehistory - Overpopulation and the Origins of Agriculture; New Haven, London 1977

COMBERG, G.: Tierzüchtungslehre; Stuttgart 1971

DARWIN, CH.: Die Entstehung der Arten - durch natürliche Zuchtwahl; Stuttgart 1963

DRIESCH, A. von den: Zur Haustierhaltung in den vor- und frühgeschichtlichen Kulturen Europas; in MÜLLER-KARPE: Zur frühen Mensch-Tier-Symbiose; München 1983

ELWERT, G.: Hunger in der Dritten Welt - Krise der Subsistenzproduktion und Anti-Agrarpolitik; in FIEGE, K. u. L. RAMALHO: Landwirtschaft = Hungerwirtschaft? - Umbrüche in den Agrarsystemen der Dritten Welt; Saarbrücken 1984

ENNEN, E. u. W. JANSSEN: Deutsche Agrargeschichte - Vom Neolithikum bis zur Schwelle des Industriezeitalters; Wiesbaden 1979

FAO: Food Balance Sheets - 1979-1981 Average; Rom 1984

FEDER, E.: Der skandalöse Wettkampf zwischen Mensch und Tier um landwirtschaftliche Ressourcen in den unterentwickelten Ländern; in STEINWEGE, R.: Medienmacht im Nord-Süd-Konflikt: Die Neue Internationale Informationsordnung; Frankfurt 1984

FREUD, S.: Vorlesungen zur Einführung in die Psychoanalyse (Studienausgabe, Band 1); Frankfurt 1969

GOULD, S. J.: Darwin nach Darwin - Naturgeschichtliche Reflexionen; Frankfurt 1984

GRIGG, D.: The Dynamics of Agricultural Change - The historical experience; London 1982

GRUPE, G.: Umwelt und Bevölkerungsentwicklung im Mittelalter; in HERRMANN, B.: Mensch und Umwelt im Mittelalter; Stuttgart 1986

GUNDEL, H. u. K. KRÜGER: Grundriß der Geschichte I - Von der Urzeit bis zum Ende des Absolutismus; Stuttgart 1966

HADORN, E. u. R. WEHNER: Allgemeine Zoologie; Stuttgart 1978

HAHN, E.: Die Haustiere und ihre Beziehungen zur Wirtschaft des Menschen; Leipzig 1896

HAHN, E.: Das Alter der wirtschaftlichen Kultur der Menschheit; Heidelberg 1905

HAHN, E.: Die Entstehung der Pflugkultur (unsres Ackerbaus); Heidelberg 1909

HARRIS, R.H.: Alternative Pathways towards Agriculture; in: REED, Ch. A.: Origins of Agriculture; Den Haag 1977

HAUGER, A.: Zur römischen Landwirtschaft - Ein Beitrag zur Kultur Roms; Hannover 1921

HAUSER, J. A.: Bevölkerungsprobleme der Dritten Welt; Stuttgart 1974

HEINSOHN, G., KNIEPER, R. u. O. STEIGER: Menschenproduktion - allgemeine Bevölkerungstheorie der Neuzeit; Frankfurt 1979

HEMMER, H.: Domestikation - Verarmung der Merkwelt; Braunschweig, Wiesbaden 1983

HERRE, W.: Grundfragen zoologischer Domestikationsforschung; Halle 1980 (Nova Acta Leopoldina; Neue Folge, Band 52)

HERRE, W. u. M. RÖHRS: Haustiere - zoologisch gesehen; Stuttgart 1973

HILLEBRECHT, M.-L.: Eine mittelalterliche Energiekrise; in HERRMANN, B.: Mensch und Umwelt im Mittelalter; Stuttgart 1986

ISAAC, E.: Geography of Domestication; Eaglewood Cliffs, N. J. 1970

JACOBEIT, W.: Schafhaltung und Schäfer in Zentraleuropa bis zum Beginn des 20. Jahrhunderts; Berlin 1961

JANKUHN, H.: Vor- und Frühgeschichte vom Neolithikum bis zur Völkerwanderungszeit (Deutsche Agrargeschichte Band I); Stuttgart 1969

JANKUHN, H.: in AUBIN, H. u. W. ZORN: Handbuch der Deutschen Wirtschafts- und Sozialgeschichte Band 1; Stuttgart 1971

KRAYBILL, N.: Pre-Agricultural Tools for the Preparation of Foods in the Old World; in REED, Ch. A.: Origins of Agriculture; Den Haag 1977

KÖNIG, R.: Handbuch der Empirischen Sozialforschung Band 1; Stuttgart 1967

KRZYMOWSKI, R.: Geschichte der deutschen Landwirtschaft - unter besonderer Berücksichtigung der technischen Entwicklung der Landwirtschaft bis zum Ausbruch des 2. Weltkriegs 1939; Berlin 1961

MAGERSTEDT, A. F.: Die Viehzucht der Römer, Band 1: Das Rind, die Ziege, der Hund; Band 2: Das Pferd, der Esel, der Halbesel, das Schwein; Sondershausen 1859/60

MARX, K.: Das Kapital, Erster Band; MEW Bd. 23, Berlin 1969

MÜLLER-KARPE, H.: Zur frühen Mensch-Tier-Symbiose; München 1983

NACHTSHEIM, H. u. H. STENGEL: Vom Wildtier zum Haustier; Berlin, Hamburg 1977

NUSCHELER, F.: in NOHLEN, D. u. F. NUSCHELER: Handbuch der Dritten Welt Band 1; Hamburg 1982

REED, Ch. A.: The Beginnings of Animal Domestication; in COLE, H. H. u. W. N. GARRET: Animal Agriculture - The Biology, Husbandry, and Use of Domestic Animals; San Francisco 1974

RINDOS, D.: The Origins of Agriculture - An Evolutionary Perspective; Orlando 1984

RÖSENER, W.: Bauern im Mittelalter; München 1985

RUHR-STICKSTOFF AKTIENGESELLSCHAFT: Faustzahlen für Landwirtschaft und Gartenbau; Münster-Hiltrup 1988

SCHNEIDER, R.: Grundriß der Geschichte - Das Frankenreich; München, Wien 1982

SHAW, Th.: Hunters, Gatherers and First Farmers in Westafrica; in MEGAW, J.V.S.: Hunters, Gatherers and First Farmers beyond Europe; Leicester 1977

SPRANDEL, R.: in AUBIN, H. U. W. ZORN: Handbuch der Deutschen Wirtschafts- und Sozialgeschichte Band 1; Stuttgart 1971

STATISTISCHES BUNDESAMT: Wirtschaft und Statistik; Stuttgart/Mainz 1986 (Heft 9) und 1987 (Heft 8)

TEUTSCH, G. M.: Soziologie und Ethik der Lebewesen - Eine Materialsammlung; Bern, Frankfurt 1975

WAGNER, Ph. L.: The Concept of Environmental Determinism in Cultural Evolution; in REED, Ch. A.: Origins of Agriculture; Den Haag 1977

WILLERDING, U.: Landwirtschaftliche Produktionsstrukturen im Mittelalter; in HERRMANN, B.: Mensch und Umwelt im Mittelalter; Stuttgart 1986

WILLIAMSON, G. u. W. J. A. PAYNE: An Introduction to Animal Husbandry in the Tropics; London 1978

WURM, H.: Körpergröße und Ernährung der Deutschen im Mittelalter; in HERRMANN, B.: Mensch und Umwelt im Mittelalter; Stuttgart 1986

ZEUNER, F. E.: Geschichte der Haustiere; München, Basel, Wien 1967

SPEKTRUM

Berliner Reihe zu Gesellschaft, Wirtschaft und Politik in Entwicklungsländern · ISSN 0176-277 X

Herausgegeben von
Prof. Dr. Volker Lühr und Prof. Dr. Manfred Schulz
Freie Universität Berlin · Institut für Soziologie
Babelsberger Straße 14-16 · 1000 Berlin 31

1 Uta Borges et al., Proalcool: Analyse und Evaluierung des brasilianischen Biotreibstoffprogramms. 1984. V, 226 S. ISBN 3-88156-265-6.

2 Helmut Asche (Hrsg.), Dritte Welt für Journalisten: Zwischenbilanz eines Weiterbildungsangebotes. 1984. 231 S. ISBN 3-88156-266-4.

3 Detlev Ullrich, Barriopolitik in Caracas (Venezuela): eine sozialempirische Untersuchung am Beispiel der Erwachsenenbildung und der Stadtteilarbeit. 1984. XI, 388 S. Zahlr. Fotos, Schaub., Tab. ISBN 3-88156-280-X.

4 Thomas Hurtienne: Theoriegeschichtliche Grundlagen des sozialökonomischen Entwicklungsdenkens. 1984. Bd.I: Rationalität und sozialökonomische Entwicklung in der frühbürgerlichen Epoche. XVI, 264 S. Bd. II: Paradigmen sozialökonomischer Entwicklung im 19. und 20. Jahrhundert. V, 422 S. ISBN 3-88156-285-0.

5 Volker Lühr (Hrsg.): Die Dritte Welt vor der Tür? Zwischen christlichem Wohlfahrtskonzern und türkischem Frauenladen: Berichte über Projekte der »Selbsthilfe« in Berlin. 1984. 216 S. ISBN 3-88156-292-3.

6 Wolfram Kühn: Agrarreform und Agrarkooperativen in Nicaragua. 1985. IV, 131 S. ISBN 3-88156-299-0.

7 Hassan Omari Kaya: Problems of Regional Development in Tanzania. 1985. VII, 243 S. ISBN 3-88156-302-4.

8 Manfred Wetter: Der Mythos der Selbsthilfe. Illegale Siedlungen und informeller Sektor in Nairobi. 1985. XV, 337 S. 15 Ktn. 61 Fotos. ISBN 3-88156-312-1.

9 Wolfgang J.Herbinger: Von Japan lernen? Die Relevanz seiner Erfahrungen für die Entwicklungsländer heute. 1985. IV, 218 S. ISBN 3-88156-317-2.

10 Ludgera Klemp: Von der »Gran Aldea« zur Metropole. Zur Entwicklung von Buenos Aires unter besonderer Berücksichtigung des Stadt-Land-Gegensatzes. 1985. 168 S. ISBN 3-88156-320-2.

11 Maren Jacobsen: Ein mexikanischer Erdölstaat: Tabasco. 1986. 175 S. ISBN 3-88156-332-6.

12 Claudia Maennling: Interne Formen und Folgen außeninduzierter Entwicklung: Goldboom und Goldbaisse in Madre de Dios/Peru. 1986. 637 S. 8 Fotoseiten. ISBN 3-88156-350-4.

13 Lühr/Schulz (Hrsg.) Zur Öffentlichkeitsarbeit entwicklungspolitischer Organisationen in Berlin. 1987. 129 S. ISBN 3-88156-355-5.

Verlag **breitenbach** Publishers
Memeler Straße 50, D-6600 Saarbrücken, Germany
P.O.B. 16243 Fort Lauderdale, Fla. 33318, USA

SPEKTRUM

Berliner Reihe zu Gesellschaft, Wirtschaft und Politik in Entwicklungsländern · ISSN 0176-277 X

Herausgegeben von
Prof. Dr. Volker Lühr, Prof. Dr. Manfred Schulz und
Prof. Dr. Georg Elwert

15 Evelin Lubig: Wie die Welt in das Dorf und das Dorf in die Welt kam. Transformation ökonomischer und sozialer Strukturen in einem türkischen Dorf. 1988. V, 184 S. ISBN 3-88156-420-9.

16 Volkmar Blum: Zur Organisation kleinbäuerlichen Wirtschaftens. Entwicklungstendenzen, Erklärungsansätze und Fallstudien aus den östlichen Anden Südperus. 1989. VI, 425 S. ISBN 3-88156-439-X.

17 Harald K. Müller: Changing Generations: Dynamics of Generation and Age-Sets in Southeastern Sudan (Toposa) and Northwestern Kenya (Turkana). 1989. IX, 204 S. ISBN 3-88156-440-3.

18 Marc Meinardus: Kleine und kleinste Betriebe auf den Philippinen. Eine Fallstudie zur Diskussion um die Rolle des Kleingewerbes im Entwicklungsprozeß. 1989. 386 S. ISBN 3-88156-445-4.

19 Karin Luke: Die Entwicklung der Tierhaltung in Deutschland bis zum Beginn der Neuzeit. Modell und historische Realität. 1989. IV, 179 S. ISBN 3-88156-446-2.

Verlag **breitenbach** Publishers
Memeler Straße 50, D-6600 Saarbrücken, Germany
P.O.B. 16243 Fort Lauderdale, Fla. 33318-6243, USA